施良方 /著

国家出版基金项目
NATIONAL PUBLICATION FOUNDATION

中国教育思想文库

课程理论

课程的基础、原理与问题

教育科学出版社
·北京·

目　　录

第一编　课程的基础

第二编　课程编制的原理

第三编　课程探究的形式

第四编　课程理论与研究

绪　论

——课程与课程理论

任何教育过程都涉及知识、技能、能力、态度或情感等方面的因素，即都涉及"教什么"的问题。从这个意义上说，课程是教育的一个永恒的课题。

然而，课程是一个使用广泛而又具有多重含义的术语。对于不同的人，在不同的情境里，课程的内涵和外延可能会有很大的差异。如果我们对周围的人做一番简单调查就会发现，几乎所有人都以为自己知道课程是什么，但对它的界定却又莫衷一是。事实上，每一种课程定义都隐含着某种哲学假设和价值取向，隐含着某种意识形态以及对教育的某种信念，从而表明了这种课程定义最关注哪些方面。因此，我们可以把每一种课程定义都归入某一特定的课程理论流派。

课程理论需要考虑学科、学生、社会等因素及其相互关系。由于人们关注课程问题的视角不同，因而形成了各种课程理论流派，其中影响较大的有：强调以学术为中心的学科结构课程理论，强调以社会问题为中心的社会改造课程理论，强调以学生发展为中心的学生中心课程理论。

我国教育界对课程问题的研究有着相当长的历史和相当丰富的经验，但对课程理论体系的构建则刚刚起步。本书试图在这方面做一番尝试：通过对课程的心理学、社会学和哲学基础的探讨，对课程目标、课程内容、课程实施、课程评价等整个课程编制过程的分析与反思，对课程理论体系和研究范式的思索，对课程一些基本问题的探讨，对课程的历史、现状的剖析以及对未来课程的展望，从而确立起一个比较完整的课程理论框架。

第一节　课程的定义

翻开各类教育著作可以发现，几乎没有不提及课程的，但对课程的界定则是见仁见智，很难达成共识。依我们看来，课程的定义固然需要，因为这是我们在课程理论和实践研究中相互沟通的一个必不可少的工具，然而现在就要得出一个精确的并为大家所认同的课程定义，这既不现实，也不可能。对待现存各种课程定义的一种合适的方式，是仔细考察人们是如何使用"课程"这个术语的，以及这些定义的实际含义，这有助于拓展我们对课程的理解。

一、课程的词源分析

在我国，"课程"一词始见于唐宋期间。唐朝孔颖达为《诗经·小雅》中"奕奕寝庙，君子作之"句作疏："教护课程，必君子监之，乃得依法制也。"但他使用的这个词的含义与我们现在通常所说的课程的意思相去甚远。宋代朱熹在《朱子全书·论学》中多次提及课程，如"宽着期限，紧着课程""小立课程，大作工夫"等。虽说他只是提及课程，并没有明确界定，但意思还是清楚的，即指功课及其进程（陈侠，1989）[12-13]。这与我们现在许多人对课程的理解基本相似。

有学者认为，我国古代的"课程"实际上是"学程"，其中只有教学内容的规范，没有教法的规定；而近代"课程"则与"教程"意义相近，注重的是教学的范围与进程，而且这种范围与进程的规定，又是按照学科的逻辑体系展开的。此外，任何一门学科又都从属于学科系列，而这种学科系列又是由学校教育的性质所决定的。在这种情况下，学校课程只能是"教程"。鉴于目前课程过于"教程"化，其缺陷越来越明显，未来课程将向"学程"转化（陈桂生，1994）。事实上，在西方英语国家里也有类似的情况。

在英语世界，课程（curriculum）一词最早出现在英国教育家斯宾塞（H. Spencer）的《什么知识最有价值？》一文中。它是从拉丁语"currere"一词派生出来的，意为"跑道"（race-course）。根据这个词源，最常见的课程定义是"学习的进程"（course of study），简称"学程"。这一解释在各种英文词典中很普遍，无论是英国牛津词典，还是美国韦氏词典，甚至一些教育专业词典，如《国际教育词典》（*International Dictionary of Education*），都是这样解释的。课程既可以指一门学程，又可以指学校提供的所有学程。这与我国一些教育辞书上对课程的狭义和广义的解释基本上是吻合的（中国大百科全书总编辑委员会《教育》编辑委员会 等，1985）[207]（夏征农，1987）[13]（杨亮功，1970）[131]。

然而，在当代课程文献中，这种界定受到越来越多的批评，甚至学者对课程一词的拉丁文词源也有不同的看法。因为"currere"的名词形式意为"跑道"，重点在"道"上，这样为不同类型的学生设计不同的轨道成了顺理成章的事情，从而引出了一种传统的课程体系；而"currere"的动词形式是指"奔跑"，重点在"跑"上，这样着眼点会放在个体对自己经验的认识上。由于每个人都是根据自己以往的经验来认识事物的，因此每个人的认识都有其独特性。课程是一个人对自己经验的重新认识。这样就会得出一种完全不同的课程理论和实践。

可见，甚至连选择课程的哪一个词根也反映了不同的课程思想，从而导致不同的课程实践。

二、几种典型的课程定义

目前已有的课程定义繁多，几乎每个课程工作者都有自己的界定。事实上，对各种课程定义的辨析，会有助于我们对课程的理解。若把各种课程定义加以归类，大致上可分为以下六种类型。

1. 课程即教学科目

把课程等同于所教的科目，在历史上由来已久。我国古代的课程有礼、乐、射、御、书、数"六艺"；欧洲中世纪初的课程有文法、修辞、辩证法、算术、几何、音乐、天文学"七艺"。事实上，西方是在"七艺"的基础上增加其他学科，从而逐渐建立起现代学校课程体系的。最早采用英文"课程"一词的斯宾塞，也是从指导人类活动的各门学科的角度，来探讨其知识的价值和训练的价值的（斯宾塞，1962）[10-11]。目前我国的《辞海》《中国大百科全书》以及众多教育学教材也认为，课程即学科：或者指学生学习的全部学科——广义的课程，或者指某一门学科——狭义的课程（上海师范大学《教育学》编写组，1979）[97]。这一定义影响之大，只要让几位教育工作者描述一下何谓课程，便可见一斑了。

这种定义的实质，是强调学校向学生传授学科的知识体系，是一种典型的"教程"定义。然而，只关注教学科目，往往容易忽视学生的心智发展、情感陶冶、创造性表现、个性培养以及师生互动等一些对学生成长有重大影响的维度。其实，学校为学生提供的学习范围，远远超出了正式列入课程的学科。现在我国各地的课程改革，已把活动和社会实践列入正式课程，这说明把课程等同于教学科目是不周全的。

2. 课程即有计划的教学活动

这一定义把教学的范围、顺序和进程，甚至把教学方法和教学设计，即把所有有计划的教学活动都组合在一起，以期对课程有一个较全面的看法。例如，我国有学者认为："课程是指一定学科有目的有计划的教学进程。这个进程有量、质方面的要求。它也泛指各级各类学校某级学生所应学习的学科总和及其进程和安排。"（吴杰，1986）[5] 相对来说，这个定义考虑得比较周全。

但是，这一定义本身也存在疑义。首先，何谓"有计划"？人们对此的理解会有很大差别。例如，有人认为，这是指有计划的书面文件，诸如课程计划（教学计划）、课程标准（教学大纲）、教科书、教学参考书、练习册以及教师备课的教案（Beauchamp，1981）。但有人对教师的教学活动做了仔细观察后认为，许多教学活动是基于非书面计划来安排的（Taylor，1970）。当过教师的人都知道，计划比书面计划的范围要广得多。但是，如果把非书面的计划也包括在内，那么课程的定义似乎又太宽泛了。其次，把有计划的教学活动安排作为课程的主要特征，往往会让人把重点放在可观察到的教学活动上，而不是放在学生实际的体验上。例如，把教师是否落实了某些教学活动作为评价的依据，就会导致本末倒置，即把活动本身作为目的，从而忽视这些活动为之服务的目的。事实上，我们应该注意的是教学活动对学生学习过程和个性品质的影响，而不是教学活动本身。

3. 课程即预期的学习结果

这一定义在北美课程理论中较为普遍。一些学者认为，课程不应该指向活动，而应该直接关注预期的学习结果或目标，即要把重点从手段转向目的。这要求为课程事先制定一套有结构、有序列的学习目标，所有教学活动都是为达到这些目标服务的。在西方课程理论中相当盛行的课程行为目标，便是典型的例子。

然而，研究表明，预期会发生的事情与实际发生的事情之间总是存在着差异。在课程实际中，预期的学习目标是由课程决策者制定的，教师作为课程实施者，只能根据自己的理解来组织课堂教学活动。课程目标的制定与实施过程在客观上是分离的，两者不可能完全一致。因此，有人提出，目标制定与目标实施之间的差距，应该成为课程研究的焦点。

另外，把焦点放在预期的学习结果上，容易忽略非预期的学习结果。而研究表明，师生互动的性质、学校文化等隐性课程，对学生的成长有很大的影响。即便从表面上看，学生都达到了预期的学习结果，但这种结果对不同学生来说可能意味着不同的东西。

4. 课程即学习经验

把课程定义为学习经验，旨在把握学生实际学到了些什么。经验是学生在对所从事的学习活动的思考中形成的。课程是指学生体验到的意义，而不是要学生再现的事实或要学生演示的行为。虽说经验要通过活动才能获得，但活动本身并不是关键之所在，因为每个学生都是独特的学习者，他们从同一活动中获得的经验各不相同。所以，学生的学习取决于他自己做了些什么，而不是教师做了些什么。也就是说，唯有学习经验，才是学生实际认识到的或学习到的课程。目前，一些西方人本主义课程论者趋向于这种观点。这种课程定义的核心，是把课程的重点从教材转向个人。

从理论上讲，把课程定义为学生个人的经验似乎很有吸引力，但在实践中却很难实行。在实际教学情境中，一个教师如何能够同时满足四五十个学生独特的个人生长需求？如何为每一个学生制订合适的课程计划？各级各类学校是否还要制定相对统一的标准？此外，即便从理论上讲，这种课程定义也过于宽泛，它把学生的个人经验都包含进来，以致对课程的研究无从入手。

5. 课程即社会文化的再生产

在一些人看来，任何社会文化中的课程，实际上都是（而且也应该是）这种社会文化的反映。学校教育的职责是再生产对下一代有用的知识、技能。政府有关部门根据国家需要来规定所教的内容，专业教育工作者的任务是考虑如何把它们转化成可以传递给学生的课程。这种定义所依据的基本假设是：个体是社会的产物，教育就是要使个体社会化；课程应该反映各种社会需要，以便使学生能够适应社会。可见，这种课程定义的实质在于使学生顺应现存的社会结构，从而把课程的重点从教材、学生转向社会。

以为课程应该不加批判地再生产社会文化，实际上是以这一观念为前提的——社会现状已达到完满状态了，即认为社会文化的变革已不再需要了。然而，现实的社会文化远非这些人所想象的那样合理。英美一些学者在指出了他们社会中存在的大量偏见、不公正现象后认为，倘若教育者以为课程无须关注社会文化的变革，那就会使现存的偏见和不公正永久化。

6. 课程即社会改造

一些激进的教育家认为，课程不是要使学生适应或顺从社会文化，而是要帮助学生摆脱现存社会制度的束缚。因此有人提出"学校要敢于建立一种新的社会秩序"的口号。他们认为，课程的重点应该放在当代社会的问题、社会的主要弊端、学生关心的社会现象等方面，要让学生通过社会参与形成从事社会规划和社会行动的能力。学校的课程应该帮助学生摆脱对外部强加给他们的世界观的盲目依从，使学生具有批判的意识。

然而，正如一些批评者所指出的，剥削与压迫是美国阶级结构的基本特征，它不可能因学校的小修小补而得到改进。以为学校课程能起到指导社会变革的作用，那也未免太天真了。在我们看来，最重要的是，在不同的社会制度里，人们对社会改造的理解有本质上的区别。

上述各种课程定义，都从不同的角度或多或少涉及了课程的某些本质，但也都存在明显的缺陷。可以预料，关于课程定义的争辩还会继续下去。在我们看来，与其对各种课程定义的冲突程度做理论上的分析，不如去考察一下给课程下定义的方式，这将有助于我们对课程的认识。

三、课程定义的方式

我们认为，每一种课程定义都有其社会背景、认识论基础和方法论依据，而且它们所指的课程可能并不在同一层次上。

首先，每一种课程定义，就像课程中的问题一样，都是在特定历史时期、特定社会条件下出现的。例如，澳大利亚课程专家史密斯（D. L. Smith）与洛瓦特（T. J. Lovat）在考察西方国家百年来一些有影响力的课程改革和课程定义后发现，当经济比较繁荣时，政府和公众往往很少关注学校课程，这时课程专家有可能把关注重点放在学生个人的经验上，并编制各种可供选择的课程计划；而当经济不景气时，许多人会批评学校课程，把年轻人找不到工作归咎于学校课程内容不符合社会需求，这时国家往往会注重课程目标的具体性。一直以课程自由著称的英国，在 20 世纪 80 年代经济不景气时开始确立"国家课程",这不是一种偶然现象(Smith et al.,1990)[5]。同样,我国在 20 世纪 70 年代后期,由于刚刚经历"文化大革命",亟须恢复正常秩序,这时把课程定义为教学科目不会引起什么疑义。但随着我国改革开放的深入,政局稳定、生产发展,原来的课程就不再适应社会需要了,课程的定义也相应发生了变化。

其次,任何课程定义都涉及知识或认识的性质,注意考察每一种课程定义所隐含的某些认识论的假设是很重要的。有些课程定义似乎表明"知识在任何地方都是同样的东西,人们不可能以任何方式去改变它",这样就会趋向于把课程看作必须按照规定的方式向学生传递的知识体系,课程的定义就会注重具体目标、内容体系以及标准测验等。有些课程定义则隐含着"知识是个人主动构建的东西,是不断变化的",这样就会趋向于把课程作为促进和帮助学生探究、体验他们周围世界的手段。所以,课程目标应该是灵活的,要顾及不同学生的需要。课程重点应该放在能导致独立学习的程序上,而不是学科内容上。当然,这只是两种比较极端的观点,人们所持的知识观通常要比这复杂得多,因而也导致课程定义的繁杂不一。

再次,在考察课程定义时值得注意的另一个问题,是它把重点放在结果或产品上,还是放在过程或程序上,抑或是放在两者的整合上。例如,把课程定义为教学科目,很容易使人去关注应该教些什么内容以及学生是否掌握了这些内容,从而把重点放在目标或结果上。若把课程定义为学生学习的经验,就不会强调事先具体规定的内容,而是重视根据学生实际情况做出灵活处理。显然,这两种课程定义把结果与过程分离开来了。如何对这两者加以合理整合,是摆在我们面前的一个课题。

最后是课程定义的层次问题。事实上,不同的课程定义有时指向的是在不同层次上起作用的课程。美国学者古德莱得(J. I. Goodlad)对此做了较好的说明。在他看来,人们在谈论课程时,往往谈的不是同样意义上的课程。他认为存在着五种不同的课程:(1)理想的课程(ideological curriculum),即由一些研究机构、学术团体和课程专家提出的应该开设的课程。例如,现在有人提议在中学开设性教育或健康教育的课程,并从理论和实践的角度论证其必要性，它就属于理想的课程。这种课程的影响取决于其是否被官方所采纳。（2）正式的课程（formal curriculum），即由教育行政部门规定的课程计划、课程标准和教材，也就是列入学校课程表中的课程。许多人理解的课程就是这类课程。（3）领悟的课程（perceived curriculum），即任课教师所领会的课程。由于不同教师对正式课程有各种理解和解释的方式，因此教师对课程"实际上是什么"或"应该是什么"的领会，与正式的课程之间会有一定的距离，从而会削弱正式的课程的某些预期的影响。（4）运作的课程（operational curriculum），即在课堂上实际实施的课程。观察和研究表明，教师领会的课程与他们实际实施的课程之间会有一定的差距，因为教师要根据学生的反应随时进行调整。（5）经验的课程（experiential curriculum），即学生实际体验到的课程。因为每个学生对事物都有自己特定的理解，两个学生听同一门课，会有不同的体验或学习经验[①]。

由此可见，课程从规划、设计到实施，从课程决策者、编制者到教师和学生，经历了好几轮转换。事实上，有些课程定义关注的是某一层次的课程，而有些则把焦点放在另一些层次上。当然，关注不同层次的课程，本身也反映了作者的基本观点和取向。我们在探讨课程时应注意到，既然课程存在着不同层次，如若我们只注意某一层次而完全忽略其他，则不但见不到课程的全貌，更有扭曲课程的危险（黄政杰，1987）。

本节对各种课程定义的辨析以及对定义方式的考察，并不是为了得出一个精确的课程定义，而是为了说明每一种有代表性的课程定义都有一定的指向性，即都是指向当时特定社会历史条件下课程所出现的问题，所以都有某种合理性，但同时也存在着某些局限性。而且，每一种课程定义都隐含着作者的一些哲学假设和价值取向。对于教育工作者来说，重要的不是选择这种或那种课程定义，而是要意识到各种课程定义所要解决的问题

[①] 有的同志把古德莱得的这五个层次上的课程定义，看作现代课程改革通常必须经历的实施步骤或阶段，这似乎理解错了。见：钟启泉.国外课程改革透视［M］.西安：陕西人民教育出版社，1993：22—23.

以及相伴而来的新问题，以便根据课程实践的要求做出明智的决策。

第二节　课程理论概述

课程成为一个独立的研究领域是 20 世纪初的事情，但课程实践则是与人类社会的教育活动同步进行的，因为我们无法想象有可能存在不涉及教育内容的教育活动。随着课程实践的展开，对课程的研究也就出现了。

一、课程研究历史概述

在我国古代还没有出现"课程"这一专门名词之前，古籍中便有了关于课程实践的记载。例如，《礼记·内则》中说："六年，教之数与方名"，"九年，教之数日。十年，出就外傅，居宿于外，学书计"，"十有三年，学乐，诵诗。舞勺。成童，舞象，学射御。二十而冠，始学礼"。《礼记·王制》中说："乐正崇四术，立四教，顺先王诗书礼乐以造士，春秋教以礼乐，冬夏教以诗书。"《礼记·学记》中也有类似课程的记载："比年入学，中年考校。一年视离经辨志，三年视敬业乐群，五年视博习亲师，七年视论学取友，谓之小成；九年知类通达，强立而不反，谓之大成。"

可见，在我国古代早已有人注意到要根据学生不同的年龄、学业水平安排不同的课程内容，以便取得更好的效果。我国古代一些思想家和教育家，如孔子、墨子、孟子和荀子等，都对课程问题做了一定的探讨[①]。

在西方，古希腊的柏拉图和亚里士多德等人的课程思想，对整个西方学校课程产生过相当大的影响。柏拉图的"理想国"这个目标主要是通过为不同社会等级的人设置不同的课程而达到的，亚里士多德则最早从心理学的角度来分析教育的阶段和课程的设置。

---

① 对此感兴趣的读者可参见陈侠的《课程论》第 31—35 页。

但所有这些，都还只能说是一些经验总结和课程思想。把课程作为一个独立的研究领域，对课程进行系统研究并从理论上加以概括，是 20 世纪以来的事情。人们一般认为，美国学者博比特（F. Bobbitt）1918 年出版的《课程》（*The Curriculum*）一书，标志着课程作为专门研究领域的诞生，这也是教育史上第一本课程理论专著，从而为课程理论奠定了基础。[①]

现代课程领域的范围和研究取向，最早主要是由博比特确定的，而博比特又深受 20 世纪初在美国工业界盛行的"科学管理原理"的影响。博比特的著作实质上遵循这样一条主线：把工业领域的科学管理原理运用于学校教育，继而又把它推广到课程领域本身。这样，美国课程理论从一开始就依据这样的隐喻：学生是"原料"，是学校这架"机器"加工的对象。[②]博比特坚信科学管理的原理有助于教育者在课程设计和实施上更精确有效。《课程》一书实际上是这种运用的系统化和理论化。

博比特认为："教育实质上是一种显露人的潜在能力的过程，它与社会条件有着特殊的联系。"（Bobbitt，1918）[43]鉴于教育是要使学生为成人生活做好准备，因此，首先应该根据对社会需要的研究来确定课程目标。为了使课程科学化，必须使目标具体化。"因为科学的时代要求精确性和具体性。"（Bobbitt，1918）[283]在博比特看来，最科学的方法是通过对人类社会活动的分析，发现社会所需要的知识、技能、能力和态度等，并以此作为课程的基础。这种把人类活动分解成具体的、特定的行为单位的方法，即著名的"活动分析法"。这种活动分析法为后来盛行的课程目标模式提供了方法论的依据。

进入 20 世纪 20 年代以后，课程领域增加了一位极有影响的人

---

① 有人认为，法国学者弗勒里（C. Fleury）的《学科的选择与方法的历史》（*The History of Choice and Methods of Studies*），是最早以学术方式探讨课程的著作。还有人认为，在美国，课程作为研究领域的正统地位是在美国教育研究会（NSSE）1927 年出版的年鉴中确立的。参见：Lewy A. The international encyclopedia of curriculum[M]. Oxford：Pergamon，1991：3-15.

② 对这一背景感兴趣的读者可参见：施良方．泰勒的《课程与教学的基本原理》：兼述美国课程理论的兴起与发展 [J]．华东师范大学学报（教育科学版），1992（4）：1-24.

物——查特斯（W. W. Charters）。像博比特一样，查特斯在《课程编制》（*Curriculum Construction*）一书中认为，课程工作者的首要任务是要发现人们必须做些什么，然后向他们展示如何去做。活动分析法在这里采取了另一种形式——错误分析或困难分析，即通过考察学生在学习过程中容易出差错的地方，选择有针对性的课程内容，以便克服或纠正它们。查特斯还主张把理想作为课程的一个重要组成部分，认为课程应该由理想和活动这两者构成（Charters，1929）[75-84]。这是不同于博比特的，因为理想不能从对人类活动的分析中提炼出来。不过，查特斯关于理想的阐述，对崇尚实效的美国课程理论没有产生什么影响。

博比特与查特斯作为 20 世纪初期课程科学化运动中的代表，他们的课程理论也反映了这种所谓的科学取向。他们以教育目标为中心的课程编制模式，为泰勒（R. W. Tyler）的课程原理提供了基础。

二、现代课程理论的奠基石

1929 年，席卷美国、波及全球的经济大萧条，以一种不可抗拒的力量对学校教育提出了挑战：失业率剧增致使青少年找不到工作。大批青少年在就业无门的情况下，无可奈何地又回到学校注册入学。许多学生进入高中，并不打算将来进入大学。事实上，当时美国几乎所有高中的课程都是为升入大学做准备的，尽管实际上也只有 1 / 6 的高中毕业生能够进入大学深造。为了帮助学校走出困境，美国进步教育协会（Progressive Education Association）发起了一项著名的"八年研究"（Eight-Year Study）。从 1934 年到 1942 年，参与这项实验研究的，除了专业研究人员之外，还有横贯美国的 300 所大学、学院和精选出来的 30 所实验中学。"八年研究"不仅对美国大学入学要求和中学课程产生了深远的影响，而且还孕育了泰勒的课程原理。

泰勒在 1949 年出版的《课程与教学的基本原理》，被公认为现代课程理论的奠基石，它构建了现代课程研究领域最有影响的理论构架。这个原理是围绕着四个基本问题展开的（泰勒，1994）[2]：

　　（1）学校应该达到哪些教育目标？

　　（2）提供哪些教育经验才能实现这些目标？

　　（3）怎样才能有效地组织这些教育经验？

　　（4）怎样才能确定这些目标正在得到实现？

　　泰勒并不试图直接回答这些问题，因为具体的答案是因学校性质、教育阶段不同而有所差异的。他只是想提出研究这些问题的方法和程序。在他看来，这本身就构成了考察课程与教学问题的基本原理。

　　我们可以把这四个问题看作课程编制过程的四个步骤或阶段：（1）确定目标；（2）选择经验；（3）组织经验；（4）评价结果。泰勒的课程原理实质上就是对这些步骤的进一步阐释。其中，确定目标最为关键，因为其他步骤都是围绕目标展开的。所以，泰勒的课程原理又被称为"目标模式"。这里，我们可以清楚地看到博比特和查特斯对他的影响。

　　泰勒认为，如果我们要系统地、理智地研究某一课程，首先必须确定所要达到的各种教育目标。教育工作者与其说是制定目标，还不如说是选择目标。而要对教育目标做出明智的选择，必须有来自三个方面的信息：（1）对学生的研究；（2）对当代社会生活的研究；（3）学科专家的建议。任何单一的信息来源都不足以为明智地选择目标提供基础。由于学校教育的时间、能量有限，因此只能把精力集中在少量非常重要的目标上，这就要对选择出来的大量目标进行筛选，剔除不很重要、相互矛盾或学生无法达到的目标。泰勒建议把教育哲学（办学宗旨）和学习理论（学习心理学）作为两个筛子，对提议的目标进行过滤。所以，我们可以把泰勒确定目标的过程用图 0-1 表示。

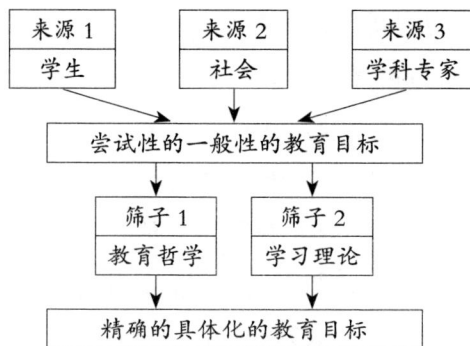

图 0-1　泰勒确定教育目标的过程

　　泰勒《课程与教学的基本原理》一书的影响，从瑞典学者胡森等人主编的《国际教育百科全书》中的评论可见一斑："泰勒的课程基本原理已经对整个世界的课程专家产生了影响。……不管人们是否赞同'泰勒原理'，也不管人们持什么样的哲学观点，如果不探讨泰勒提出的四个基本问题，就不可能全面地探讨课程问题。"（Husen et al., 1985）[1142] 事实上，泰勒研究课程的范式仍然在课程领域中占支配地位。

三、现代课程理论流派

　　20 世纪中叶以后，课程研究领域发生了很大的变化，课程改革运动极为活跃，相应地，课程设计模式和课程理论也不断出新。归纳起来主要有：强调以学术为中心的学科结构课程理论，强调以社会问题为中心的社会改造课程理论，强调以学生发展为中心的学生中心课程理论。

1. 学科结构课程理论

　　学科结构课程理论认为，知识是课程中不可或缺的要素，强调要把人类文化遗产中最具学术性的知识作为课程内容，并且特别重视知识体系本身的逻辑顺序和结构，因而通常把学术性作为课程的基本特征。主张以学科的知识结构作为课程设计基础的理由是：学科结构是深入探究和构建各门学科所必需的法则。学科结构由三种结构组成：（1）组织结构，即说明一门学科不同于其他学科的基本方式，同时也表明了这门学科探究的界限；
（2）实质结构，即探究过程中要回答的各种问题，也就是基本概念、原理
和理论；（3）句法结构，即各门学科中收集数据、检验命题和对研究结果
做出概括的方式。

美国学者布鲁纳（B. S. Bruner）认为，传授学科结构有四点好处：
（1）有助于解释许多特殊现象，使学科更容易理解；（2）有助于更好地记
忆学科知识，因为除非把一件事情放进构造得很好的模式里，否则就会忘
记；（3）有助于促进知识技能的迁移，达到举一反三、触类旁通的目的；
（4）有助于缩小高级知识与初级知识之间的差距。（布鲁纳，1989）[35-37] 总之，
学生所学的原理越基本，对后继知识的适用性便越宽广。掌握学科结构的
目的，就是要学生学会如何学习。

另一位课程专家施瓦布（J. J. Schwab）认为，重视学科结构对教育具有
双重意义：第一，教育工作者在设计课程和准备教材时就必须考虑学科结
构，否则课程计划可能被错误地实施，教材可能被误教。第二，一定要把
学科结构深入到课程的各个方面，使其成为课程内容的实质，否则就会把
学生引入歧途。这意味着教与学不是一次只注意一个事物或一个观点，不
是要搞清楚一个问题再继续进展到另一个问题，而是要重视事物之间的相
互联系，说明一个事物对其他事物的影响。在有些人看来，学科知识的这
种内在联系的性质表明，课程的经典问题"什么知识最有价值"已失去了
原来的意义。我们不能随心所欲地从学科的结论中挑选出一些我们认为对
学生最有价值的孤立的知识，因为脱离学科结构的孤立的知识是没有什么
价值的。

若要按照学科领域基本结构来设计课程，就需要对那个领域有极为深
刻的理解，因而学科专家在课程编制中起着重要的作用。

学科结构课程理论在 20 世纪 60 年代曾风靡一时，学科结构的思想被
广泛应用于课程设计，这种课程也被作为培养训练有素的未来科学家的主
要手段。但在实践中它也碰到了某些一时难以解决的问题。

2. 社会改造课程理论

社会改造课程理论把重点放在当代社会的问题、社会的主要功能、学生关心的社会现象，以及社会改造和社会活动计划等方面。这种理论不关注学科的知识体系，而是认为应该围绕当代重大社会问题来组织课程，帮助学生在社会方面得到发展，即学会如何参与制定社会规划并把它们付诸社会行动。这种理论的核心观点是：课程不应该帮助学生去适应现存社会，而是要建立一种新的社会秩序和社会文化。

这方面最有影响的代表人物是巴西学者弗莱雷（P. Freire）。他批评资本主义学校的课程已成了一种维护社会现状的工具，充当了人民大众与权贵人物之间的调解者的角色，使人民大众甘心处于从属地位，并将之归咎于自己天性无能。所以，他主张课程应该帮助学生摆脱对社会制度的奴隶般的顺从。他把这种理论付诸实践，并在当今第三世界国家成人扫盲运动中扮演了领袖的角色，同时也对西方一些所谓的新马克思主义者的课程理论产生了重大的影响。

20 世纪 70 年代，一些新马克思主义者，如布迪厄（P. Bourdieu）与帕瑟伦（J-C. Passeron）指出，在资本主义社会，知识成了文化资本的一部分，因此，个人"拥有"的知识，像所有的资本一样，至少部分地决定了他们在社会阶级结构中的位置。学校通过为不同阶级出身的学生提供不同的课程，从而让他们各自继承"父业"。但这种再生产理论在 70 年代末以后遭到另一些新马克思主义者，如安杨（J. Anyon）、阿普尔（M. W. Apple）、吉鲁（H. Giroux）的批判。他们批评再生产理论过于悲观，否认政治和社会变化的可能性。所以他们特别关注学生对学校课程（尤其是隐性课程）的种种抵抗现象，以此表明社会改造的可能性。

然而，学校在社会上并不是一个特别有影响力的机构，它在政治上还没有强大到能通过课程促使社会发生重大变革的地步。而且，统治阶级也不会允许在学校里实施这类课程。所以，这种课程理论在资本主义社会的课程实践中到底会产生什么影响，到目前为止还是一个问号。

3. 学生中心课程理论

学生中心课程理论主张以学生的兴趣和爱好、动机和需要、能力和态度等为基础来编制课程。这种课程有两个基本特征：（1）课程的核心不是学科内容，不是社会问题，而是学生的发展；（2）课程内容不是既定不变的，而是随着教学过程中学生的变化而变化的。

这种课程思想起源于 18 世纪的欧洲，在 20 世纪二三十年代经美国杜威（J. Dewey）的发展而形成。杜威对传统教育不顾学生的特点把外部事物强加给他们的做法极为不满，因而提出课程与教学必须考虑学生的思维方式、兴趣和需要。但如果以为这是要"放任儿童按照他自己的无指导的自发性去发展"（杜威，1994）[133]，那就是对杜威的误解。杜威一直反对那种"要么教师强加，要么学生自发"的思维方式。但也不可否认，杜威在对这两端进行"辩证"思维的过程中，明显地倾向于学生这一端。而且，事实上，他的理论在教育实践中的影响也主要体现在这一方面。

20 世纪 70 年代后流行过一阵子的人本主义课程理论极为推崇学生中心课程。但它的重点不是放在学生的认知上，而是放在学生的情感上。美国学者罗杰斯（C. R. Rogers）认为，教育的目的在于使学生从中获得个人意义。意义不是内在于教材之中的，而是个人赋予教材的。课程的职能是要为每一个学生提供有助于个人自由发展的、有内在奖励的经验。这种理论把学生的自我实现视为一种基本需要。因此，课程的核心是情感（情绪、态度和价值观等）与认知（知识和理智技能等）和学生行动的整合。这就必须让学生成为课程的一部分，即课程内容要与学生所关心的事情联系起来，并让学生参与课程设计、实施和评价，而不是把学生作为课程传递的对象。

考虑到课程对学生一生为人的影响，无疑是个进步。但是，如何为每个学生编制或由他们参与编制最适合他们个人自由发展的课程，这不仅是个理论问题，也是一个实践问题。

同课程定义一样，各执一端的课程理论现在已很难再占支配地位。人们往往会趋向于关注各种课程思想的融合。然而，综合各种课程思想并不像去超市购物那样，可随意选择自己所需的东西，因为每一种课程思想或理论都有其不同的基本假设和相互冲突的价值取向。简单的调和只会引起理论上的混乱和实践上的灾难。如果要对课程问题做出明智的决策，那就需要对课程的理论基础、课程编制的过程以及课程理论的研究方式有较全面的了解。

第三节　本书的结构与安排

本书在构建框架时考虑到以下几个因素：（1）课程理论研究在我国刚起步不久，以往的许多课程研究是经验性的，我们亟须构建课程研究的理论框架，本书愿在这方面做一尝试。（2）课程理论在西方教育理论界是一个相当发达的领域，尽管不同的课程研究者对课程以及课程理论有不同的理解，但对基本的研究对象、研究范围、研究方法还是达成一定共识的。本书在阐述过程中尽可能反映这些共识，而不是把重点放在一些极端的观点上。（3）我国教育界对课程内涵和外延的理解，与西方课程理论界相距甚远，本书在撰写过程中尽量注意到两者之间的这种差异和衔接。（4）本书主要用来作为高等师范院校的教材，因此，除了在论述过程中注意科学性和知识性之外，还提供了大量的信息，并在介绍各种理论观点时，不时地穿插一些分析评论，以帮助读者理解。

本书的"绪论"，通过对几种主要的课程定义的剖析，使读者对课程理论探讨的基本对象有所了解，帮助读者形成或澄清自己的课程定义。对课程理论形成、发展和演变过程的阐述，有助于读者对课程理论的历史和现状有比较全面的了解，以便在理解和掌握课程理论时有较扎实的根基。

第一编"课程的基础"分为三章，对课程的三个基础学科——心理学、社会学、哲学，分别从历史的考察、现状的分析和理论的探讨这几个方面做了阐述。第一章"课程与心理学"在对心理学与学校课程之间关系进行历史考察的基础上，剖析了各种现代心理学流派与学校课程的密切联系，力图揭示心理学对课程理论与实践的影响。第二章"课程与社会学"首先循着历史线索考察课程的社会学基础，然后展示当代几种主要教育社会学理论与学校课程之间的关联，进而探讨社会学对学校课程的影响与启示。第三章"课程与哲学"沿着历史发展的脉络，通过对西方哲学家和哲学流派的课程观的考察，透析哲学变迁与课程嬗变之间的关系，进而揭示哲学尤其是认识论在学校课程中的基础作用。这三章为课程提供了一个较为全面的理论背景和基础，有助于读者对课程研究领域进行较为深入的思考。

　　第二编"课程编制的原理"共四章，分别探讨课程目标、课程内容、课程实施和课程评价，从而使读者对整个课程编制过程有一个比较完整的理解。第四章"课程目标"首先分析了课程目标的三种取向，以便读者对课程目标有一个基本的把握，接着论述了课程目标与教育目的、培养目标、教学目标的关系，然后考察了制订课程目标的依据，最后介绍了一种确定课程目标的模式。第五章"课程内容"首先介绍了课程内容的三种取向，然后分别阐述了课程内容选择的准则和组织的原则，最后探讨了课程的类型与结构。第六章"课程实施"在明确课程实施的定义的基础上，介绍了课程实施的三种取向，然后分别阐述了对课程实施的两种基本的认识——课程实施即变革、课程实施即教学，最后分析了影响课程实施的主要因素。第七章"课程评价"也同样首先从介绍课程评价的各种取向入手，目的是使读者了解对课程评价的一些基本看法，因为不同的评价观会导致采用不同的评价手段、技术和方法；然后陈述各种评价模式，分析各种评价模式的特点；最后根据我国的实际情况提出课程评价的基本步骤，以供课程工作者参考。这一编实质上论述的是课程编制的基本过程。每一章之所以都从介绍各种取向开始，是考虑到目前课程研究者对这些基本问题看法不一，只介绍一种观点，容易产生误导。从某种意义上说，这四章是传统课程理论体系中最核心的部分，体现了一种比较典型的课程编制模式。

　　第三编"课程探究的形式"共三章，实际上反映了对第二编各章所代表的传统课程编制模式的挑战。第八章"过程模式"介绍了英国学者斯滕豪斯（L. Stenhouse）的课程理论。他在对目标模式进行详细分析和批判的基础上，提出了过程模式的原理，并提供了过程模式的例证。他要说明的一个基本问题是：课程不应以事先规定好了的结果（目标）为中心，而应以学生学习过程为中心。为了使学习更加有效，教师需要成为课程研究者。第九章"实践模式"介绍了美国学者施瓦布的课程理论。他从"实践"与"理论"的区分入手，针对传统"理论的"课程研究模式的缺陷，提出了自己的实践模式，并对实践探究的基本方式——集体审议——做了较为深入的阐述。第十章介绍了课程的"批判模式"。考虑到课程的批判模式很难找出一个典型的代表人物，而且不同的人对"批判"有不同的理解，所以该章首先介绍了课程批判模式的形成和发展概况，然后在此基础上论述课程批判理论的基本观点。批判模式关注的是意识形态和社会政治经济对学校课程的影响。它试图指出因种族、社会经济地位、性别等差异所带来的教育权力、教育机会、教育质量等方面的不平等现象，并力图克服它们。读者通过阅读这三章，可以比较全面地把握课程理论研究的动向，并有可能逐渐形成自己的系统看法。

第四编"课程理论与研究"共三章，分别论述了课程理论建设与实践中的一些基本问题，以及未来发展的趋势。第十一章"课程理论的构建"在对课程理论建设工作的历史与现状进行阐述的基础上，对课程理论的构建方式做了分析，并对如何形成适合我国国情的课程理论体系提出了一些看法。第十二章"课程的基本问题"对课程领域中经常涉及的几个基本问题做了较为深入的研究。这些问题在前面各章都或多或少提及了，但由于体系关系很难全面展开，所以单独列一章专门讨论。这些问题是隐性课程与显性课程的问题、分科课程与活动课程的问题、核心课程与外围课程的问题、课程与价值的问题、课程的一元化与多元化的问题、文理分科的问题、普通教育与职业技术教育的问题。第十三章"课程的未来"要表明的一个基本观点是：课程的本性是未来定向的。从这个意义上说，课程工作者都是未来学家。课程不仅要适应未来，而且还可以在一定程度上改变未来。该章在描述未来可能面临的各种挑战的基础上，提供了课程工作者预测未来的一些技术和方法，并对学校课程及课程理论发展趋势做了一些分析。

第一编
课程的基础

所谓课程的基础，是指影响课程目标、课程内容、课程实施、课程评价的一些基本领域。考察课程的基础，实际上是要确定课程知识领域的外部界线，确定与课程最相关的和最有效的信息来源，也就是说，要确定课程的基础学科有哪些。然而，仅仅考察基础学科有哪些是不够的，我们还需了解这些基础学科与课程的种种关系，以及对课程的实际含义的影响。

对于课程的基础应该包括哪些领域，存在一些不同的看法，而且各人的提法也各有差异[①]。例如，泰勒认为，课程目标的来源是对学生的研究、对当代社会生活的研究、学科专家的意见。美国学者坦纳夫妇（D. Tanner, L. Tanner）与塞勒（J. Saylor）等人主张，一种有效的课程基础是社会、学生、知识（Tanner et al., 1975）[100]（Saylor et al., 1981）[29]。英国学者劳顿（D. Lawton）、澳大利亚学者史密斯与洛瓦特则明确指出，课程的基础学科包括心理学、社会学和哲学（劳顿 等，1985）[5]（Smith et al., 1990）[21]。英国学者泰勒（P. H. Taylor）和理查兹（C. M. Richards）认为，课程理论必须考虑学科内容、学生、教师和环境，以及这些要素组合在一起的关系，相应地，就要探讨哲学（认识论）、心理学和社会学（Taylor et al., 1985）[177]。台湾学者黄炳煌认为，课程理论之基础为心理学、社会学、哲学和知识之结构。但他同时也承认，"知识之结构与哲学领域中的认识论有密不可分的关系，把两者并在一起讨论，在理论上亦无不可"（黄炳煌，1991）[6]。

看来，把心理学、社会学和哲学作为课程的基础或基础学科，是大家比较公认的。"这些基础学科能使课程理论和实践工作者更仔细地分析所提议的或所实施的课程计划，并更好地为之辩护。……它们为在课程领域中的思考和行动提供了必不可少的观念。"（Schubert, 1986）[36]事实上，每一

---

① 在西方课程理论中，常有以"来源"（sources）、"决定因素"（determinants）或"输入"（input）等术语来代替"基础"（foundation）一词的现象。而且，有人讲"课程编制"的基础，有人则是指"课程系统"或"课程理论"的基础，这取决于作者对课程的特定理解。参见：黄炳煌. 课程理论之基础 [M]. 台北：文景出版社，1991: 1—4.

个课程工作者不论持什么观点，也不论自己意识到没有，都在一定程度上利用心理学、社会学和哲学的概念、观点、方法等来充实自己的课程观，并以此指导自己的课程研究工作。

就我们的视野而言，我国许多课程工作者通常把注意力放在课程编制的过程上，而对其理论基础研究甚少。有人甚至以为这类研究与课程实践相距太远而不予重视。其实，虽说对课程之基础的分析隐含的是反思，对课程编制过程的研究隐含的是行动，但在实际工作中，这两者只能被理解为同一过程的两个方面，是不可避免地交织在一起的。课程工作者始终是受某些观念支配的，总是以基础学科的某些观念为理论依据的。所以，了解课程的基础学科，有助于我们对课程问题做出更为系统、深入的思考，从而在实践工作中少走弯路。

作为课程之基础学科的心理学、社会学和哲学，尽管都有其发展的轨迹，但毕竟都是特定社会历史条件下的产物。如果把它们放在社会历史背景下予以考察，似乎能依稀看出一种基本走向。而且，这种走向是与课程演变、发展的轨迹相吻合的。

需要指出的是，课程与各基础学科的关系纵横交错，所以心理学、社会学、哲学"本身都不能用来论证一项课程的正确与否，或者说，都不能用来作为课程设计的唯一基础"（劳顿 等，1985）[5]。只有在对课程的基础学科的研究成果及其与课程的关系有较全面了解的基础上，才有可能做出明智的课程决策。

基于这些想法，本编分别从历史的考察、现代理论流派的分析以及它们对学校课程的影响这三个维度对课程的三个基础学科做粗浅的介绍，为读者提供一个较为全面的理论框架，以助其对课程研究领域进行较为深入的思考。

第一章　课程与心理学

学校教育的主要职能之一是促进学生个体的发展，因此，课程工作者必须对个体的发展以及学习过程的本质有所了解。不顾学生特征而编制的课程，其效果可想而知。所以，心理学历来对学校课程具有重大影响，心理学的原理及研究成果，常常被用来作为各种课程抉择的依据。关于心理学与课程的关系，杜威在《儿童与课程》中有过形象的描述："心理的考虑也许会遭到忽视或推在一边，但它们不能被排除出去。把它们从门里赶出去，它们又从窗子里爬进来。"（杜威，1994）[130-131] 本章在对心理学与学校课程之间关系的历史考察的基础上，剖析了现代心理学流派与学校课程所具有的密切联系，以期揭示心理学对课程理论与实践的影响。

第一节　心理学与课程关系的历史考察

在教育史上，亚里士多德最早把心理学引入对教育的讨论，最早设想按照儿童年龄特征来划分教育的阶段，并依次设置相应的课程。他把教育过程分为四个阶段：（1）从出生到六岁，是儿童体格发育阶段，由家长训练。（2）七岁到少年期，儿童学体操、音乐以及读、写、算的基本知识，由国家控制。（3）少年期后到十七岁，儿童不仅学音乐和数学，而且修习文法、文学、地理学。（4）高等教育为青年中极少数优秀者实施，发展青年百科全书式的广泛兴趣，包括生物科学、物理科学、伦理学、修辞学和哲学。（马骥雄，1991）[48]

但对后来学校课程影响较大的，不是亚里士多德对年龄的划分和相应的课程设置，而是他对各种心理官能的分析。亚里士多德认为，灵魂是生命之本源。灵魂不仅赋予有机体以生命，而且使有机体潜在的特征得以展现。灵魂作为一种能动的本源，有着潜能或官能，它们以各种方式活动。亚里士多德描述了灵魂的三个组成部分：（1）表现在营养和繁殖上的植物的灵魂；（2）超越各种植物的特性而表现在感觉和愿望上的动物的灵魂；（3）超越各种动植物的特性而表现在思维或认识上的理性的灵魂。这三部分灵魂顺应三方面的教育：植物的灵魂是体育，动物的灵魂是德育，理性的灵魂是智育。（曹孚，1979）[27]虽说他主张身体、德行和智慧得到和谐发展，但教育的最终目的在于发展灵魂的最高方面——理性官能。对于具有高尚灵魂的人来说，只知寻求效用和功利是极不合宜的。

在亚里士多德以后的许多世纪里，从官能的角度来描述心灵或灵魂非常流行。直到文艺复兴以及以后的年代里，官能心理学还是一种最为人们所接受的学说。按照这种学说，自然会得出这样的结论：学习寓于这些官能的操练之中。官能的操练是智慧的来源，因而是头等重要的。学习内容本身并不重要，官能的发展高于一切。知识的价值在于作为训练官能的材料。

形成于17世纪、盛行于18—19世纪的形式训练说，就是以官能心理学为基础的[①]。形式训练说的代表人物之一洛克（J. Locke）在《理解能力指导散论》中，对此做了较为系统的阐述。他认为："我们天生就有几乎能做任何事情的诸多官能和诸多能力，……但是这些能力只有经过锻炼才能给予我们做任何事情的能力和技巧并把我们引向完美。"（洛克，1993）[11]人

---

① 对形式训练说感兴趣的读者，可参阅：瞿葆奎，施良方."形式教育"与"实质教育"（上）[J]. 华东师范大学学报（教育科学版），1988(1):9-24；瞿葆奎，施良方."形式教育"与"实质教育"（下）[J]. 华东师范大学学报（教育科学版），1988(2):27-41.

的官能犹如身体，可以通过操练而得到改进。"教育的事情，……并不是要使青年人精通任何一门科学，而是……要打开他们的心智，装备他们的心智，使他们有能力学会这门科学。"（洛克，1993）[39] 在洛克看来，没有什么学科比数学更有利于培养推理官能的了，因为数学是在心灵中养成严密推理习惯的一种途径。所以，学习数学对学生有无限的好处。洛克的思想对后来的学校课程有相当大的影响。设置课程，不是为了这些学科本身的价值，而是因为这些学科对心智的训练价值。例如，学校开设拉丁语和希腊语，并不是为了让学生掌握这两种语言，而是由于这两种语言特别难学，可以锻炼学生的记忆官能。如果学生能够充分利用自己的官能，那么这对于学习所有知识都是极为有利的。

德国学者赫尔巴特（J. F. Herbart）是教育史上最早真正试图把教育学建立在心理学基础上的人，尽管他那时的心理学也还处在"前科学"时期。赫尔巴特断然否定心灵具有与生俱来的官能，他认为心灵原本空无所有，心灵是由与环境接触而获得的观念构成的。在他看来，旧的心理学用官能来解释一切，而新的心理学须以观念的运动来解释一切。心理学的研究对象是观念及其相互关系（高觉敷，1982）[72]。由个别观念构成观念体系的过程，赫尔巴特称之为"统觉"。所谓统觉过程，也就是把分散的观念联合成一个整体的过程，也就是用已有观念去解释和融合新观念的过程。

赫尔巴特的"观念联合说"（association of ideas）对当时占统治地位的官能心理学提出了挑战。首先，教育的目的不在于训练官能，而是要提供适当的观念（或者说知识）来"充实心智"。其次，官能心理学只注重课程的训练作用，而观念联合说重视课程的选择和内容的扩充。赫尔巴特根据儿童多方面的兴趣来决定课程内容。他认为重要的不是个别知识，而是知识的整体。兴趣之所以重要，是因为它能使新旧观念联合起来。最后，观念联合说尤其注重教材内容的排列和教学的步骤。赫尔巴特认为，旧的观念一经组织成为心灵的一部分，便会对新观念的接受产生制约作用。新观念只有与旧观念相联合，才能使新旧观念相类化。因此教材内容的排列和教学的程序必须遵循这一原则。

官能心理学与观念联合说，以及建立在这两种心理学基础上的形式训练说与实质教育论，曾在学校课程史上产生了重大影响。但这些学说毕竟处于"前科学"的阶段，还缺乏科学的依据，因而引起了各种争议。其中，杜威在《民主主义与教育》一书中所做的批判，是言而中的的。杜威认为，一方面，形式训练说所设想的各种天赋官能纯粹是一种玄想，事实上根本就不存在这类现成的官能等待训练。再者，离开具体的内容奢谈一般能力的训练是荒唐的。另一方面，赫尔巴特认为心是由课程内容构成的，因而教材内容的排列对心的形成有重大影响，这忽视了学生的能动作用。所以，杜威既批判"教育就是从内部将潜在能力展开"，也反对"教育就是从外部进行塑造工作"，他认为"教育是经验的继续不断的改组和改造"。（杜威，1990）[86] 不过，杜威对"经验"的解释，与其说是心理学的论点，不如说是一种哲学主张，这里就不展开了。

形式训练说实际上是一种经典的学习迁移学说。它起源于古希腊和古罗马，纵贯两千多年，在学校课程演进中起了一定的作用。随着科学技术和工业的发展，重视课程内容本身及其实用价值的实质教育论有了一定的基础，从而形成了形式训练说与实质教育论两军对立的局面。不过，相比之下，形式训练说在学校中仍占上风。真正敲响形式训练说丧钟的，是教育心理学鼻祖桑代克（E. L. Thorndike）的两项实验。1924 年，桑代克对8500 名中学生的学业成绩与智商测试分数之间的迁移问题做了深入的调查。三年以后，他又与同事一起对另外 5000 名学生重复进行了这一实验。桑代克设想：如果某些学科在发展心智方面优于其他学科的话，那么这一事实必然会反映在一般心理能力的测试上。然而实验结果表明，因某些学科而引起的理智能力的提高极为有限。学习传统学科（如拉丁语、几何、英语和历史等）的学生，并没有比那些原来智商测试分数相同、选修实用学科（如簿记、家政等）的学生在理智能力上有更大程度的提高（Thorndike，1924）。因而，期望通过某些学科来训练心智的希望破灭了。根据桑代克的观点，选择哪些课程，应该根据这些课程可能会产生的特殊训练效果，不存在哪一门学科在一般能力迁移方面较之其他学科更为优越的问题。这一观点与当代行为主义心理学的主张基本上是吻合的。

　　尽管形式训练说与实质教育论早已成为过去，但在当今教育理论中还可觉察到其痕迹，甚至在课程实践中还能看到其影响。例如，至今还有人认为，存在着一些具有强健心智功能的"硬学科"（hard courses）。在他们看来，现在学校的课程已变得太软弱，他们以一些选修"硬学科"的好学生为例，说明这些学科确实有益于培养学生的心智。对此，也有人挖苦道："这些人所认为的'硬课程'（tough curriculum）并没有增强他们自己的推理能力，以致他们没有看到，这类'硬课程'并没有造就好学生，只不过是把能力较差的学生排斥在外罢了。"（Mouly，1982）[239] 看来，这场争论还会继续下去。

第二节　当代心理学流派与学校课程

　　心理学自发轫起，从来就没有形成过一个大一统的体系，而是各种理论流派纷呈。当今学校课程的各种理论和实践，与各种心理学流派结下了不解之缘。其中，行为主义、认知学派和人本主义心理学与学校课程的关系最为密切。

一、行为主义心理学与课程

　　20世纪初以美国心理学家华生（J. B. Watson）为首发起的行为主义革命对心理学的发展进程影响甚大。华生在《行为主义者心目中的心理学》中指出，心理学是自然科学的一个纯客观的实验分支，它的理论目标在于预见和控制行为。华生建立行为主义心理学的出发点有二：第一，分析可观察到的事实，即分析人和动物是如何适应环境的；第二，研究引起有机体做出反应的刺激，因为知道了反应就可以推测刺激，知道了刺激就可以预测反应。（施良方，1994b）[52-53] 所以，行为主义者把刺激－反应作为行为的基本单位，认为学习即刺激与反应之间联结的加强。这样，练习或习惯的形成就成了学习的同义词。根据这一原理，课程的目的就是提供特定的刺激，以便引起学生特定的反应。所以，课程目标越具体、越精确越好。这在博比特《怎样编制课程》一书中反映得最明显。博比特在该书中列举了 10 个人类经验领域中的 800 多个目标。这些都为以后在课程编制中强调行为目标提供了基础。

如果说以华生为代表的经典行为主义者强调反应之前的刺激，那么以斯金纳（B. F. Skinner）为代表的新行为主义者则强调反应后的刺激，即强化。斯金纳把强化作为促进学习的主要杠杆。在他看来，教育工作者的艺术就在于如何安排强化。因为行为主义者都坚信复杂行为是由简单行为构成的，所以都主张把课程目标和内容分解成很小的单元，然后按照逻辑程序排列，一步一步地通过强化手段使学生逐步掌握课程内容，最终达到预期的课程目标。虽说各个学生对强化的要求可能有所不同，但课程专家可以改编程序，使每个学生都能在掌握课程内容的过程中获得成功的体验。事实上，已流行多年的程序教学、计算机辅助教学、自我教学单元、个别学习法和视听教学这类教学方式，就是以此为理论基础的。

初看起来，行为主义者关注的是"怎样教"而不是"教什么"，但事实上，根据行为科学的原理设计的教学程序，直接涉及要教些什么、不教些什么，他们侧重的是行为，并要以一种可以观察到的、可以测量的形式来具体说明课程内容和教学过程。这必然会影响到课程目标的制定、课程内容的选择、课程实施的方式和课程评价的模式。

行为主义可以说是 20 世纪上半叶对西方学校课程影响最大的心理学流派。这主要表现在以下几个方面：（1）在课程与教学方面强调行为目标；（2）在课程内容方面强调由简至繁的累积；（3）强调基本技能的训练；（4）主张采用各种教学媒介进行个别教学；（5）提倡教学设计或系统设计的模式；（6）主张开发各种教学技术；（7）赞同教学绩效、成本 – 效应分析和目标管理等做法。（Ornstein et al., 1988）[89]

在我们看来，20 世纪六七十年代对课程与教学影响较大的教育目标分类学，与行为主义心理学的基本假设是一致的。例如，布卢姆（B. S. Bloom）等人的目标分类学有两个基本特征：第一，要用学生外显的行为来陈述目标。布卢姆认为，制定目标是为了便于客观地评价，而不是为了表达理想的愿望。事实上，只有具体的、外显的行为目标才是可以客观测量的。其公式是：目标＝行为＝评价技术＝测验问题。第二，目标是有层次结构的。各目标不是孤立的，而是按秩序由简单到复杂排列的，前一目标是后一目标的基础，因而目标具有连续性、累积性。在目标分类学中，属于 A 式的行为构成一类，属于 AB 式的行为又构成较复杂的一类，属于 ABC 式的行为则构成了更复杂的一类（施良方，1994b）[345-346]。这里，我们可以清楚地看到行为主义的基本假设：复杂行为是由简单行为累积而成的。我们可以把任何复杂的课程内容分解成细小的单位，明确每个单位的基本目标，然后按照逻辑顺序加以排列，运用强化的手段，使学生一步一步地掌握整个教学内容。

　　然而，行为主义心理学由于过分依赖对实验室学习的分析结果，把人类学习过程描述得过于简单、机械，以为只需把课程内容分解成小的单元，然后按逻辑加以排列，通过指定的步骤，便能使学生达到课程目标，这可能过于乐观了。而且，行为主义者所崇尚的"课程目标应该用行为的方式予以界定"的观点，现在已受到越来越多的人的怀疑。诚如课程专家塔巴（H. Taba）所说的："行为主义在受限制的实验情境里获得的比较'科学的'观察结果，不能用来理解或指导性质复杂的学习，如认知过程的发展或态度的形成等。"（Taba，1962）[85]

二、认知心理学与课程

　　自 20 世纪 50 年代中期起，由于米勒（G. Miller）1956 年关于信息加工的论文，纽厄尔（A. Newell）与西蒙（H. A. Simon）1956 年对"逻辑理论机器"的研究，布鲁纳等人 1956 年发表的《思维之研究》，乔姆斯基（A. N. Chomsky）1957 年出版的《句法结构》，皮亚杰（J. Piaget）在美国被"重新发现"，以及 1967 年奈瑟（U. Neisser）的《认知心理学》问世，一场认知革命发生了。认知心理学的基本假设是：学生的行为始终建立在认知的基础之上。所以认知心理学家研究的对象是学生处理环境中各种事件的内部心理活动，并试图解释学生头脑中的认知结构。于是，越来越多的课程工作者使用"认知发展阶段""认知结构""认知策略""信息加工"等术语。当然，那么多人以认知为取向，是由于一些人认为学校课程所涉及的主要是认知领域的学习，有些人甚至把学校学习与认知发展视为同义词。

与行为主义心理学不同，认知心理学关注的不是学生学会对某种刺激做出某种反应，而是学生头脑中认知结构的重建或重组。因此，认知心理学家感兴趣的不是行为发生的频率，而是学生的思维过程和思维方式。

例如，布鲁纳认为，思维方式是各门学科所使用的方法的基础。"对一门学科来说，没有什么比它如何思考问题的方法更为重要的事情。"（布鲁纳，1989）[246] 鉴于每一个学生都有自己观察世界的独特方式，所以，"给任何特定年龄的儿童教某门学科，其任务就是按照这个年龄儿童观察事物的方式去阐述那门学科的结构"（布鲁纳，1989）[42]。这样做的一个前提是：任何观念都能够依据学龄儿童的思维方式正确地和有效地阐述出来。布鲁纳对此坚信不疑，并由此提出了一个影响很大、也是最有争议的论点："任何学科的基本原理都可以用某种形式教给任何年龄的任何人。"（布鲁纳，1989）[28] 当然，"按照反映知识领域基础结构的方式来设计课程，需要对那个领域有极其根本的理解。没有最干练的学者和科学家的积极参与，这一任务是不能完成的"（布鲁纳，1989）[41]。

让学生从一开始就学习各门学科的基本结构和基本概念，必然会主张螺旋式的课程，即反复地回到这些基本观念上去，以这些观念为基础，直到学生掌握了与这些观念相适应的完全形式的体系为止。这里，关键在于学科基本结构和概念呈现的方式应该同儿童的思维方式相符合，使这些基本观念在以后的学习中不断扩展、再扩展。

布鲁纳的观点促使人们去思考最佳的学科结构问题。学科结构的思想一度被广泛用于课程设计，并且这种课程还被作为培养训练有素的未来科学家的途径。这种课程在实践中也碰到一些问题。正像布鲁纳等人所描述的，许多课程在设计时是这样，但在实施时常常会失去最初的样子，陷于不大成样子的局面。造成这种局面的原因，我们将在其他章节分析。

　　如果说认知学派在课程设计中存在着关注学科的知识结构和关注学生的认知结构这两种倾向的话，那么，布鲁纳倾向于前者，而奥苏贝尔（D. P. Ausubel）则倾向于后者。

　　奥苏贝尔认为，在设计课程时，最重要的是要时刻记住：影响学习的最重要的因素是学生已知的内容，要据此进行相应的教学安排。只有当学生把课程内容与他们自己的认知结构联系起来时，才会发生有意义的学习。所以，课程内容对学生具有潜在意义，即课程内容是能够与学生已有的知识结构联系起来的，这是有意义的学习的先决条件。奥苏贝尔把"同化"作为有意义的学习的心理机制：学生能否习得新信息，主要取决于他们认知结构中已有的有关观念，即能否把新知识"挂靠"（用他的话说是"抛锚"）在这些有关的观念上；有意义的学习是通过新信息与这些观念的相互作用才得以发生的；这种相互作用的结果，是新旧知识的同化。

　　为了使课程设计符合同化理论，一个重要的任务便是对每一门学科的各种概念加以鉴别，按照其包摄性、概括性程度，组织成有层次的、相互关联的系统：先呈现最一般的、包摄性最广的概念，然后逐渐呈现越来越具体的概念。目的是使前面学到的知识可以成为后面学习的知识的固定点，以便产生新旧知识的同化。这就是所谓的"逐渐分化"（progressive differentiation）的原理。其依据是：（1）学生从已知的包摄性较广的整体知识出发掌握分化的部分，比从已知的分化部分出发掌握具体的知识要容易些；（2）学生认知结构中对各门学科内容的组织，是按包摄性水平依次确定的。

　　但是，有时学科内容与学生已有的知识相矛盾，难以被同化，或有时课程内容无法按纵向的形式组织，这时便需要采用"整合协调"（integrative reconciliation）的原则。通过整合协调，学生对自己认知结构中已有的要素重新加以组合；通过分析、比较、综合，学生清晰地意识到有关概念的异同，清除可能引起的混乱。

　　奥苏贝尔批评一些课程编制者往往不注意这两条原则，而是只求教材编写自成体系，不考虑与学生已有知识之间的联系。这样做即便符合了教材的逻辑，也会违背学生认知的规律。新的知识成了与学生已有的知识无关联的、孤立的东西。其结果是，学生只能通过过度学习，以求通过考试，而其中的意义从一开始便丧失殆尽了[①]。

　　尽管布鲁纳与奥苏贝尔都从认知心理学的角度，对课程如何设计以促进学生有意义的学习提出了很好的设想和建议，但是他们各自关注的思维方式有所不同：布鲁纳强调归纳法，奥苏贝尔注重演绎法。因此，根据他们的课程设计原理，会得出两种完全不同的课程教材体系。

　　此外，这些年来，认知加工理论对课程设计的影响也不容小觑。首先，从认知信息加工的角度来看，课程内容主要由概念、命题和结构等组成，并由课程工作者设计而成。但几乎可以肯定的是：任何课程内容在实施过程中都会发生变化，因为教师和学生都是根据各自长时记忆中的已有信息来加工课程内容的。其次，课程内容必须按照一定的结构来呈现，使前后呈现的内容有某种逻辑的联系。否则，学生虽说通过反复操练也可以学会，但这种信息不可能与学生长时记忆中的有关信息建立有机联系，因而会成为孤立的信息，很容易被遗忘，或很难用来解决问题。最后，短时记忆加工的信息的容量是有限的。当呈现的课程内容超过这个容量时，学生就得通过额外加工来恢复短时记忆中的信息，即不断采用复述的办法，从而会限制学生使用其他信息加工形式（如信息编码），导致学习受挫。

　　另外，近年来信息加工理论研究表明，儿童在感觉登记的性质和操作、最初加工信息的速度、选择性注意的能力、信息编码的策略等方面，都与成年人有所不同（索尔索，1990）[386-390]。这又迫使课程工作者进一步去考虑皮亚杰的儿童认知发展阶段的问题：什么样的课程内容最适合特定年龄阶段的学生？

---

① 参见施良方的《学习论：学习心理学的理论与原理》第八章"奥苏贝尔认知同化学习理论"。

20 世纪 60 年代以后，以认知心理学家为主导的课程改革运动曾轰轰烈烈过一阵子，其结果又如何呢？美国教育家古德莱得对美国一千多所中小学调查后发现，"大多数学生没有从事问题解决的任务，而只是从事被动的、机械的任务。教师极少要求学生从事任何具有创造性的任务或创造他们自己的产品。总之，学校里很少有真正有意义的学习"（Goodlad，1983）。笼统地说课程改革运动失败，或者说认知课程理论脱离实践、存在偏颇，似有隔靴搔痒之感。这里还有一个传统的教育观念和实际措施根深蒂固、不会轻易改变的问题。否则，我们很难解释为什么布鲁纳的课程与教学理论在 20 世纪 80 年代末、90 年代初的美国又有相当大影响这样一种现象。

不过，从理论上看，单从认知心理学的角度来设计学校课程，把认知学习等同于学校教育，本身就犯了一个致命的错误，因为学校应该使学生各方面都得到发展，这也成了人本主义心理学攻击的突破口。

三、人本主义心理学与课程

20 世纪 70 年代初开始流行起来的人本主义心理学，从一开始起就关注学校课程的问题。人本主义心理学家关注的不是学生学习的结果（这是行为主义者所关心的），也不是学生学习的过程（这是认知心理学家所关心的），而是学生学习的起因，即学生学习的情感、信念和意图等——这些是使一个人不同于另一个人的内部行为。在他们看来，如果课程内容对学生没有什么个人意义的话，学习就不大可能发生。

人本主义心理学主要代表人物之一罗杰斯认为，现代教育的悲剧之一，就是以为唯有认知学习才是重要的。教育工作者往往认为，只要把课程设计好，教学方法合适，学生就会很好地学习。其实，意义不是内在于课程的，而是个人赋予的。所以，怎样呈现课程内容并不重要，重要的是要引导学生从课程中获取个人自由发展的经验。因而，学生的自我实现是课程法定的核心。在人本主义者看来，每个学生都有一个他 / 她意识不到的自我，课程必须帮助学生把这个自我提示出来，使学生觉察到自己已成了他人预先设计好了的人，而不是自己想成为的人。所以，他们把课程看作是满足学生生长和个性整合需要的自由解放的过程。在这里，课程的重点已从教材转向学生个体。

对此，罗杰斯的解释是：知识对学生是否具有个人意义，是知识能否保持的决定因素。学生学习的那么多知识为什么很快就被遗忘了？这是由于它们与学生的自我无关。因此，我们设置的课程，与其让学生花很多时间去死记硬背，还不如让他们花些时间去寻找知识的个人意义。由此看来，课程既不是要教学生学会知识技能（这是行为主义者所强调的），也不是要教学生学会怎样学习（这是认知心理学家所强调的），而是要为学生提供一种促使他们自己去学习的情境。这种学习会成为学生个人经验的一部分，令他终生不忘。据罗杰斯估计，当学生认为课程内容与达到自己的目的有关时，学生学习各门课程的时间就会大大减少，也许只需目前所花时间的 1／3，甚至只要 1／5 就足够了。

这就要对目前的学校课程进行改革。由于学校课程通常是以牺牲情感为代价来强调认知的，所以，课程改革的出发点不应该是教育者历来关心的问题，如怎样为学生制定课程目标，怎样选择和组织课程内容，用什么方式实施课程以保证达到预定的课程目标，而应该关注这样的问题，即什么课程内容可能对学生最有意义，学生如何才能最有效地、投入情感地学习。答案很明显，课程内容必须与学生所关心的事情联系起来，并允许学生探索自己所想的、所关心的事情。

显而易见，在实践中，这种课程的设计和实施都会成为问题。作为一种折中，一些人本主义者提倡一种合成课程（confluent curriculum）。这种课程强调情感与认知的整合，即通过把情感因素增添到常规课程中去，赋予课程内容以个人意义。合成课程包括下列要素：（1）师生共同参与，共同承担责任；（2）强调思维、情感与行动的整合；（3）课程内容与学生的基本需要及生活有密切关系，并对学生的情感和理智都具有重要的意义；（4）自我是学习的法定对象；（5）课程的目标是培养完整的人。（麦克尼尔，1990）[10-11]

应该承认，学生真正关心的是生活对于他个人的意义。课程工作者应该对他们的这种关心做出反应。人本主义课程强调情感对学习的重要意义，强调学生思维、情感和行动整合的必要性，这是很有道理的。但是，要在课程中把学生个人生长与传授各门学科必要的知识技能结合起来，会遇到许多困难。马斯洛（A. H. Maslow）生前曾试图解决这个问题，因为在他看来，学习知识内容并不一定会妨碍个人的生长，但他还未来得及从事实验研究便去世了。而且，我们至今尚未见到在这方面很有说服力的实验研究。由于有些人本主义者坚持注重情感的课程比传统的课程能使学生学到更多有用的知识，并坚持"信则灵，不信则不灵"的策略，这就使人感到其带有一些神秘主义的色彩了。

第三节　心理学对学校课程的影响

如前所述，学校课程与心理学思想或理论有着千丝万缕的关系。因为无论我们怎样界定课程，课程必然涉及两种心理成分：（1）课程工作者必须了解学生对课程内容理解的情况，不了解学生是如何组织课程内容的，传递这些内容很可能就是徒劳的。（2）课程必定会涉及某种学习和发展的模式，因为课程最终的目的是要不断改变学生对世界的看法，如果没有一种（或几种）知识组织变化的模式，就会缺少确定课程活动的基础。与此同时，我们还需注意到，心理学思想对课程的影响从来就不是一一对应的，而是非常错综复杂的。

以形式训练说为例。毫无疑问，它早已成为历史，现在很难找到一位自称是形式训练论者的教育家。泰勒曾把桑代克的心理学研究视为20世纪课程领域里最有意义的事件之一，因为桑代克的研究彻底摧毁了形式训练说，"使课程探究从探讨不同学科的相对价值转向对当代生活的经验性研究"，从而"使课程编制的性质发生了深刻变化"。（泰勒，1994）[146] 然而，就形式训练说与实质教育论的本质——能力与知识的关系而言，它们始终以各种各样的形式在教育理论和实践中若隐若现。诚如怀恩（J. P. Wynne）

所说：尽管从理论上说，形式训练说已经死亡，但在实践中，它却还实实在在地活着。不论人们是否把自己的言行归结于这种学说，它始终在左右着学校的实际工作。毫无疑问，形式训练说不仅是历史的事实，而且是当前教育中的一股势力。（Wynne，1963）[1-8] 这从一个侧面说明了心理学思想与课程实践之间错综交织的关系。

在我们看来，心理学对课程的影响，最明显地反映在课程编制过程的各个方面。

首先，尽管课程目标的实质内容主要是由社会政治和经济制度、哲学思想和办学宗旨等方面所规定的，但心理学原理有助于我们决定采用什么样的形式来表述课程目标，或确定课程目标能够达到何种程度。因为除非课程目标与学生的内部条件相一致，否则是没有什么实际意义的。泰勒把心理学作为过滤各种提议的课程目标的"筛子"，即要剔除那些经过课程学习无法达到的目标，现已得到广泛的认同。

布卢姆等人构建的教育目标分类学，尽管引起了各种争议，但它促使我们去考虑：制定课程目标是为了表述理想的愿望，还是为了便于客观的评价，抑或是为了这两者？需要指出的是，有些人在"移植"教育目标分类学时，往往只注意学科"知识"由简至繁的各个层次，而没有注意到，布卢姆等人在对认知领域的目标进行分类时，把"知识"作为最低层次，在此基础上构建了理智技能与理智能力的五个层次（领会、运用、分析、综合、评价），他们对高级认知活动的关注，对那些只关注学生知识再现或再认的人来说，本身就具有启蒙作用。

其次，在课程内容的选择和组织方面，心理学通常被认为是最有用的。一般来说，在选择课程内容时需要注意以下几个原则：（1）动机在学生学习中具有重要作用，出于内在动机比出于外在动机的学习效果更好些。（2）学生的主动参与对学习效果关系重大，参与既包括外显的也包括内隐的。（3）学生只有在面临问题时，才会认真思考，并从学习中获得满足感，应当鼓励学生尝试各种新的解决问题的办法。（4）过于容易或过于困难的问题都会抑制学生学习的积极性，要为学生制定超出他们现有水平同时又是通过努力能够达到的课程。总之，课程编制者在选择课程内容时，不仅要根据知识的难易程度，而且应该根据这些知识对学生思考能力所提出的挑战的程度。"一位优良的课程专家不但要能解决教材难易程度，同时也要能分析思考历程的高低层次。"（黄炳煌，1991）[11]

关于课程内容组织的问题，历来有不同的观点。有些人把注意力放在课程教材上，认为课程教材比学生自己经验的内容重要得多。有些人认为学生是起点，是中心，学生的生长和发展便是理想之所在。前者主张课程组织的逻辑顺序，后者主张课程组织的心理顺序。在杜威看来，这场争论的根本错误在于他们以为我们除此便没有其他的选择，好像要么是放任儿童按照他们自己的无指导的自发性去发展，要么是从外面把命令强加给他们。事实上，两者都陷于同样的具有根本性的错误。正确的解决办法是改造这种材料，使它心理化——把教材作为全部的和生长中的经验因素来考虑。这一分析是富于哲理的。虽说我们并不认为杜威已经解决了这个问题（事实上，杜威的大多数追随者在实践中都把杜威的这一思想引向儿童的心理逻辑这一端），但他至少提出了一条思路：采取非此即彼的思维方式，在课程研究领域很难不碰壁。

泰勒在分析了逻辑顺序与心理顺序的关系之后，提出了课程组织的三个原则：（1）连续性，即直线式地陈述课程内容；（2）顺序性，强调后继的内容要以前面内容为基础，同时不断增加广度和深度；（3）整合性，即要注意各门课程的横向关系，使学生获得一种统一的观点，并把自己的行为与所学内容统一起来。（泰勒，1994）[24] 这些原则是从课程对心理所产生的意义这一角度来阐述的。

由此可见，整个课程编制过程都与心理学原理发生了一定的关系。事实上，人们在设计课程或安排教学内容时，都会对学习哪些内容、如何组织使之最适合学生学习持有自己的看法，或者说，都有其心理学基础，只不过有的没有明确阐述出来罢了。对课程心理学基础的考察，有利于课程工作者清醒地意识到自己依赖的是哪些心理学原理以及它们是否相互矛盾，以便少走弯路，更有效地解决课程问题。

第二章　课程与社会学

　　学校课程作为社会文化的一个组成部分，既受社会政治、经济等方面因素的制约，同时也因其保存、传递或重建社会文化的职能而对社会发展产生一定的影响。课程与社会环境之间的这种交互作用，历来为教育研究者和社会学家所关注。诚如布鲁纳所说的，离开了社会背景，"课程争论的意义也就黯然失色"（布鲁纳，1989）[7]。因为"不顾教育过程的政治、经济和社会环境来论述教育学理论的心理学家和教育家，是自甘浅薄，势必在社会上和教室里受到蔑视"（布鲁纳，1989）[367]。这番话可以被看作是布鲁纳对自己的亲身经历以及 20 世纪 50 年代末、60 年代初那场"失败"的课程改革运动的一种总结。

　　本章试图在循着历史线索对课程进行社会考察的基础上，展示当代几种主要的教育社会学理论与学校课程的关联，进而探讨社会学对学校课程的影响与启示。

第一节　社会观与课程设置的历史考察

　　如果说社会学作为一门独立的学科还较为年轻，是 19 世纪的事情，那么在社会观的背景下来论证课程设置的历史则要悠久得多了。

柏拉图的《理想国》一书，是西方历史上最早的一本教育论著。在这本书中，柏拉图论述了理想国的社会阶级构成问题，并分析了不同社会等级所需要的不同课程。在他看来，理想国由三种不同等级的人组成：（1）哲学家；（2）军人；（3）手工业者和农民。这三种人与生俱来的天性各不相同：第一种人以理性为主，属金质灵魂；第二种人以意志为主，属银质灵魂；第三种人以感情为主，属铜质和铁质灵魂。他们在社会上各司其职：哲学家负责管理国家；军人担负保卫国家的责任；手工业者和农民是劳动生产者，应该服从统治。由此可见，虽然柏拉图与亚里士多德一样对灵魂进行了划分，但两者的视角不同，前者是从社会的角度，后者则是从心理的角度。

理想国这个目标主要是通过教育达成的。社会等级不同，教育程度和课程设置也相应不同。在理想国里，儿童7岁以前主要是做游戏和听故事。7岁进学校接受训练直到18岁左右，主要课程是体育和音乐。体育是为了锻炼身体，音乐是为了陶冶心灵。其中音乐占主导地位，因为强健的身体不能自然而然地使心灵美好，而美好的心灵则能使身体臻于它所能达到的程度。手工业者和农民只需接受这些教育，由此会形成节制的美德。另外两种人在随后两年的军体训练后，从20岁到30岁学习算术、几何、天文学和音乐理论。算术能够唤起思考的能力，从而使人能借助纯粹思维去思考本质和存在；几何除了有助于认识永恒存在之功效外，还附带心智训练的价值，从而有利于学习别种科目；天文学对行军作战、农业和航海都很有必要。修完这些学科后，大多数人就此完成了学业。只有极少数准备当哲学家的人还需要继续学习五年，主要攻读辩证法。辩证法是所有课程的"合顶石"，凌驾在其他所有学科之上。唯有修习过辩证法的人才能参与指导国家的政治、军事工作。50岁且通过一切考验并洞见"善"之本身的人，就成了"哲学王"——理想国的统治者。（华东师范大学教育系 等，1985）[21-74]

尽管柏拉图对后来课程思想和实践的影响，主要体现在有关音乐、体育、数学等学科陶冶心智的作用这方面的论述上（即对形式训练说的影响），但他的本意是要在课程设置与社会构成之间形成对应关系。柏拉图从社会等级的观点出发提出的这些学科，加上以前智者学派提出的文法、修辞和辩证法，构成了所谓的"七艺"，并在欧洲中世纪占支配地位。"七艺"作为学校课程（尽管课程的内容发生了变化），一直沿用到文艺复兴运动之前。到了文艺复兴时代，学科开始分化：文法分为文法、文学、历史等，几何分为几何学和地理学，天文学分为天文学和力学。到了17—18世纪，学科进一步分化：辩证法分为逻辑学和伦理学，算术分为算术和代数，几何学分为三角和几何，地理学分为地理学、植物学和动物学，力学分为力学、物理学和化学。（中国大百科全书总编辑委员会《教育》编辑委员会等，1985）[280] 因此，从某种意义上说，现代学校课程体系是在"七艺"的基础上发展起来的。

在17世纪的英国资产阶级革命中，洛克提出了"社会契约论"。他认为，人们在最初的自然状态中是自由平等的。人们把这种自然权利转让给执政者，是为了让执政者保护他们的生命、财产的自由。社会制度是由大多数人的意志相结合而形成的"契约"的产物。在洛克看来，由资产阶级与封建贵族联合专政的君主立宪政体是符合契约的。"绅士"是契约的履行者，所以需要各方面的学识。洛克的《教育漫话》一书通篇都是谈如何培养绅士的。洛克所说的绅士，除了要进行德性培养和体育锻炼之外，还要学习各科知识，如阅读、写字、图画、英语、外语、地理、历史、算术、几何、法律、伦理学、天文、速记，甚至还包括一两种手艺，如园艺和簿记等。需要再次指出的是，这些科目都是为培养绅士而设计的。洛克告诫那些"家里请得起导师的人"要把孩子留在家里，而不要送到普通国民小学里去学习，以免受到"恶习的熏染"。然后，再送他们到只有贵族才能进入的公学、大学深造，成为社会契约的履行者。

18世纪法国思想家、教育家卢梭（J.-J. Rousseau）在《社会契约论》（又译《民约论》）中发展了洛克有关社会契约的思想。卢梭认为，在自然状态的社会里，人人顺任天性的发展，后来为了保护劳动所得的财产而放弃了自己的权利。与洛克不同的是，卢梭进一步指出，随着私有制度的产生，邪恶便笼罩人间，这违背了原始的社会契约。在这种"文明"社会里进行教育违反了天性，只能起腐化和败坏的作用。所以，他要爱弥儿离群索居，脱离社会的影响。卢梭的教育思想以回归自然为依据。在他看来，真正的教育只不过是原始本性的展开。因此，最好的教育只有在理想的或"自然状态的"国家里才有可能实现。根据他的设想，教育分为四个时期：（1）从出生到 2 岁左右是婴儿期，此时人身体软弱，教育以养护为主。（2）3 岁到 12 岁是儿童期，此时人感觉发达，教育以身体锻炼和感官训练为主。如通过图画、几何、形体和制图训练视觉，借助音乐发展听觉，等等。他反对此时教儿童学习古典语言和历史。（3）13 岁至 15 岁是青年期，此时人的理性开始发达，教育以知识传授为主。他主张学习的是关于自然的知识，如天文、地理和物理等，而不是人文学科的知识。（4）16 岁至 20 岁是青春期，此时人已意识到社会关系，就要通过学习历史、伟人传记、自然宗教等，接受道德教育和宗教教育。（中国大百科全书总编辑委员会《教育》编辑委员会 等，1985）[230-231]

需要指出的是，卢梭的"自然教育"是针对当时所谓的"文明"社会而言的。如果在理想的国家里，他主张社会本位和国家本位的教育，这在他的《关于波兰政治的筹议》中是很明确的。他主张"国家的教育是自由人的特权"，他反对根据贫富不同"划开两种学校按两种课程来进行教育"，他提出甚至连"教材的正确的排列，他们学业先后的顺序及其方式都应由法律决定"。（张焕庭，1979）[138-139]

由于卢梭对教育阶段的划分以及相应的课程设置的设想远离社会现实，所以对当时以及后来学校课程实践的影响不大。他的教育思想后来被作为"儿童本位""学生中心"思想的源头，间接地影响了课程设计。

相比之下，19 世纪的斯宾塞非常务实。他最早提出"适者生存"的原理，并把它运用于人类社会。他在《社会学原理》中指出，社会现象就是生命现象，因而必须符合生命的规律；若要理解社会，就必须先理解生命的规律。所以他把生物学的规律搬到社会中来，提出了"社会有机论"，认为社会是一个特殊的有机体。他的教育观与这种社会观是一致的。

斯宾塞认为，教育的功能就是使学生为完美生活做好准备。所以，"在能够制定一个合理课程之前，我们必需确定最需要知道些什么东西"，或者说，"我们必需弄清楚各项知识的比较价值"。（斯宾塞，1962）[6] 为了这个目的，首先要有一个衡量价值的尺度，这就是为完美生活做好准备的程度。他将教育分为五个部分，并提出了相应的课程：（1）准备直接保全自己的教育——解剖学、生理学、卫生学；（2）准备间接保全自己的教育——伦理学、算术、几何学、力学、物理学、化学、天文学、地质学、生物学、社会学、外语；（3）准备做父母的教育——生理学、心理学、教育学；（4）准备做公民的教育——历史；（5）准备生活中各项文化活动的教育——绘画、雕刻、音乐、诗歌。在所有这些学科中，斯宾塞认为科学应该占主宰的地位。

在 19 世纪中叶以前，社会学还处于"前科学"时期，一些思想家和教育家的观点虽说有很大影响，但他们对社会与学校教育、课程之间关系的认识，大多处于自发状态，而且也缺乏论证。在社会学作为一门独立的学科出现之后，特别是在教育社会学出现之后，研究者才较为自觉地在社会背景下透视学校课程，并较为全面地探讨社会与学校课程的关系。

第二节　教育社会学流派对学校课程的透析

教育社会学自 20 世纪初成为一门独立的学科以后，尤其是自 20 世纪 50 年代以来，发展迅速，并形成了各种学派。随着这门学科的发展，其与学校课程的关系也越来越密切。有些学派（如知识社会学和课程社会学）本身就是以学校课程内容作为研究对象的。事实上，教育社会学的三大流派——功能理论、冲突理论、解释理论——都从不同的视角透析了学校课程，并提出了一些令人思索的问题。

一、功能理论与课程

功能理论，或称结构功能主义，直接来源于法国学者涂尔干（É. Durkheim）的学说。涂尔干在《社会学研究方法论》一书中强调，社会学必须采用与自然科学相同的方式来处理材料，认为社会学应当关注具体的、客观的"社会事实"，即要对作为集体生活之结果的人类行为的各种要素予以假设、观察和检验。在他看来，社会是唯一可靠的现实，"人实际上因为生活在社会中才是人的。……如果抽掉了人从社会得到的一切，人就降到了动物的行列"（张人杰，1989）[13-14]。从这个意义上说，涂尔干不赞同以往社会契约论者的观点，后者以为社会是个体共同形成的契约的产物。

涂尔干在《社会劳动分工论》里提出了两个基本概念：社会团结（social solidarity，又译社会连带）和集体意识（collective consciousness）。社会团结是指社会成员之间形成的一种协调关系和行为准则。它强调个体对群体的义务。个体是通过社会化过程学会为群体而不是为自己发挥作用的。这对所有人都有利，因为只有当群体发挥良好作用时，才会对个体有益。而要形成这样的社会，需要有集体意识。集体意识是指社会成员共享的观念、情操、价值观念的组合。只有在社会成员存在高度同质性时，社会才有可能生存下去。

所以，教育的目的在于使年轻一代系统地社会化，"使出生时不适应社会生活的个体我成为崭新的社会我"（张人杰，1989）[21]。具体说来，就是要加强个体之间的社会凝聚力。对此，最好的方式是把集体意识灌输给个体，使他们顺应社会生活方式。相应地，学校课程必须使学生适应他们必定要生活在其中的社会环境。由于社会上有不同的结构（或机构）发挥各自的功能，因此学校课程便成了一种促使学生的行为有助于维护社会结构、保持社会平衡的手段。鉴于整个教育活动在某种程度上都应该服从国家所施加的影响，涂尔干"把纪律、忠诚和自制归结为德性三要素，视学习科学和进行具有道德性质的教学为道德规范内化的主要途径"（教育大辞典编纂委员会，1992）[477]也就是很自然的了。

　　美国学者帕森斯（T. Parsons）发展了这种理论，并把学校、班级和家庭都看作一种社会体系。社会体系具有被其成员共同分享的价值体系。如果大多数成员都不赞同这种价值体系，那么这个社会体系便会解体。所以，对主要的价值观念取得一致意见，被认为是一个社会体系存在的必备条件。与涂尔干一样，帕森斯也强调社会秩序和社会稳定。他主要依据各种社会机构帮助满足社会需求的程度，即它们在维持社会稳定方面所发挥的功能来评判它们的。学校作为一种社会机构，主要目标是传授基本的价值观念和技能，从而帮助学生进入适当的社会位置。

　　帕森斯进一步指出，社会中关键的功能是"角色"。人们扮演的各种角色集合在一起便形成了各种社会机构。社会机构决定了人们将以何种方式生活。例如，学校这个教育机构，决定了教师、学生、校长等的角色及其活动方式。社会是通过学校课程来筛选学生的。学校则根据成绩和能力测验，使好学生和差学生修习不同的课程，从而使他们以后在社会机构的不同位置上发挥作用。

　　结构功能主义往往引导人们去注意社会阶层、种族、性别等因素对学生成绩的影响，去考察社会文化、环境、家长职业等因素与学生学业成败的关系。结论是不言而喻的：学生本人极少有可能改变自己学业成败的结局。因而，结构功能主义者把忍受考试和接受考试的结果视为学生社会化过程中一个不可缺少的方面。通过考试，学生及其家长知道了学生的潜力、发展前景以及他们将来在社会上的相应位置（Smith et al.，1990）[41-45]。

　　由此推测，学校课程的目的是使学生社会化，理解并接受自己在社会中的位置。按照这种观点，如果社会上的一些重要人物认为数学和自然科学是重要的科目，音乐和美术不那么重要，那么学生和家长便只得面对这种现实。学生只要数学和自然科学成绩好，就可以多接受些教育，并被训练成在社会上扮演支配者角色的人。而那些数学和自然科学学习成绩不佳者，则不用多接受教育，将来在社会上扮演受人支配的角色。

二、冲突理论与课程

如果说功能理论强调社会整合、共同的价值观念和社会稳定的话，那么冲突理论则强调社会矛盾、权力差异和社会变化，由此也导致它们对学校课程产生了一系列不同的观点。

冲突理论的源头常常被追溯到德国学者韦伯（M. Weber）。韦伯否认社会结构（或机构）具有任何行动的潜力，或本身具有什么力量，认为它们不过是人们（个体的或集体的）行动的产物。就一般而论，冲突论者认为社会结构是人为的，是可以而且应该被改变的。事实上，社会本身就是由特定阶级为了保持对从属阶级的控制而构建的。每个群体都试图维持或提高各自的社会地位，所以各群体之间的目标是相互矛盾的。各群体之间的这些连续不断的权力斗争，导致了一个始终变化的社会。因此有人认为："自古以来冲突状态支配着人群生活，社会的生命是一联（连）串的冲突的循环。"（鲁洁，1990）[642]

冲突理论通常把价值体系、思想观念和道德标准等看作是为权力集团合理化服务的。因此，社会变化的起因不在个体的价值观念中，而是在社会结构之中。换句话说，他们不是从个人特征的角度，而是从个体在社会结构中的位置来看待权力的。例如，教师在课堂上拥有支配权，是由于他或她是教师，而不是由于其个人特征。

对于学校课程设置与权力集团的关系，美国学者柯林斯（R. Collins）揭示得较为清楚。他指出，学校的主要活动是传递特殊的身份文化（identity culture），即要让学生学会使用符合某种身份的语言、饮食衣着方式、美的意识、价值标准和风度。学校传授的科学技术知识，本身也可能就是一种特殊的身份文化的一部分。例如，企业主把高学历看作是雇佣管理人员的一个重要指标，并非是由于高学历更能提高效益，而是可能把高学历作为一种标志，目的在于使自身的管理阶层始终保持相对的威望。这样，受教育的程度便成了一种法定的标准。结果，人们把受教育看作是一种向上流动的机会，从而使得大众对教育的需求增加了。但是与此同时，也造就了大量过度教育的现象。20世纪70年代以后，一些发达资本主义国家出现了从知识分子短缺向知识分子过剩的转变，就是一个例子。实际上，这是由于特殊身份团体控制着学校，通过对受雇所需教育条件的控制，既选拔了"英才"，又促使其他成员对"英才"的价值观念和生活方式予以尊重，从而使自身不会受到挑战（张人杰，1989）[42-65]。

从某种意义上说，资本主义的学校教育实际上是通过证明特权的合法性并把贫穷归咎于个人的失败来再生产不平等的。美国学者鲍尔斯（S. Bowles）与金蒂斯（H. Gintis）的《资本主义美国的学校教育》（*Schooling in Capitalist America*）一书，被认为是运用冲突理论来分析当代教育制度的一个范例。他们在该书中分析了社会结构再生产的工具——隐性课程（一种阶级关系和信念的形式），即把维护资本主义制度的劳动观念、权威观念、社会规范和价值观念，以各种潜移默化的方式渗透在学校课程当中，使学生不知不觉地在头脑中再生了统治阶级的意识形态。举例来说，学校里许多人都以为"奖优原则"是公平的，而这实际上是把不平等归因于学生成绩的差异。于是，社会不平等似乎不是由社会制度或统治阶级引起的，而是由下层阶级学生学业成绩不好造成的。而事实上，教育的结构反映了社会的生产关系。教育的不平等扎根于社会政治、经济制度之中。"那些父母在职业等级制度中占据高层地位的子女比工人阶级家庭的子女受到的学校教育年限要长。他们所受教育的数量和内容都使他们极其容易地担负起与其父母类似的职务。"（张人杰，1989）[225] 学校教育可以被看作是资本主义社会整个网状组织的一部分。

由此看来，像结构功能论者一样，冲突论者也研究社会结构，但前者注重社会稳定，后者强调社会变革。不过，这种变革并非学校教育，更非学校课程所能达到的，因为根本的问题在于社会制度。对此，一些知识社会学家似乎看得很清楚。

三、解释理论与课程

如果说功能理论和冲突理论是宏观社会学，那么解释理论则是一种微观社会学。解释理论包括知识社会学、符号互动论、民俗方法论等，其中与学校课程密切相关的是知识社会学。在知识社会学家看来，撇开学校教育的实际过程和课程内容去研究教育与社会的关系，充其量不过是把学校教育当作一个"暗箱"，因而其主张对学校课程内容进行研究。

英国学者杨（M. Young）指出，大多数课程论著和研究都在一定程度上把课程作为一个命题来看待，从而把它作为一种社会现实加以肯定（如结构功能论），而不是对其做出解释。所以，以往各种课程理论大多掩盖了教育的政治和经济特征。而他自己的研究目的是"使教育的政治特点变得更明朗"。

在杨看来，所有知识都不是中立的，而是都带有社会偏见的。知识的构建总是为某种社会目的服务的，确切地说，是为社会中某些人的特定利益服务的。至于人们日常观念中流行的"硬科学高贵，常识卑贱"的观点，实际上没有什么实在的东西，不过是那些学术性课程编制者的偏见而已。然而，在学校中，教师无疑是根据"学术性知识高贵"这个假设来行事的。杨指出，课程内容的选择、确定和组织的过程，实际上是教育知识成层的过程。"不同的学生将接受和掌握不同层次的教育知识。这样，学校教育的过程，实际上乃是教育知识分配的过程。……所以，学校教育过程中存在的不平等的教育知识分配，是学生之间在学业成绩上出现分化的主要原因。"（鲁洁，1990）[652-653]

如果把学校课程看作是文化知识的传递或使学生社会化，那么，教师的任务是既定的，这就是采用有效的方式，把这些知识、技能尽可能地传递给学生，而不要管这些知识、技能是什么，是为谁服务的。这样，社会关系就被课程理论的术语所掩盖，甚至混为一谈了。所以，有人甚至敦促那些希望理解教育的人，如果必需的话，应该忘掉教育若干年，并且把他们的注意力集中在更有意义的关于资本主义社会的本质和动因的问题上

（Sharp，1980）。

　　美国学者阿普尔是从社会经济的角度来看待传统的知识及其组织方式的。他认为，统治阶级总是力图传播自己的文化，从而形成了一种"文化霸权"（culture hegemony），其核心是意识形态。学校通过开发数学和自然科学这类课程，宣扬数、理、化至上，鼓励竞争和个人占有，宣传所谓良好的消费构成和生活信仰等，使这种意识形态浸染学生的思想。其实，所谓的"高档知识"，主要是指那些技术性知识，这类知识是社会经济所不可或缺的。要保持经济的稳定自然要有支配阶层和工作阶层。学校则是通过课程设置来做这类甄别工作的。拥有某些知识的人便成了社会上有权势的人，缺少这些知识的人则受人支配。学校在一定程度上决定了哪些知识是重要的。因此，"学校不仅加工学生，还加工知识"（Apple，1979）[36]。而这则是受经济驱动的。因此，阿普尔提倡"批判教育"，以期打破经济在学校课程问题上的支配地位。为此，首先要揭示学校课程的现状，其次要指出受经济驱动的课程所带来的种种"副作用"，从而使课程能为"意识解放"服务。

　　另一位美国学者吉鲁指出，在传统的观点看来，学校只不过是教学的场所，但它往往忽视了学校也是文化和政治的场所，是各文化和经济团体之间竞争的领地。在他看来，所谓"学术性知识高贵"的假设，成了学校根据学生对课程所提供的偏狭的学习是否顺从来评判学生聪明或愚笨的依据。这实际上是一种隐性课程，它迫使学生顺从"各种角色、情感、规范、态度和课堂组织结构"。如果学生不顺从，就不可避免地被视为低能或缺乏学习能力。所以，在学校结构本质上是压迫、高度控制的情况下，奢谈民主、公正和平等，没有任何意义。因此，他主张"课堂教学内容必须伴随一种与激进的政治观点相吻合的教学方式"（Giroux，1981b）[83]。

　　应该指出的是，尝试从知识社会学角度分析课程和教学实践的先驱是英国学者伯恩斯坦（B. Bernstein）。他对青年、家庭、学校语言中的社会阶级差异做了富有成效的研究。他试图从社会语言编码的角度来解释学业成绩的差异。他假设存在两种基本的语言编码：一种是精密编码，其特征是普遍性、关联性、抽象性和规范性，主要存在于中上层阶级的语言之中；另一种是局限编码，其特征是特殊性、孤立性、具体性和不规范性，主要存在于下层阶级的语言之中。由于学校课程知识使用的是精密编码，与中上层阶级儿童的生活经验具有某种同质性，而与下层阶级儿童的生活经验有异质性（教育大辞典编纂委员会，1992）[412]，因而后者在进入学校时不得不抛弃自己原有的生活经验，从头学起，从而在学校教育中自然处于不利地位。

解释理论，尤其是知识社会学，在过去的二三十年里对课程理论产生了深刻的影响。这里需要特别指出的是，无论是功能理论，还是冲突理论或解释理论，都是针对当时资本主义社会学校教育的问题而言的，这与我们的国情有本质的区别。但也不可否认，这些理论有助于我们去思考隐含在学校课程背后的种种假设和理论依据。

第三节　社会学对学校课程的影响与启示

通过对社会观与课程设置的历史考察，以及对三种现代教育社会学理论流派对学校课程观察的不同视角和观点的分析，我们可以看出，学校课程，无论是课程设置还是整个课程编制过程（包括课程目标与课程内容的选择和组织、课程实施与评价），都是受社会上各种因素的影响，并受不同的社会观支配的。从这个意义上说，与社会不相干的课程是不存在的。我们由此可以得出这样几点认识：

第一，学校课程与社会经济有着千丝万缕的关系，社会政治、经济制度制约着课程的设置以及课程编制过程。社会上占支配地位的阶级，总是要通过学校课程来维护自己的既得利益的。甚至连一些流行的有关学校课程的观念，如"学好数理化，走遍天下都不怕"，实际上也是受经济甚或政治利益驱动的。因为经济的发展需要这类知识、技能，同时，统治阶级又可以此转移人们的视线，维持自己的统治地位。

社会发展至今，在"教育机会人人均等"的口号喊得震天响的资本主义社会里，再像以前一样根据不同的政治、经济地位把学生纳入不同类型的学校，自然会引起众人的不满。但通过设置不同的课程标准，造成"分数面前人人平等"的假相，把大多数下层阶级儿童"筛选"掉，就可取得一举两得的功效。例如，在"人人都有可能当总统"的美国，实际情况是，"社会阶层第 90 个百分位上的家庭的子女要比第 10 个百分位上的家庭的子女平均多受 4.5 年以上的学校教育"（张人杰，1989）[225]。相应地，各阶层儿童所受教育的数量和内容都使得他们很可能从事与其父母同样的职业。诚如弗莱雷所指出的，资本主义社会的学校课程实际上是维护社会现状的工具。他因此提出要有"被压迫者的教育学"。但是，在统治阶级是压迫者的社会里，被压迫者想要通过课程与教学的改革来"解放"自己，这似乎难于上青天。因为，如前所述，社会的经济、政治制度制约着课程设置和课程编制过程。

当前，我国的课程改革正在走向深入。当我们在借鉴国外课程改革的经验教训时，当我们在把自己的课程方案与国外的课程方案进行分析比较时，应该清醒地意识到各国社会制度上的不同，并揭示出各种方案背后所隐含的基本假设和价值取向。这不仅有助于明确课程改革方案的性质，而且有利于课程的设计和实施朝着既定的目标展开。

第二，学校课程总是离不开社会文化的。作为社会文化的一个重要组成部分，课程既传递和复制社会文化，同时也受到社会文化尤其是意识形态的规范制约。纯粹客观的、价值中立的知识是不存在的。也许，知识社会学对课程理论的主要贡献，就在于引导人们注意到这个事实。

事实上，占支配地位的阶级的意识形态，总是在引导人们重视某些学科（通常是数学和自然科学）、轻视某些学科（通常是些人文学科），通过把教师和学生引向"这是什么"和"如何去做"这类事实性知识，使他们不去关注对"为什么是这些课程内容而不是那些课程内容"和"这些内容对谁有利"等问题的探索，从而把教育知识成层的过程掩盖起来了。

此外，统治阶级还通过正规课程，用潜移默化的方式把他们的意识形态强行灌输给学生。这是隐性课程的实质。如果我们把隐性课程理解为校园环境对学生行为的陶冶作用，那就与隐性课程研究的实质——揭示强加在学校课程上的意识形态——相去甚远。因此，在社会主义制度下，我们研究隐性课程的目的，应该主要集中在有效地把社会主义和共产主义的意识形态结合至课程与教学之中，而不只是停留在美化校园上。

第三，关于学校课程的思想，总是与一定的社会背景联系在一起的。学校课程或者是为了使学生适应某种社会环境，或者是为了引发某种社会变革。例如，若要了解涂尔干的结构功能主义，就必须了解他所处的时代。当时法国正处于政治大变动和社会大动荡时期，左派主张共和，右派反对变革。1905 年，涂尔干所倾向的左派取得了政权。所以，在涂尔干看来，当时社会急需的是稳定。他把研究的焦点放在寻求产生社会凝聚力的实质要素上，是在情理之中的。他的"社会团结"和"集体意识"这两个基本概念便是在这种情况下提出的。同样，帕森斯的功能理论是在第二次世界大战结束后东西方两大阵营冷战期间阐发的，这时强调社会结构稳定，无疑是很容易为人们所接受的。

其实，冲突理论在 20 世纪 60 年代流行起来，也是因为类似的社会背景。如前所述，冲突理论在社会学中早就存在，却一直未能引起人们的兴趣与注意，直到 20 世纪 60 年代后才在美国迅速发展。这部分是由于当时美国政府卷入了一场不得人心的越南战争，引起了一场全国性的反越战运动。大学生们为了抵制征兵当炮灰，甚至占领了校园。在这种情况下，冲突理论受到重视是可以理解的。所以，有人认为，功能理论适合于社会稳定，冲突理论适合于社会变革，看来不无道理。相应地，我们也只有把各种课程思想放在当时特定的社会背景里，才能更好地理解它。

第四，早期的思想家往往从社会理想出发，笼统地探讨课程设置与社会构成的关系，而现代社会学家则较注重对社会结构、社会互动与课程标准、课程内容之间关系的考察。例如，柏拉图是从他的治国方略中推导出一整套培养保卫国家的军人和管理国家的哲学家的课程设置的，这种课程设置是他整个理想国蓝图的一个组成部分。卢梭根据他对当时社会性质的分析，提出了"自然教育"的课程设置，因为他对当时所谓"文明"社会的堕落和邪恶深恶痛绝。而在一种符合"社会契约"的理想社会里，他则明确主张社会本位和国家本位的教育，甚至连教材内容的排列和学业的顺序也要由国家法律来决定。所以，在卢梭看来，教育是自然本位还是社会本位，关键在于是在什么样的社会里进行教育。

相比之下，现代教育社会学家大多是从社会结构、社会冲突的角度来看待课程的：或者是强调学校课程与社会结构保持一致的重要性，或者是揭示这种一致性的人为性，以求变革这种关系。而且，近年来，越来越多的社会学家从这种宏观的研究转向对学校课程内容的微观研究。他们从社会学的视角，对课程标准、课程内容的选择和组织的各个层面进行了透视。此外，他们不仅关注显性课程，而且深入探讨了隐性课程。这对学校课程理论和实践的发展，无疑起着推动作用。

第三章　课程与哲学

学校课程理论和实践离不开心理学、社会学和哲学的基础，而在这三者中，最重要的当推哲学。因为不仅课程的理论与实践以哲学为依托，而且心理学与社会学也是受哲学引导、支配的。事实上，每一种学校课程都隐含着课程设计者的某些哲学思想与观念，只不过其表现形式有的明彰、有的隐晦罢了。因为无论我们怎样看待课程，它总是与知识的性质、知识的价值、知识的组织与传递方式有关。

虽然"哲学从其整个发展来看，不是通俗易懂的"，然而，"任何真正的哲学都是自己的时代精神的精华"。（赵修义 等，1990）[2] 马克思的这番话促使本书作者沿着历史发展的脉络，通过对西方哲学家和哲学流派的课程观的考察，透析哲学变迁与课程嬗变之间的关系，进而揭示哲学尤其是认识论在学校课程中的基础作用。

第一节　哲学与课程的历史考察

古希腊的柏拉图和亚里士多德也许是西方文明史上最有影响力的哲学家。他们的认识论和课程观在相当长的一段历史时期里起着重要作用。

柏拉图被称为西方客观唯心主义第一人。他把世界分为两种：一种是现象世界（可见世界），它是暂时的、虚幻的、变化无常的，仅仅是感觉的对象；另一种是理念世界（可知世界），它是永恒不变的、绝对真实的、不生不灭的。对应于这两种世界，人们会产生两种不同的认识：现象世界为感觉所认识，是"意见"（opinion）的对象；理念世界只能为思维所认识，是"知识"（knowledge）的对象。他认为，真理应该是完美的、永恒的和普遍的，而感官所接触到的个别事物是变动不居的，因而人们不可能从现象世界中发现真理，唯有理念世界才是所有真理的来源。

柏拉图进一步认为，可见世界可分为两部分：人们周围的实际的东西，以及这些实际东西的"肖像"。相应地，"意见"也可分为两部分：相应于实际东西的"相信"（又译信念），以及相应于事物"肖像"的"想象"（又译猜测）。同样，可知世界也可分为两部分：不直接隶属于善的理念，以及直接隶属于善的理念和善本身。相应地，"知识"也可分为两部分：知性知识与理性知识。知性知识是数学和科学研究的对象；理性知识是辩证法研究的对象。这样，柏拉图就把认识分为由低到高的四个阶段：相信、想象、知性知识、理性知识（全增嘏，1983）[146-152]。

在柏拉图看来，"没有任何一种配称为'知识'的东西是从感官得来的，唯一真实的知识必须是有关于概念的"（罗素，1963）[196]。按照这种观点，2+2＝4是真正的知识。因为数学上的命题都是确定的、不变的，数学的对象也不可能在可感觉的客体中找到。所以，柏拉图特别注重数学，甚至在学园门口写着"不懂几何学者不得入内"。不过，通过数学研究所获得的知识，还不是最高级的。因为数学所使用的假设是它自身所无法加以验证的。例如，人们绝对写不出一个无穷大的数目或画一条绝对直的线。知性做不到这一点，而理性则可以把握它们。所以，只有理性才是最高级的，它只涉及纯粹的理念，与感性全然无关。理性是辩证法的对象。这样，我们便可以进一步理解前两章里所论述过的问题：柏拉图为什么特别重视数学？为什么把辩证法作为各门学科的"合顶石"？为什么他认为唯有修习过辩证法的人才能参与指导国家的工作？

虽说柏拉图与亚里士多德有师徒之谊，但亚里士多德在"吾爱吾师，但吾更爱真理"的信念的支配下，提出了不同的观点。他认为柏拉图的理念论不能说明事物的存在。任何事物都是形式（物体的普遍属性）与质料（物体的特殊内容）的统一体。换言之，没有无质料的形式，也没有无形式的质料。在亚里士多德看来，每一个事物都具有普遍的和特殊的属性，柏拉图理念论的根本错误，在于它把理念看作是离开个别事物而独立存在的实体，也就是说，把事物的一般属性与个别属性割裂开来了（全增嘏，1983）[179]。

根据对形式与质料的研究，亚里士多德把知识分成四类：一是逻辑学，它是获取真正可靠的知识的方法、工具，唯有掌握它，才能进行科学、哲学研究。所以，逻辑学也可以说是哲学的导论。二是理论科学，它是以求知本身为目的的科学，分为第一哲学（专门研究"有"本身以及它作为"有"而具有的各种属性）、数学、物理学（即自然哲学，包括天文学、气象学、生物学、生理学、心理学等）。三是实践科学，它探求作为行为标准的知识，包括政治学、伦理学等。四是制作（生产）科学，它是制作具有实用价值与艺术价值的东西的知识，如诗学。第一、二类知识主要与事物的形式有关，是纯理性的知识；第三类知识是与质料和形式相联系的，是理论与实践联系在一起的知识；第四类知识主要与质料有关，是纯技术的知识。在亚里士多德看来，事物是由于获得了形式才增加了现实性，没有形式的质料只不过是潜能而已。所以，"形式比质料更加实在"。因而，理论性知识高于技术性知识。

这一论点是与亚里士多德的认识论相吻合的。亚里士多德认为，认识的对象是客观世界的事物。通过感官所接触到的世界是真实存在的，是认识的对象和源泉。所以，感觉是认识的起源，没有感觉，就没有认识活动，就不可能有知识。这使他成为与柏拉图理念论相对的经验论的鼻祖。但亚里士多德同时又认为，感觉只能认识个别的或特殊的事物，只能告诉我们"是什么"，而理性则可以认识一般的概念，它能告诉我们"为什么"。所以，感性认识是一种卑贱的处于仆从地位的知识，理性认识则要比感性认识高贵得多。这使人看起来亚里士多德对于柏拉图理念论实际上所做的改变，比他自己所以为的要少得多（罗素，1963）[217]。

柏拉图与亚里士多德的哲学思想，开启了课程研究中理性主义与经验主义之先河。自此以后，围绕理性与经验，哲学家和教育家们唇枪舌剑，或各执一端，或叩其两端，在阐发各自哲学观点的同时，提出了各自的课程思想。

欧洲中世纪早期基督教哲学家奥古斯丁（St. A. Augustinus）接受了柏拉图理念与现实的两分法，并用它们来指天城（天国）与地城（地国）。像柏拉图一样，奥古斯丁认为人不可能创造知识，因为上帝早已创造好了知识，"知识是靠光照，即照耀灵魂使它能认识永恒神圣真理的神圣之光而来的。非物质的灵魂借助非物质的神圣光照的恩宠而成为知晓非物质的真理的"（马骥雄，1991）[77]。由此，帮助学生发展这种知晓力，应成为教育的基本目的。学校课程要帮助学生在自己的灵魂内寻找业已存在的真正的知识。与柏拉图一样，奥古斯丁认为各种物质现象之间的矛盾可能导致人们偏离寻找真正知识的途径，而辩证法有助于发现关于上帝和人类的真正观念。

奥古斯丁从哲学上系统论述了基督教教义，他的观点对整个中世纪哲学都具有深刻影响，并为经院哲学的形成打下了理论基础。

在中世纪后期，一些经院哲学家发现，完全可以利用古代哲学为教义做论证。在这个过程中，托马斯·阿奎那（T. Aquinas）把正统经院哲学发展到了顶峰。他把亚里士多德的哲学体系作为其基督教哲学的基础。

阿奎那认为，人的认识能力包括两个方面：感性和理智。"由于感性是以单个的和个体的事物作为它的对象，理智则以共相（普遍的事物）作为自己的对象。因此，感性的认识先于理智的认识。"（北京大学哲学系外国哲学史教研室，1981）[271] 然而，真正的知识是认识一般的东西，只有凭借理智才能上升到"某种无形的认识"。

阿奎那不赞同奥古斯丁神秘主义的"光照"观点，相反，他认为知识只有通过感觉材料才能获得。一个人应该通过对材料的研究进入对形式的研究。假定一个人能用适当的观点来看待材料，知识就能把他引向上帝。

所以，在神启的真理与通过理性而获得的真理之间并不存在矛盾。正是基于此，他提出，不只上帝可以被称作教师，人也可以当教师。

随着资本主义生产方式的崛起，提高劳动生产率、发展科学技术的要求日益增强。培根（F. Bacon）指出，经院哲学家玩弄的亚里士多德的哲学，不是把人们的认识引向真理，而是使人们陷于无休止的争论之中。在他看来，人的认识只能来自感官对外部世界的感觉。"人们若非想着发狂，则一切自然的知识都应发生于感觉。"（倍根，1935）[22] 但是，"经验如果听其自流，只是在暗中摸索，只足以使人混乱而不能教导人。但是如果它能够按照确定的规律，循着一定的程序进行而不被打乱，那么在知识上就可以希望得到更好的东西"（北京大学哲学系外国哲学史教研室，1975）[43]。所以，他主张把感性认识与理性认识结合起来，使"经验能力与理性能力""永远建立一个真正合法的婚姻"。只有这样，人们才能获得知识。

在培根看来，"知识的主要形式不是别的，只是真理的表象……存在的真实同知识的真实是一致的，两者的差异亦不过如实在的光线的差异罢了"（倍根，1938）[26]。科学知识正是把握"真理的表象"的突出表现，它从各种事物和现象中找出它们的规律性，找出其内在联系。人们一旦掌握了科学知识，就能够发现从未被发现过的、从未想到过的东西。所以，"知识就是力量"。培根的知识观燃起了近代科学教育的火把，驱除了中世纪经院哲学蔽日的黑暗，为学校课程科学化奠定了基础。

培根以其彻底改造整个人类知识的宏愿，对以往的知识进行了检视[①]，并在总结科学发明和技术创造的基础上，提出了一个科学的分类。他把科学分为三个部分。第一部分关于人类以外的自然界，包括天文学、地理学、气象学、动物学、植物学、生物学等；第二部分关于人本身，包括解剖学、生理学、心理学等；第三部分关于人对自然的行动以及人的学术、技艺和

---

① 培根说："我的意思是想把知识巡视一下，好象一个国王在他的国内视察一样，看一看什么地方已经荒芜没有人垦殖，把荒废的地带仔细地测绘出来，为的是使人把它加以开发。"参见：中国科学院哲学研究所西方哲学史组.培根哲学思想：培根诞生四百周年纪念文集[M].北京：商务印书馆，1961：17.

科学，包括医学、军事学、历史、数学、建筑、化学、绘画、雕刻、机械等。这个百科全书式的知识体系，虽不全面，亦不完善，但它力图使知识摆脱神学和经院哲学的羁绊，使之步入自然界的自由之地。后来的德国教育家拉特克（W. Ratke）、捷克教育家夸美纽斯（J. A. Comenius）、英国教育家洛克都受了培根的影响，并把培根的知识论和方法论应用到学校教育，逐渐形成了百科全书式的课程体系，推动了近代学校课程的发展。文艺复兴以后，一些英国哲学家，如霍布斯（T. Hobbes）、洛克、哈特利（D. Hartley）和密尔父子（J. Mill, J. S. Mill）等人形成了经验主义的传统；而一些德国哲学家，如莱布尼茨（G. W. Leibniz）、沃尔夫（C. Wolff）和康德（I. Kant）等人形成了理性主义的传统。他们的思想对学校课程的影响，错综复杂地反映在形式训练说与实质教育论中[①]。

第二节　现代西方哲学流派的课程观

19 世纪末以后，哲学上自柏拉图和亚里士多德以来就陷入纷争的经验与理性、心与物的对立，有了新的形式。在这期间形成的实用主义和逻辑实证主义就是这样的例子。

一、实用主义哲学与课程

19 世纪末在美国形成的实用主义，其代表人物有皮尔士（C. S. Peirce）、詹姆斯（W. James）和杜威等。他们反对任何形式的"形而上学"，认为哲学只应该提供一种科学的方法论和真理论。他们认为，以往的哲学家之所以犯"二元论"的根本错误，是由于他们把求知的主体与认知的对象分割

---

① 对此感兴趣的读者，可参见：瞿葆奎，施良方."形式教育"与"实质教育"（上）[J]. 华东师范大学学报（教育科学版），1988(1):9–24；瞿葆奎，施良方."形式教育"与"实质教育"（下）[J]. 华东师范大学学报（教育科学版），1988(2):27–41.

开了，把主体与对象、经验与自然分割开了，并把它们当作两个独立存在的领域。在杜威看来，如果把经验看作是一个统一的整体，就不会有这样的二元分立了。因为经验就是主体与客体之间连续不断的相互作用。在经验的范围内，主体和对象、精神和物质不能独立存在，只能作为统一的经验整体中具有不同机能的特征。所以，哲学所需研究的，仅仅是有机体与环境、主体与对象的相互作用，即经验。实用主义由以经验为中心的哲学观，逐步形成了一种新的知识观。

在一些实用主义者看来，任何知识都包含行动的因素，甚至可以说，没有行动就不会有知识。反过来，知识也因为能指引行动而具有实用价值。"知识的功用就在于使我们通过恰当的行动控制我们将来经验的性质。"（Lewis，1946）[27] 这种以行动为核心的知识观，反映在课程观上，就是注重所谓的活动课程，即把学生的实际经验与课程联系在一起，关注学生自己的行动。

实用主义对学校课程的影响，在杜威的论述中反映得最为明显。杜威认为，已经归了类的各门科目，是许多年代的科学的产物，而不是儿童经验的产物。儿童的生活是一个整体，他们在从一种活动转到另一种活动时，从未意识到有什么转变和中断，这些活动是结合在一起的。儿童一到学校，多种多样的学科便把他们的世界加以割裂和肢解了（杜威，1994）[116-117]。在杜威看来，儿童的世界具有儿童自己生活的特征，而不是一个事实和规律的世界，因而他主张抛弃"把教材当作某些固定的和现成的东西"的观点，强调要把课程与儿童的经验结合起来，让学生"从做中学"。杜威在他的芝加哥实验学校里，把全部课程与学生主动的作业，如纺织、烹饪、金工、木工等结合起来，目的就是通过这些活动，使学校成为儿童生长的地方，而不是学习课本的地方。虽说杜威自己也承认在实验学校里没有解决好课程问题，并断言后人也无法解决好这一难题，但他的课程观确实给教育界带来一种新意，而且影响深远，以至于后人在思考课程问题时都不得不涉及他的课程观。

二、逻辑实证主义与课程

19 世纪末 20 世纪初，物理学中发生了一场举世瞩目的革命，原来被视为真理的经典力学的理论基础，受到了实验的挑战。相对论、量子力学等新理论相继出现，揭开了现代物理学的序幕。自然科学领域的革命，在哲学上也引起了反响。西方出现了一种新的知识观，把这种知识观体现得最集中的，是 20 世纪 20 年代在维也纳大学兴起的逻辑实证主义运动（赵修义 等，1990）[111]。这场运动从一开始就是一场国际性运动。

尽管逻辑实证主义自诞生之日起，内部就存在分歧，而且这种分歧后来日益扩大，但是这一学派的成员基本上持这样的观点："逻辑是哲学的本质"，哲学的任务就是要进行逻辑分析。当然，这里所讲的逻辑不是传统的形式逻辑，而是数理逻辑。因此，哲学不是知识的体系，而是一种活动的体系，即从事对语言的分析活动。逻辑实证主义成员最明显的特征，是他们醉心于现代科学方法的进步（尤其是相对论），以及他们称为"证实的原则"的东西。也就是说，一个命题除非可以在形式（即逻辑和数学）的基础上，或在经验和感觉材料的基础上予以证实，否则便是无意义的。所以，他们把分析科学知识作为自己的主要使命。

早期逻辑实证主义代表人物之一罗素（B. Russell）对学校课程曾做过较为详细的论述。他提出，学生 14 岁以前的课程内容应是每个人都需要知道的东西，重点放在各科的基础知识上。课程包括数学、文学、地理、历史、绘画、唱歌、跳舞等。15 岁以后的课程分为三大类：古典文学、数学和科学、现代人文学科（包括现代语言和文学）。此外，有些学科具有极强的应用性，人人都必须学习，如解剖学、生理学和卫生学等。在这一阶段，应该允许学生专修某一学科，以便进行更准确、更精细的研究。在他看来，"令人厌烦的知识用处不大，而人们渴望获得的知识却能成为永久的财产"（罗素，1990）[181]。

需要说明的是，尽管罗素的名气很大，1920—1921 年又来中国讲过学，在当时我国学术界也有相当大的影响，但他对学校课程的论述更多的是经验性的，而不是理论的概括，所以对课程理论的影响不大。相比之下，另一位英国哲学家艾耶尔（A. J. Ayer）的论述，至今仍常被人论及。

　　在艾耶尔看来，哲学的任务是要澄清语言，区别真命题与伪命题，并通过对命题的还原分析来解释命题的意义。他在《语言、真理和逻辑》一书中，使用了意义的证实的准则。他认为，只有当一个人知道如何证实一个句子所表述的那些命题时，这个句子才会对这个人具有实际意义。也就是说，只有当一个人知道在哪些条件下通过什么样的观察会导致他接受这个命题或拒绝接受这个命题时，这个句子才会对他有意义。所以，在艾耶尔看来，哲学所能做的最有价值的事情，是揭示在表明一个命题真伪时所使用的准则。任何命题的真伪，都必须由经验证实而不是用哲学澄清来决定。

　　艾耶尔认为，有关知识的真命题只有两类：分析命题与综合命题。"分析命题的效度只取决于它所包含的符号的界定；综合命题的效度则是由经验的事实决定的。"（Ayer，1936）[105] 分析命题之所以真实，并不是由于它们具有事实性的内容，而是因为它们是可以重复的。例如，数学的命题，如 2+2＝4 就属于这一类命题。综合命题是对现实世界的陈述，是以经验为基础的，它们的真实性只有通过经验的证实才能确定。例如自然科学的命题，如水在 0℃时会结冰就可以用这种方式来检验。

　　在艾耶尔看来，这足以证明数学和自然科学是证实知识的唯一可靠的方式，因而自然地成了学校课程的核心。其他学科的命题（如说谎是不道德的）是无法检验的，完全不代表知识。它们是空阔的、无意义的。艾耶尔把这类知识看作是"伪命题"（Smith et al., 1990）[56-59]，声称它们在学校课程中无足轻重。

　　除了说明学校课程的重点应放在哪些学科上，逻辑实证主义者还提出，课程安排要遵循由简至繁、从直观到抽象的逻辑顺序。因为世界上所有事物都有某种属性和关系，我们在认识这些事物时，必须认识哪个在先、哪个在后、哪个在中间。所以，课程除了要决定学科的先后顺序，即先教简单的学科后教复杂的学科之外，还要注意每门学科内容由简至繁的排列

（洪谦，1964）[282]。

逻辑实证主义认为一个命题只有在经验上或逻辑上能得到证实时，才是有意义的。按照这个逻辑，人们在日常生活中的许多表述都成了没有意义的"伪命题"，这样的结论显然不能说服人，因为它不能解释为什么人们会千百万次地使用没有意义的语言（李玢，1991）。

三、日常语言分析哲学与课程

日常语言分析哲学与逻辑实证主义同出一源，都可以被归入"分析哲学"这一流派[①]。它们都认为哲学上的问题往往是由于错误地理解和使用语言与逻辑而引起的。哲学的作用不应该是构建对现实的各种解释，而是解决语言混乱的困惑。在逻辑实证主义者看来，可以通过建立一种所谓规范化的语言——数理逻辑化的符号系统（人工语言）——来解决这些问题，并把它作为一种标准化的衡量工具，从而防止日常语言所可能引起的误解。日常语言分析哲学认为，语言跟人们日常生活密切相关，不是人们可以随意创造的。为了理解一种语言的意义，就必须了解语言使用的语境。事实上，不存在什么绝对的语言标准、意义标准，而只有相对的日常用法。所以，日常语言绝不是应被抛弃的东西，而是我们的研究对象。

日常语言分析哲学的兴起，与维特根斯坦（L. Wittgenstein）的思想有关。他在后期修正了自己早期的逻辑实证主义的观点。他认为，对一个语词意义的解释，取决于使用的实际情境以及所使用的语言结构。其实，语词所具有的意义是人赋予的。因此，我们不可能科学地探究一个语词实际上意味着什么，也无法列出严格的使用规则。想要构建一种理想的语言来取代日常语言是徒劳的。

维特根斯坦指出，事实上，人们确实可以从艾耶尔宣称的无意义的命题中发现意义。在他看来，整个证实的原理是建立在对语言性质的误解的

---

① 见全增嘏主编的《西方哲学史》第七编第九章"分析哲学"。

基础上的。事实上，语言可以为多重目的服务，而逻辑实证主义者所做的，只考虑到为科学之目的服务的语言，并用它来衡量和评定所有语言的目的。其实，语言只有在特定的情境、活动、目的或生活方式中才有意义。由于每个人使用的语词的意义都取决于当时他自己的印象或观念，不仅各人所使用的同样的语词可能具有不同的意义，而且一个人前后所用的同样的语词也未必保持同样的意义，所以，每个人实际上都在使用自己的"私人语言"。由此可见，自然科学的语言不应成为其他所有语言形式的衡量标准。即便是那些完全超越经验和逻辑证实的语言形式（如艺术），只要人们能够理解其意义，那它就是有效的。

20 世纪 50 年代后，一些关心教育的哲学家和一些对哲学感兴趣的教育家也开始运用分析哲学的研究方法来分析、考察教育和课程领域中长期以来被人们视为理所当然的主张和口号，形成了一种很有势力的分析教育哲学。"自从分析教育哲学出现后，人们便不再有兴趣谈论这个流派，那个主义，而是一股脑地投入到分析的潮流中。"（李玢，1991）

分析教育哲学的代表人物之一英国学者赫斯特（P. H. Hirst）1965 年以《博雅教育与知识的性质》一文，奠定了他的学术地位，由此也引起了一场旷日持久的争论。赫斯特在该文中用分析哲学的方法探讨了"什么知识最有价值"这一经典的课程问题。他认为，普通教育既不追求获得百科全书式的知识，也不追求在某一知识分支训练有素的专家式的知识，而是要学生掌握人类在理解世界时所形成的七八种独特的、可作为任何学习之基础的知识形式：数学、自然科学、人文科学、历史、宗教、文学与艺术、哲学（赫斯特，1993）。学生可以凭借这些知识形式使自己个人的经验得到充分的建构。

赫斯特宣称这些知识形式名称虽与学校的学科相同，但内容不一定完全一致，因为学科是对知识形式的改造，是依据社会心理的因素而加以重新组织过的。后来，赫斯特又将知识的形式进一步精确化，重新表述为：形式逻辑与数学、自然科学、对我们自己和其他人心智的理解、道德判断与意识、美感结果、宗教主张、哲学理解（Hirst et al., 1970）[63-64]。同前面七种知识形式相对照，赫斯特去掉了"历史"和"人文科学"。因为他认为知识的形式应该被理解为真命题的种类，而不是指学科。同时，每一种知识的形式在逻辑上应该是独特的。而历史和人文科学既有关于自然界的真理，又有心理学的命题，甚至还有道德、审美的判断，是几种知识形式的复合体，而不是独特的知识形式。

根据上述分析，赫斯特认为，博雅教育就是以这些知识形式为基础而组织设计的。"因为博雅教育关心的是心智在获得知识中的全面发展，所以它旨在以许多不同的方式获得对经验的一种理解。这意味着经过严密的训练和熏陶，不仅获得知识，而且获得复杂的概念系统以及不同类型的推理和判断的技巧和技术。所以，教学大纲和课程不能简单地根据信息和孤立的技能来编制，必须把它们编制得尽可能向学生介绍知识的每一种基本形式、每一门学科的各个相互联系的方面，并且必须把它们编制得至少在某种程度上包罗全部知识。"（赫斯特，1993）[103]

赫斯特指出，每一种知识形式都有一种适合它的方法。例如，经验观察最适合于处理自然科学的知识，而艺术的知识则要求有审美的感觉。对学生来说，最重要的是要清楚地了解自己处理的是哪一种知识的形式，并认清它们必然的局限性，千万不要混淆各种知识的形式。如果用处理艺术的方法来处理数学，肯定会做出错误的判断。由此看来，艾耶尔就是犯了这个错误，即用处理数学和科学的方法去衡量其他学科。

"赫斯特的《博雅教育与知识的性质》一文很快就成了经典文章，不仅教育哲学家同仁，而且督导、学校委员会、学生和教师都知道了'知识的形式'，并都在深思它们对课程和教学方法的意义。"（Watt，1974）尽管如此，赫斯特的知识观和相对应的课程观仍招致了许多批评。有的人批评"赫斯特用以区分知识形式的标准并没有把知识的形式区分开来"（Phillips，1971）。有的人认为赫斯特只关注"形式"，忽视了作为"实质"的学科内容；只关注明确具体的知识，忽视了"缄默"的知识（索尔蒂斯，1993）。不过，知识形式的问题确实很值得课程工作者思考。英国学者彼特斯甚至说："怀特海曾经说过，哲学从来没有从柏拉图的打击中恢复过来；我推测，课程论将永远不会从赫斯特的打击中恢复过来。"（Cooper，1986）[8] 虽说言词有些夸张，但道理还是有的。

四、批判理论与课程

批判理论是一种庞杂的理论体系，这不仅因为它包含各种不同的观点，而且还在于它涉及哲学、社会学、经济学、文化学和美学等诸多领域。尽管各批判理论家的观点不尽相同，关注的焦点各不一样，但他们都批判资本主义的工业文明，痛斥科学技术这种意识形态对人们的控制。这里，我们主要围绕知识或认识的问题讨论一些有代表性的批判理论家的观点及其与学校课程的关系。

在哲学史上，研究知识问题的途径可归为两条：一是从认识论的角度，研究知识的性质、范围及其前提和基础，以及知识所必备的一般可靠性。这条途径由来已久，从古希腊哲学到现代语言分析哲学均属此列。它注重的是对知识本身的分析，它要寻求的是知识独立于社会和人类的客观性。二是通过知识批判，摒弃那种超越社会和历史的客观性，考察知识的社会根源以及个体与社会群体声称的认识或相信某事的方式，并审视知识变化的社会条件。批判理论即属此列。

批判理论学派又被称为"法兰克福学派"，霍克海默（M. Horkheimer）被认为是法兰克福学派精神的缩影（吉普森，1988）[29-31]。他始终强调知识的暂时性及其有限的本质。他认为，没有任何事实的景象是客观的或完全的，所有思想和认识都是基于历史和人类的利益而形成的。因此，批判理论的主要目标是进行意识形态的批判。这种批判旨在揭示理想与事实、语言与实践之间的差距。霍克海默所批判的是那种坚持事实与价值的分离、把经验与观察作为认识的唯一基础，以及把人类经验转化成科学"事实"的做法。他认为用自然科学的方法来了解社会是不恰当的，因为这会严重歪曲对社会的理解。

阿多诺（T. Adorno）指出，在资本主义社会，个人实际上一直受到社会力量的无情束缚。例如，社会上无处不在的广播、电影、电视等形成了一种"大众文化"，这些东西淹没了个体的独创性，导致了一种以"技术面罩"为特征的"管理社会"（administered society）。在这种社会里，控制者隐藏在事实的背后，并用这些事实来支配别人。最终的结果是，人们无法独立地思维。所以，他在《否定的辩证法》一书中提出要有辩证的思维，也就是说，思维者必须试图想象事物的否定面，以便能形成新的替代办法。

批判理论的主要代表人物马尔库塞（H. Marcuse）对发达工业社会的病态性做了揭露和批判。他在《单向度的人》一书中指出，以美国为代表的工业社会是"单向度社会"。这种社会的基本特征是：它不仅通过物质生产，而且通过一切现代化的宣传工具、社会集团、邻里关系等，对人的需要和本能加以控制和操纵，以消除私人生活与公众生活、个人需要与社会需要之间的对立。由于社会的、政治的需要转化成"个人的本能需要"，人就失去了对现存社会体制与压抑进行反抗的一面，而成为按社会要求行事的单纯的工具（欧力同 等，1990）[309]。在他看来，在这种社会里，科学技术所带来的富裕，不是导向自由，而是导向顺从，从而成了支持现存剥削形式的工具。

对当前教育和课程理论影响最大的批判理论家，也许当推哈贝马斯（J. Habermas）。他在《知识与人类兴趣》一书中指出，人类的理性活动总是与人类创造的需求有关，即使科学也不过是一种知识类型，科学的产生也是为了满足人类某一方向的兴趣。他认为有三种基本的知识类型可囊括人类所有理性领域。它们是：（1）经验－分析的知识，即各种旨在理解物质世界的本质与规律的知识；（2）历史－理解的知识，即致力于理解意义的知识；（3）批判－定向的知识，即揭示人类所遭受的压抑和统治的条件的知识。这三类知识是与人类对技术的控制、理解自身和自由发展这三种兴趣相对应的。

这三种知识类型实质上是三种认识水平。在任何学科中，对技术控制的兴趣，都会引导我们去认识与该学科相关的所有事实，在这方面，经验－分析的知识是有用的；对理解隐藏在事实背后的意义感兴趣，会导致我们去探索内部的东西，把各种因素联系起来，在这方面，历史 – 理解的知识是有用的；对自主性感兴趣，会使我们对学科内容做出批判性反思，或对自己进行批判性反思。在哈贝马斯看来，只有当我们达到第三种认识水平时，才能保证获得真正的知识。因为真正的知识要求参与和投入，要求参与变革的行动，即所谓的"行动实践"。这是一种在对知识进行批判性反思的基础上，成为变革参与者的实践。没有这种导致实践的认识，我们可能知道什么是真理，但绝不可能成为真理的一部分。换言之，没有批判性反思，任何学习都只是在获得一些与自身不相干的、外在的信息。学科内容可能成为奴役而不是解放的手段。由此可见，哈贝马斯对认识与兴趣的解释，导致了对何为最佳课程的不同看法。

批判理论对教育进而对课程的影响，主要是通过一些激进的批判教育家和教育社会学家的研究实现的。它们揭示了学校课程为资本主义意识形态所利用的状况，并分析了知识传递过程中的权力关系。有关再生产理论、抵抗理论的一些基本观点，在第二章里已有阐述，这里就不再重述了。

第三节　对课程之哲学基础地位的认识

循着历史发展的线索，我们追溯了两千多年来哲学与课程运行的轨迹，并着重分析了当代几个主要哲学流派对学校课程的影响，从中可以透视出哲学对课程的制约作用。可以说，所有课程观都与哲学观存在某种联系。离开了哲学的基础，学校课程就无法树立起来。我们由此可以得出以下几点认识。

第一，哲学是学校课程观最根本的基础。

课程理论与实践离不开一定的学科基础，我们列出了心理学、社会学和哲学这三个基础。这三个相互依存的学科从不同的角度为课程提供了基础。心理学提供了学生心理发展顺序、学习动机、认知策略、兴趣和态度等方面的研究成果；社会学提供了社会发展、政治经济变革、意识形态及权力变更等方面的思想；哲学则提供了知识来源、认识过程、知识类别、价值取向等方面的观念。作为学科，这三者在一定程度上是独立的；作为课程的基础，三者中最为重要的是哲学。这一方面是因为心理学和社会学都源于哲学，都是从哲学母体中分化出来的；另一方面是由于无论是心理学思想还是社会学思想，都是从某种哲学观念出发的，背后都有哲学假设作为其支柱。例如，赫尔巴特运用观念联合说来为自己的课程思想辩护，而他的心理学的核心观念——统觉，却是从唯理论哲学中衍生出来的；斯宾塞运用社会有机论来为自己的课程体系辩护时，其社会学理论也离不开实证主义哲学。

也正是由于哲学的这种基础性和终极性，哲学对学校课程的影响不像社会学、心理学那样直接，有时其影响甚至还是经由社会学和心理学反映到课程上的。哲学、心理学、社会学的这种相依相存的关系，使得"哲学也好，社会学或心理学也好，它们本身都不能用来论证一项课程的正确与否，或者说，都不能用来作为课程设计的唯一基础"（劳顿 等，1985）[5]。

第二，哲学中关于认识的来源和知识的性质的观点，对课程理论和实践，尤其是课程设计的模式，起着直接的指导作用。

在哲学中，认识论是一个重要组成部分。在一些人看来，认识论主要研究知识的本质和起源、知识的构建和界限、知识的确实性和或然性以及知识与信仰的区别等问题（章士嵘，1983）[1]。而这些都与课程如何设计与实施密切相关。

例如，通过考察，我们可以看到，对认识论中一个核心问题——认识（知识）的来源——的回答，以往通常是以经验论和唯理论的形式表现出来的，后来则有调和的或摇摆于两者之间的观点。对知识来源的不同回答，会导致不同的课程观。起源自柏拉图的唯理论，认为理念是永恒的，知识是早就存在于人的内心世界的。由此，学校课程应该关注如何把学生先天已有的观念引导、挖掘出来，因而特别注重学生的理性活动。源自亚里士多德后经英国哲学家形成的经验论，认为一切知识都来自感觉，唯有通过人与外部世界的相互作用才能掌握知识。因而学校课程注重知识和技能的

传递，以便使学生掌握与自然界和人类社会交往的工具。到了 19 世纪末 20
世纪初，一些人试图超越这种身心二元的分立、理性与实例的对立。例如
实用主义者杜威站在唯理论与经验论之外，把"经验"作为主客体相互作
用的产物，提倡"从做中学"的课程，但结果也并不理想。看来，这方面
的争论还会继续下去。但有一点是肯定的：对知识的来源与性质的不同看
法，会导致不同的课程设计模式。

第三，认识论中有关知识的价值的探讨，对课程内容的选择与组织关
系甚大。

在认识论发展史上，各哲学流派都自觉不自觉地探讨了什么知识最有
价值的问题。柏拉图认为理念才是真正的知识，愈是接近感觉的东西就愈
不真实，愈不是知识。唯有摆脱感觉世界才能认识真正"善"的东西。中
世纪哲学实际上是神学的"附庸"，所研究的对象不是自然界和现实生活中
的客观事物，而是超验的世界。无论是唯名论还是唯实论，都把有关神学
的抽象观念作为最重要的知识。培根则坚信，以掌握自然发展规律为内容
的知识本身就是一种巨大的力量，人类最伟大之处就在于发现新的科学技
术。培根开了科学教育之先河。从此以后，科学逐渐确立了其在学校课程
中的地位。

19 世纪中叶，斯宾塞明确提出了"什么知识最有价值"这一经典的课
程问题。在这以后，知识的相对价值问题与课程直接联系在了一起。因为
学校教育囿于有限的时间和财力，面对知识的多方面价值，必须做出各种
选择。斯宾塞认为，能为人们完满生活做准备的知识最有价值。所以，他
根据知识的习俗价值、半习俗价值、内在价值来安排学校课程，把科学知
识置于课程的中心位置（斯宾塞，1962）[30-37]。美国当代教育哲学家布劳迪
（H. S. Broudy）在分析了"什么知识最有价值"之后，提出中小学课程要包
括五部分内容：（1）信息符号学——语言学、数学、意象；（2）数学、物
理学、化学、生物学的基本概念；（3）发展的主流——宇宙、制度和文化
的演进；（4）问题解决；（5）文理各科的范例。在他看来，对这些知识的
联想性和解释性的使用，对任何人都最有价值。（布劳迪，1993）[204] 而美国

的杜威认为，最有价值的知识莫过于与儿童生活相联系的经验，所以他强调的是一种经验的课程，或称活动课程。但英国的赫斯特则特别注重知识与心智的和谐，重视有助于发展心智的最基本方面的知识，从而在一定程度上又扛起了古希腊博雅教育的大旗。

为了较好地把握这个问题，我国哲学界人士探讨了知识范畴的二重性问题。如何把握现象的知识与本质的知识、科学的知识与日常的知识、零散的知识与系统的知识、经验的知识与理论的知识、感性的知识与理性的知识、学科的知识与交叉学科的知识、具体的知识与抽象的知识、直接的知识与间接的知识、学术性的知识与实用性的知识以及知识的社会化和社会的知识化等的关系（石伟英，1986），与课程内容的选择和组织关系很大。

第四，认识论中有关知识的形式与分类的观点，影响了学校教育中课程的类型和门类。

哲学上对什么知识最有价值的探讨，导致人们去分析知识的形式与分类。这种分析与学校课程有一定关联。事实上，"各种不同的知识，……就是课程设计的依据（题材）"（劳顿 等，1985）[18]。

亚里士多德根据对形式与质料的区分，把知识分为四类，即逻辑学、理论科学、实践科学、制作科学，他所设想的课程是与此相对应的。笛卡尔把知识分为形而上学、物理学、各种具体科学等三类，并把形而上学作为核心。他的观点对形式训练说有相当大的影响。相比之下，培根的知识分类要完备得多。他把知识分为三大部分，共 130 个题目，从而使学校课程开始向科学化、多样化迈进。

此外，哲学上对认识过程的看法，也影响到课程实施。如果主张知识来源于感觉或感性材料，那就会强调课程的展开要以直观为原则。我们把这类问题作为教学论要探讨的主要问题，这里就不展开了。

最后，需强调的是，作为课程之基础学科的心理学、社会学和哲学，虽说都有自身发展的轨迹，但毕竟都是特定社会历史条件下的产物。如果把它们放在社会背景下予以考察，似乎能依稀看出一种基本走向。如果再把它们与学校课程沿革结合在一起考察，似乎也能看到某种契合之处。由此可见，任何理论的形成与发展，都可以在特定的社会历史条件下找到根源；课程的理论与实践总是与当时所流行的各种心理学、社会学、哲学的观念联系在一起的。不论课程工作者是否意识到，他们的实践总是受某些观念支配的。这也是我们用三章的篇幅来探讨课程的基础学科的原因。因为，在我们看来，只有在对课程的基础学科有全面了解、对课程实践问题进行仔细调查的基础上，才有可能做出明智的课程决策。

第二编
课程编制的原理

"课程编制"是课程领域里最常用的术语之一。我国教育界早在 20 世纪 20 年代就开始使用这个术语了。当初这个术语来自英文 curriculum making（博比特用的词），curriculum construction（查特斯用的词），以及 curriculum building 等类似的词语。这些词语的本意都是课程的制作、构筑、建造等，都含有机械的成分。所以，当卡斯韦尔（H. Caswell）与坎贝尔（D. Campbell）在 1935 年出版了《课程编制》(*Curriculum Development*) 一书之后，"development" 一词很快就被其他课程工作者采用。因为 development 这个词隐含着开发、创建、发展、形成等意思，它意味着课程编制是一个不断改进的过程。考虑到学生不断会有新的兴趣与需要，社会上的各种因素在不断变化，而且学校本身也在不断发展，这些都会对学校课程产生重大影响，所以用 development 这个词更确切一些。不过，尽管我们仍沿用 "课程编制" 这个术语①，但其内涵和外延已发生了变化。

在西方课程研究领域，虽说大家都在用课程编制一词，但对其的理解也各不相同，主要表现在 "课程编制" 与 "课程设计"(curriculum design) 的混淆上。在大多数课程文献中，"课程编制" 等同于课程目标的确定、课程内容的选择、课程活动的组织以及课程评价的程序等方面的技术 (Lewy, 1991)[293]。但也有人认为，"课程设计" 才是处理课程目标、内容、组织和评价的技术；"课程编制" 则包括课程设计以及设计的背景，它探讨的是形成、实施、评价和改变课程的方式和方法 (Schubert, 1986)[41]。

美国课程专家蔡斯（R. S. Zais）曾试图通过区分课程编制与课程设计，对课程问题的各个维度予以某种澄清，并使其精确化。在他看来，课程工作者使用 "课程" 一词时，通常或者是指供学生使用的课程计划，或者是

---

① 我们当初根据 curriculum development 的词义，将其译为 "课程研制"。在《课程导论》中，我们就是这样译的。后来考虑到人们的习惯，在《课程与教学的基本原理》中我们又改译成 "课程编制"。因为在我们看来，名称如何译并不那么重要，重要的是把握好这个术语的内涵和外延。

指一个研究领域。当他们的意图是要识别一种存在实体（即课程计划）的各种成分时，便是在做"课程设计"。当他们把注意力放在形成课程计划的人和运作程序上时，便是在做"课程编制"（Zais，1976）[3]。看来，蔡斯的区分也并没有被大家所接受。事实上，要对课程计划的成分与运作程序做出明确的区分也是很困难的。

由于对"课程编制"与"课程设计"存在模糊的看法，一些人把"课程编制"与"课程实施"相提并论，这实际上是把编制与实施作为两个独立的阶段，而不是把课程实施作为整个课程编制过程的一个阶段。这与人们通常所理解的课程编制又产生了混淆。

为了方便、明确起见，我们把课程编制定义为完成一项课程计划的整个过程，它包括确定课程目标、选择和组织课程内容、实施课程和评价课程等阶段。我们把课程设计定义为课程所采用的一种特定的组织方式，它主要涉及课程的目标以及课程内容的选择和组织。课程编制与课程设计的区分如图Ⅱ-1所示。这种区分的好处在于可以避免"课程编制与实施"这类逻辑上有问题的提法，从而对课程编制有一个完整的理解。因为如果我们把课程编制视为一个不断改进的过程的话，就必须把课程实施和评价包括在内。而课程设计主要是指课程计划的制订，只有在计划完成后才能实施和评价。

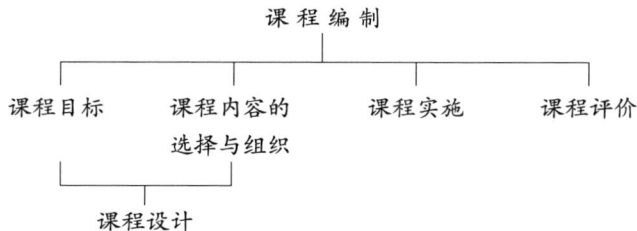

图Ⅱ-1　课程编制过程

本编共四章，即第四章至第七章，论述的是一个完整的课程编制过程：课程目标的确定（第四章）、课程内容的选择与组织（第五章）、课程实施（第六章）、课程评价（第七章）。这是目前在课程理论与实践中占主导地位的一种课程编制模式，或称为课程目标模式，因为后面三个步骤都是围绕课程目标而展开的。这种模式主要来源于泰勒的《课程与教学的基本原理》。但本编的论述也涉及各种不同的观点，以便读者对这几个阶段有较全面的把握。

第四章　课程目标

　　教育目的是对受教育者的质量规格的总体要求，是所有教育工作者工作的出发点和最终归宿。从某种意义上说，所有教育目的都要以课程为中介才能实现。事实上，课程本身就可以被理解为使学生达到教育目的的手段。因此，如何把教育目的转化为课程目标，进而用来指导课程编制工作，这是课程工作者要研究的一项重要课题。这也是本章想要解决的问题。

　　确定课程目标，不仅有助于明确课程与教育目的的衔接关系，从而明确课程编制工作的方向，而且有助于课程内容的选择和组织。课程目标可作为课程实施的依据和课程评价的准则。

　　对于课程目标，存在着各种不同的看法。本章首先分析课程目标的三种取向，以便对课程目标有一个明确的看法，接着论述课程目标与教育目的、培养目标、教学目标的关系，然后考察制定课程目标的依据，最后介绍一种确定课程目标的模式。

第一节　课程目标的三种取向

　　课程是学校教育的核心。在课程编制过程中所确定的目标，在很大程度上会对学校教学工作起制约作用。由于人们对学生身心发展的规律、社会需求的重点以及知识的性质和价值的看法存在差异，对这三者之间的关系理解不同，因而在课程目标的取向上会有所不同。这里所讲的"取向"，主要是指课程目标所采用的形式，而不是指目标的实质内容。本章之所以首先论述课程目标的取向，是因为这涉及要不要制定课程目标，以及制定什么样的课程目标的问题。

多年来，在课程编制中比较流行的是以行为方式来陈述的目标，或称为"行为目标"。近年来，随着行为目标所固有的缺陷越来越为人们所认识，一些学者提出了其他形式的课程目标，其中"展开性目的"和"表现性目标"影响较大。

一、行为目标

行为目标有一个形成和发展的过程。从历史的过程来看，它在课程刚开始作为一个独立的研究领域时，就有了萌芽。

对课程目标的系统探讨，起自博比特的《课程》一书。他在该书中提出了课程科学化的问题。在他看来，"科学的时代要求精确性和具体性"，因此，课程目标必须具体化、标准化。在他所提出的课程编制的五个步骤中，有四个步骤是关于如何确定目标的。博比特在《怎样编制课程》一书中，曾具体列举了 10 个领域中的 800 多个目标。这与当时美国流行的刺激－反应学习理论是相互呼应的。因为当时的心理学家都相信，学习不是突然发生的，而是通过一系列细小的步骤按顺序逐渐达到的。人类之所以比动物高明，是因为人类可以形成非常多的刺激－反应联结。一个受过教育的成年人可以拥有数百万个刺激－反应联结（施良方，1994b）[33]。所以，桑代克当时为小学算术列举出 3000 个目标。这在当时成了一种时髦。

在许多课程文献里，课程目标与行为目标几乎成了同义词，这主要是由于泰勒的《课程与教学的基本原理》一书的影响。泰勒在该书中强调指出，在课程目标确定后，要用一种最有助于学习和指导教学的方式来陈述目标。泰勒指出，人们在实践中往往容易犯这样的错误：（1）把目标作为教师要做的事情来陈述，却没有陈述期望学生发生什么变化；（2）列举课程所涉及的各种要素，却没有具体说明希望学生如何处理这些要素；（3）采用过于概括化的方式来陈述目标，却没有具体指出这种行为所能适用的领域。在泰勒看来，陈述目标最有效的方式，是"既指出要使学生养成的那种行为，又言明这种行为能在其中运用的生活领域或内容"。也就是说，每一个课程目标都应该包括"行为"和"内容"两个方面，前者是指要求学生表现出来的行为，后者是指这种行为所适用的领域，这样就可以明确教育的职责。

　　由于"内容"是所有课程工作者最为关注的方面，而"行为"则往往是被忽视的方面，所以泰勒对课程目标的贡献，是强调以行为方式来陈述目标。也正因如此，人们把泰勒称为"行为目标之父"。随着泰勒课程原理的影响不断扩大，行为目标几乎成了课程目标的同义词，而且似乎目标越具体越好。

　　其实，泰勒曾明确表示，目标的一般化与具体化的程度问题，"也许是目前课程工作者在目标方面面临的最为棘手的问题"。为了解决好这个问题，他分别考察了桑代克与贾德（C. H. Judd）的观点。桑代克把学习视为在特定刺激与特定反应之间形成的连接，从而提出了非常具体的目标；贾德则把学习看作是形成解决问题的类化（或一般）的方式，即对类化刺激做出类化反应的方式，因而主张用比较一般的方式来对待目标。当时，泰勒师承贾德的观点，倾向于把目标看作是形成的一般反应模式，而不是要学习的非常具体的习惯。到了 20 世纪 70 年代，泰勒明确表示，课程应关注学生学会一般的行为方式，"目标应该是清晰的，但不一定是具体的"（泰勒，1994）[136-137]。遗憾的是这一点往往被人们忽视了。行为目标越来越趋于具体化，其弊端也日趋明显。

　　我们认为，课程目标采取行为目标的方式，长处在于它的具体性和可操作性，但其短处也很明显。首先，如果目标都以行为方式来界定，那么课程就会趋于强调那些可以明确识别的要素，而那些很难测评、很难被转化为行为的内容就会从课程中消失。其次，行为目标把学习分解成各个独立的部分，以为它们是可以分别对待的，而不是把学习视为一个整体，这不利于通过各种教学科目来陶冶学生的个性。最后，事先明确规定课程目标所依据的原理，本身就可能存在疑问。因为我们目前能够确证的有关教育过程的知识还有限，预先规定的目标很可能成为不适合实际情况的强加给教师的东西。这些都促使课程专家去寻求其他形式的课程目标。

二、展开性目的

展开性目的不关注由外部事先规定的目标，而是强调教师根据课堂教学的实际进展情况提出相应的目标。如果说行为目标关注的是结果，那么展开性目的注重的是过程。因为在一些人看来，"教育基本上是一个演进的过程。而且，它是渐进地生长的，它扎根于过去而又指向着未来，从这个意义上说，它又是一个有机的过程。在此过程的任何阶段上，我们能提出的目的，不管它们是什么都不能看成是最终目的；也不能将它们武断地插到后面的教育过程中去。目的是演进着的，而不是预先存在的。目的是演进中的教育过程的方向的性质，而不是教育过程的某些具体阶段的、或任何外部东西的方向的性质。它们对教育过程的价值，在于它们的挑战性，而不在于它们的终极状态"（塔巴，1989）[625]。

这一思想可以追溯到杜威。杜威认为，目的不应该是预先规定的，而应该是教育经验的结果。目的是在过程中被内在地决定的，而不是外在于过程的。课程的目的就是促进学生的生长。

英国学者斯滕豪斯则是从另一个角度来看待这一问题的。他认为，学校教育是由四个不同的过程构成的：（1）技能的掌握；（2）知识的获得；（3）社会价值和规范的确立；（4）思想体系的形成。如果说前两项还能用事先预定的行为目标陈述的话，那么对后两项来说，这肯定行不通。所以，在他看来，课程必须建立在对课堂教学研究的基础上；教师应该是研究者，而不是顺从者。为此，他提出了一种过程模式。[①] 也就是说，课程不应以事先规定的目标（或结果）为中心，而要以过程为中心，即要根据学生在课堂上的表现来展开。

这种观点在人本主义课程理论中发展到了一个极端。例如，罗杰斯认为，凡是可教给别人的东西，相对来说都是无用的，即对人的行为基本上没有什么影响。能够影响一个人行为的知识，只能是他自己发现并加以同化的知识。因此，课程的功能是要为每一个学生提供有助于个人自由发展的、有内在奖励的学习经验。人本主义课程强调的是学生个人的生长、个性的完善，至于怎样界定、测量课程，那并不重要。

"生长""过程"可能是些意思有些模糊的术语，但持这一观点的人认为就是要处于这种状态。因为用操作性的方式来界定它们，就会破坏展开性目的本来的意图。课程编制者不能替学生来决定"什么知识最有价值"。

尽管展开性目的在理论上很吸引人，但它过于理想化了。首先，这要求教师不仅熟悉各门学科的体系和学生身心发展的特征，而且要具有相当强的研究能力，而大多数教师没有受过这方面的训练。其次，即便教师受过这种训练，也不一定愿意采用，因为这需要大量额外的计划、工作。最后，学生在不了解各门学科体系的情况下，很难知道什么知识对自己最有价值（Schubert，1986）[193-195]。

三、表现性目标

表现性目标是对课程的行为目标的另一种否定，它来自美国学者艾斯纳（E. W. Eisner）。艾斯纳认为，行为目标可能适合于某些教育目的，但是不适合用来概括我们所珍视的大多数教育期望。他主张在设计和评价课程时，应该准备三类课程目标（见图4-1）。

---

① 本书第八章将予以详细讨论。

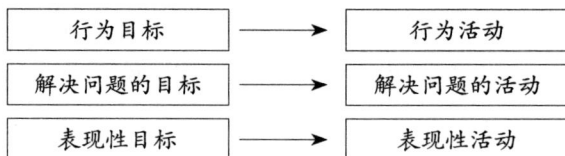

图 4-1　三类课程目标及与活动的对应关系

在他看来，除了行为目标之外，还应该有解决问题的目标和表现性目标。解决问题的目标与行为目标不同，因为解决问题的方式是多种多样的，不可能事先予以明确规定。这类目标不是把重点放在特定的行为之上，而是放在认知灵活性、理智探索和高级心理过程上。此外，还有一类就是表现性目标。表现性目标是指学生在从事某种活动后所得到的结果。它关注的是学生在活动中表现出来的具有某种程度上首创性的反应的形式，而不是事先规定的结果。所以，它只是为学生提供活动的领域，至于结果则是开放的。典型的表现性目标如："考察和评估《老人与海》的重要意义""在一个星期里读完《红与黑》，讨论时列出您印象最深刻的五件事情""参观动物园，讨论在那里看到的最有趣的几件事"。可见，这类目标不像行为目标那样是封闭的，而是开放的，重点放在"课程活动的结果上"（Eisner，1979）[100-105]，这就可以使教师和学生摆脱行为目标的束缚，以便学生有机会去探索、发现他们自己特别感兴趣的问题或课题。

艾斯纳在自己所从事的艺术教育领域里发现预定的行为目标是不适用的，并因此提出表现性目标作为补充。然而，表现性目标也过于模糊，很难起到课程指南的作用。最重要的是，各门学科都有其自身固有的特点，在有些学科领域，仅设计表现性目标很难保证学生掌握他们必须掌握的内容。

四、对三种课程目标取向的反思

对课程目标取向的讨论，可以引发我们进一步思考课程目标的问题。

首先是要不要预先确定课程目标。我们认为，从某种意义上说，人与动物的区别之一，在于人的行为都是有目的的。换言之，人们在做出行动之前，便对行动结果有了某种预期。所以，如果不明确课程目标，教师就会根据各自的理解自行制定目标，这就很难保证各门课程都围绕国家规定的教育目的来运作，学生也很难达到教育行政部门规定的一些基本的要求。哈佛大学原校长埃利奥特（C. W. Eliot）以为，真正的教育目的是使个体的能力得到最大限度的发展，固定的标准是人的身、心和精神充分发展的障碍。这实际上是一种形而上学的看法。课程总得有一个基本要求（课程领域里称其为"课程的最低标准"），这是每一个学生都必须达到的，否则难以保证学校教育质量。学生的个性发展是以这个最低标准为基础而展开的，两者并不矛盾。当然，课程的最低标准不宜过高，而应该是绝大多数学生都容易达到的。如果课程标准过高，所有学生都不得不为之而竭尽全力，那么就会像埃利奥特所说的那样，成了学生个性发展的"天敌"。

其次是要什么形式的课程目标。上述每一种课程目标取向都有其长处，也都有其固有的短处。行为目标具体、明确，便于操作和评价，然而，学校教育中一些很重要的工作（如思想品德的培养和个性的陶冶），很难用外显行为方式来表述。展开性目的考虑到学生兴趣的变化、能力的形成和个性的发展等方面，但在班级授课的情况下，面对几十个不同的学生，这种目的很难落实。表现性目标顾及学生的独特性和首创性，但很难保证使所有的学生都达到课程计划的基本要求。

我们可以把展开性目的和表现性目标作为行为目标的补充形式，而不是作为其对立面。事实上，这也符合斯滕豪斯与艾斯纳等人的本来意图。至于具体采取什么形式的课程目标，这取决于这门课程所要解决的具体问题。就一般而言，若重点放在基础知识和基本技能上，行为目标比较有效；若要培养学生解决问题的能力，展开性目的比较有效；若要鼓励学生的创造精神，表现性目标较为适合。需要注意的是，每一种目标形式在对某类问题比较有效的同时，也都会产生一些难以避免的"副作用"。我们不可能像在超市里购物那样，只挑选对我们有用的东西。这些目标取向的优缺点是并存的，而且支撑各种目标取向的哲学、心理学和社会学的基本假设是有矛盾的，甚至是冲突的。所以，在采取某些课程目标形式时需要特别注意扬长避短的问题。

最后，顺便提一下，在西方课程文献中，许多作者已给"目标"（objective）赋予了特定的含义，即把"目标"等同于具体的、外显的"行为目标"。所以对此持批判态度的作者很忌讳使用"目标"一词，认为仍沿用"目标"一词容易使人产生误解。但我们还是从一般意义上来使用"目标"一词，因为我国教育工作者对"目标"这个术语有我们特定的理解。

第二节　课程目标与教育目的、培养目标、教学目标的关系

从国家制定的教育目的到实际的课堂教学目标，中间经历了一系列的转化。如果以概括性程度为准则，我们可以依次区分出四种不同的目标：教育目的（总目标）、培养目标、课程目标、教学目标。

一、教育目的

教育目的是"一定社会培养人的总要求。是根据不同社会的政治、经济、文化、科学、技术发展的要求和受教育者身心发展的状况确定的。它反映一定社会对受教育者的要求，是教育工作的出发点和最终目标，也是制定教育目标、确定教育内容、选择教育方法、评价教育效果的根本依据"（夏征农，1987）[1]。我国宪法规定："国家培养青年、少年、儿童在品德、智力、体质等方面全面发展。"这是我国学校教育的目的。它普遍适用于各级各类学校教育，因而具有高度的概括性。

正如有学者所指出的：单就成文的教育目的而论，关于教育目的的表述，常常大同小异。但当考究某种教育目的是怎样得出来的、怎样证明这种表述是恰当的等问题时，人们就会发现，即使对于同一个教育目的，也

会有不同的理解。不仅如此，法定文献上关于教育目的的规定，不一定都能代表客观上存在的教育目的。法定文献表述的只是一种价值判断，是"应有"的并得到法律认可的教育目的。这种成文的教育目的只有转化为教育当事人的教育目的，才成为"实然"的教育目的。所以，真实的教育目的存在于千百万教育当事人的教育行为之中。（陈桂生，1993）[219]

从国家或整个社会的角度来看，教育目的只能是总体性的、高度概括性的，而不可能是具体的、菜单式的。因为各地区、各级各类学校、各门学科的特点不一样，所以具有高度概括性的教育目的，为行政人员和教育工作者根据实际情况做出必要解释提供了方便。事实上，为实现同一个教育目的，不同地区和不同学校会有不同的做法。这种差异，除了由于各地区、各学校、各学科的实际情况有所不同之外，也不能排除是由于一些教育工作者对教育目的的理解存在着差异。所以，为了确保教育目的得到正确的贯彻落实，就需要根据各级各类学校的实际情况予以具体化，即要明确培养目标。

二、培养目标

培养目标是对各级各类学校提出的具体培养要求。它是根据国家的教育目的和学校的性质及任务，对培养对象提出的特定要求。所以，教育目的与培养目标没有实质性的区别，只是概括的程度不同。教育目的是整个国家各级各类学校必须遵循的统一的质量要求；培养目标则是某级或某类学校的具体要求。后者是前者的具体化（班华，1992）[69]。换句话说，培养目标要根据教育目的来制定，而教育目的又只有通过各级各类学校的培养目标才能实现。因此，两者的关系可以说是一般与个别的关系或整体与局部的关系。

举例说来，我国普通高中的培养目标是让学生做到：（1）初步树立正确的政治方向，初步形成正确的世界观、人生观、价值观；热爱祖国，有理想，有事业心和社会责任感；具有求新创新、艰苦奋斗、团结协作的精神和公平竞争、效率、效益、遵纪守法的观念；形成良好的道德情操和自我教育的能力。（2）掌握较宽广的文化、科学、技术的基础知识和基本技能，具有自觉的学习态度和独立学习能力，掌握一些基本的科学方法，形成必备的观察、分析和解决问题的能力。（3）具有健康的体魄和身心保健的知识与能力、健康的审美观念和相应的审美能力、良好的意志品质和一定的应变能力，并初步形成健康的个性。（4）具有正确的劳动观点、职业观念和初步的择业能力，掌握一定的劳动技能和现代生活技能。[①]

这个培养目标实际上是根据教育目的中德、智、体几方面的要求，结合高中阶段学校教育的性质和任务而提出来的，是教育目的的进一步深化。培养目标不能被认为是教育目的的简单推演。我们需要根据教育目的所指出的方向，明确办学宗旨，并在对学校的性质和任务有相当清楚的认识的基础上，提出切实可行的培养目标。而这需要进行大量的调查研究。

培养目标主要是通过学校所设置的课程而达成的。但培养目标通常不涉及具体的学习领域，所以用"掌握较宽广的文化、科学、技术的基础知识和基本技能"这样的培养目标作为课程设计的依据，显然是过于概括了。为了使课程编制工作切实有效，我们还必须使培养目标具体化，即要确定课程目标。

三、课程目标

课程目标是指导整个课程编制过程的最为关键的准则。确定课程目标，首先要明确课程目标与教育目的、培养目标的衔接关系，以便确保这些要求在课程中得到体现。其次要在对学生的特点、社会的需求、学科的发展等各个方面进行深入研究的基础上，确定行之有效的课程目标。课程目标有助于澄清课程编制者的意图，使各门课程不仅注意到学科的逻辑体系，而且关注教师的教与学生的学，关注课程内容与社会需求的关系。

---

① 参见《全日制普通高级中学课程计划（讨论稿）》。

　　课程目标可以采取多种方式来陈述。我们在第一节里介绍了课程目标的三种形式，每一种形式都有其长处和短处。就一般而言，课程目标应该明确而又清晰。就我们的视野而言，现在我们的一些课程目标可能过于宽泛、笼统。例如，有些人把"精选知识内容，传授适应社会主义建设所需要的地理知识和技能"作为高中地理课的目标，这实际上只是指出了课程编制者和教师打算如何做，而不是设置这门课程的目标。有些人把"重视科学态度的教育和科学方法的训练"作为高中化学课程编制原则，这实际上既没有具体说明这门课程的内容，也没有表明希望学生做些什么，所以不可能为指导课程提供令人满意的依据。还常有人把"培养学生的思维能力"作为课程目标，由于它没有提及思维所需要的内容和所涉及的各种问题，因而也难以作为完善课程的指南。

　　我们认为，泰勒提出的课程目标应包括"内容"和"行为"两方面，还是有一定借鉴作用的。也就是说，上述几个目标一定要根据学科的特点加以具体化、明确化。表4-1是高中生物学课程目标的例证。从目标的内容方面看，它包括人类有机体的功能、动植物资源的利用、进化和发展等方面内容；从目标的行为方面看，它包括理解、熟悉、解释、运用、研究和报告、兴趣、社会态度等七个方面。此外，它还揭示了目标的行为和内容的关系。凡是有"×"的地方，意味着这一行为适用于这一特定的内容。

表 4-1　高中生物学课程目标例证

目标的内容方面	目标的行为方面						
	1.理解重要的事实和原理	2.熟悉可靠的信息来源	3.解释资料的能力	4.运用原理的能力	5.研究和报告研究结果的能力	6.广泛和成熟的兴趣	7.社会态度
A.人类有机体的功能							
1.营养	×	×	×	×	×	×	×
2.消化	×		×	×	×	×	
3.循环	×		×	×	×	×	
4.呼吸	×		×	×	×	×	

续表

目标的内容方面	目标的行为方面						
	1. 理解重要的事实和原理	2. 熟悉可靠的信息来源	3. 解释资料的能力	4. 运用原理的能力	5. 研究和报告研究结果的能力	6. 广泛和成熟的兴趣	7. 社会态度
5. 生殖	×	×	×	×	×	×	×
B. 动植物资源的利用							
1. 能量关系	×		×	×	×	×	×
2. 制约动植物生长的环境因素	×	×	×	×	×	×	×
3. 遗传和发生学	×	×	×	×	×	×	×
4. 土地的作用	×	×	×	×	×	×	×
C. 进化和发展	×	×	×	×	×	×	×

　　至于泰勒所倡导的课程目标在 20 世纪六七十年代在国际上普及时，趋于越来越精细、具体，那主要是由于布卢姆等人的教育目标分类学的影响。但在我们看来，目标分类学与其说是课程编制的指南，不如说是在为课堂教学过程的展开和教学结果的评定提供依据。所以，我们把这类目标理解为教学目标更为合理些。

四、教学目标

　　教学目标是课程目标的进一步具体化，是指导、实施和评价教学的基本依据。在这方面，影响较大的包括布卢姆、马杰（R. F. Mager）、波帕姆（W. J. Popham）等人的研究。

　　布卢姆等人的目标分类学具有以下几个特征：第一，用学生外显的行为来陈述目标。制定目标是为了便于客观地评价，而不是表述理想的愿望。事实上，只有具体的、外显的目标，才是可测量的。用一个公式来表示，那就是：目标＝行为＝评价技术＝测验问题。第二，目标是有层次结构的，由简单到复杂按序排列，后一类目标建立在前一类目标的基础上。具体来说，那就是：属于 A 式的行为是一类，属于 AB 式的行为是一类，而属于 ABC 式的行为又可以形成一类。第三，目标分类学是超越学科内容的。不论哪一门学科，不论哪一个年级，都可以把目标分类学的层次结构作为框架，加入相应的内容。在布卢姆等人看来，像"培养学生思维能力"这类目标太一般化了，因为要确定学生是否已形成这方面的能力极为困难。只有像"形成区别事实与假设的能力"或"领会课文中各个概念之间关系的能力"，才是可测量的，因而只有后者才能用来作为目标。

马杰在他有关行为目标的经典性著作中认为，教学目标必须包括三个组成部分：（1）学生外显出来的行为表现；（2）能观察到的这种行为表现的条件；（3）行为表现的公认的准则。对教学目标的典型陈述如："给学生一篇文章，学生在五分钟内不靠帮助或参考书，能够识别出它的风格。"在他看来，布卢姆等人常用的"知道……"或"理解……"形式的目标，仍然不够精细，因为它们没有指出行为表现的"条件"。他认为，"要学生知道正确使用逗号的规则"不是教学目标，因为它没有具体规定可观察到的行为。因此，应把它改为"学生通过正确加上逗号来证实自己知道了五种逗号使用的规则"。教师若要判断教学目标的陈述是否合适，可以自问："其他教师能根据这一目标对学生做出同样的评判吗？"（Mager，1962）

应该承认，教学的行为目标在使教育目的、培养目标和课程目标进一步明确化、具体化方面，是有一定积极意义的。如果教师在自己所教课程中能用明确的行为方式来陈述教学目标，就会清楚地意识到自己在教学工作中应注意些什么。同时，这也有助于教师与学生、家长以及其他教师精确地交流教案的内容。此外，用行为方式陈述教学目标，使得测验和评价容易得多了，因为判断是否达到教学目标的证据是很好识别的。这也有助于学生明确学习的方向。然而，人的学习行为在多大程度上可以用可观察的方式来描述，外显行为是否能恰当地代表某种相应的学习的发生，这些都是有争议的问题。这在前面一节里已有过论述。

五、对课程目标与教学目标的一种思考方式

如前所述，从国家制定的教育目的、教育行政部门确定的培养目标，到课程工作者所要明确的课程目标，以及教学工作者要考虑的教学目标，中间经历了一系列的转化。当然，这种转化不是一种简单的推演，而是要在对学生、社会、学科进行深入研究的基础上做出明智的抉择。

一般说来，课程目标应该根据教育目的和培养目标，在学科内容的基础上加以具体化。教师确定的课堂教学目标，则是课程目标的进一步具体化。课程工作者如何处理教育目的、培养目标、课程目标、教学目标之间的关系，是一个很实际的问题。鉴于教育目的是由国家宪法规定的，培养目标是教育目的的具体化，是由有关教育行政部门确定的，所以这些都是我们要理解和执行的。我们所要处理的，是课程目标和教学目标如何具体化的问题。伊劳特（M. R. Eraut）提出的目标密度的观点，对我们也许是有启示的。他认为，除了目标越来越具体这个维度之外，还可以加上密度这一维度。鉴于目标通常由几组构成，目标密度可以被界定为：

$$目标密度 = \frac{所列举的目标的数目}{列举出来的目标所涵盖的课时}$$

例如，假定高中三年级数学的总课时为 320 课时，列举的目标有 8 个，那么其密度就是 1 / 40。在伊劳特看来，一般目标（指一个教育阶段的某门课程的目标，如初中数学课程目标、高中化学课程目标等）的密度，以不到 1 / 50 为好；课程目标（指一个学期某门课程的目标，如初中一年级上学期语文课程的目标）的密度，以 1 / 5 左右为适中；教学目标（指一节课的目标）的密度则应在 1 / 6 到 1 / 2 之间。当然，这只能作为我们思考问题的一个参考，具体的数目还缺乏实验依据。但这也给了我们两点启示。

首先，课程目标不应过于笼统。像"培养学生鉴别能力"，作为一般目标还可以，作为课程目标就过于概括。而像"培养学生对现代文学的鉴赏力"，可作为课程目标，作为教学目标就过于宽泛了。但我们在实践中常看

到有人把"培养学生的思考能力"作为教学目标，这就过于概括了。

其次，课程目标的数量问题。一般说来，课程目标在数量上应该多于培养目标，少于教学目标。我们看到一份高中三年级化学课程计划所列举的目标只有两个，这似乎过于少了。虽说列举的目标数量并不是一个本质问题，但如果课程目标的数量少于培养目标或多于教学目标，这总不能说是一种正常现象。因为从教育目的、培养目标到课程目标和教学目标，是一个从概括向具体不断转化的过程，从质和量两个方面来把握这种转化，可能有利于实际操作。

第三节 课程目标的依据

把教育目的、培养目标转化成课程目标，以此来指导整个课程编制过程，最终转化为学生的学习经验，这是课程工作者的一项重要任务。

确定课程目标是一项具有创造性的工作，课程目标不是教育目的或培养目标的简单推衍。人们对课程目标有各种各样的看法。有人以为课程主要是传递社会文化遗产；有人主张当代课程应面向 21 世纪社会的需求。从理论上讲，这两者并不矛盾，可用"立足过去，面向未来"一言以蔽之。但在实践中如何操作，例如要确定文言文在中小学语文课中应占多大比例，显然不是轻而易举的事情。所以，在确定课程目标时，关键还在于课程编制者要澄清课程目标的一些基本哲学假设，并根据实际情况，经过集体审议，得出较为一致的价值判断。

关于课程目标的依据或来源问题，在整个 20 世纪里有过许多争论。但就一般而言，大家比较认同的课程目标的依据主要有三个方面：对学生的研究、对社会的研究、对学科的研究。例如，杜威在 1902 年出版的《儿童与课程》一书中，论述了教育过程的三个基本要素：学生、社会、教材。研究这些要素相互之间的关系，是教育理论的主要任务。拉格（H. Rugg）1927 年在美国教育研究会（NSSE）的年鉴中，在总结课程发展史上的经验和教训的基础上，提出学生、教材、社会是课程编制中三个相互依赖的因素。波特（B. H. Bode）1931 年在《处在十字路口的教育》一文中，论及了课程目标的三个来源：教材专家的观点、实践工作者的观点、学生的兴趣。塔巴 1945 年在《课程设计的一般技术》一文中，也论述了课程目标的三个来源：对社会的研究、对学生的研究、对教材内容的研究。所有这些思想，都被归纳在泰勒的《课程与教学的基本原理》一书中，泰勒所提出来的课程目标的三个来源（对学生的研究、对当代社会生活的研究、学科专家的建议），现已成为课程工作者的共识（施良方，1994a）。如果说对课程目标的依据或来源还存在争议的话，那么争议主要集中在如何看待这三者的关系上，而不是这三个要素本身。下面，我们就这三个方面做些分析。

一、对学生的研究

课程的一个基本职能就是促进学生身心发展。课程编制者要时刻关注有关学生的各种研究，尤其是学生的兴趣与需要、认知发展与情感形成、社会化过程与个性养成方面的研究，以及学习发生条件等方面的研究。

课程要把人类认识和改造世界的经验结晶有效地传递给年青一代。学生在校期间要吸收大量的信息。研究表明，信息的成功获得需要许多过程发挥作用，如感觉登记、选择性注意、信息加工，以及在环境的各个方面搜寻和利用信息的有效策略。而儿童在很多方面都与成人有所不同。例如，与成人相比，儿童的感觉登记要差些，因为成人在感觉登记时会采用一种序列编码的策略，把感觉登记的信息及时转移到短时记忆中，而儿童则没有运用这种策略；儿童最初加工信息的速度比成人要慢些，因为成人比儿童更能利用部分信息来推断或猜测刺激是什么；年龄小的儿童控制自己注意过程的难度要大些，因为他们区分相关刺激与无关刺激的能力有限，能引起成人注意的线索，不一定会引起儿童的注意；还有一些因素导致儿童不能利用他们能够利用的记忆策略，例如小学低年级学生不能利用分组或分类的方式来帮助记忆；如此等等（索尔索，1990）[386-397]。事实上，即便是成人，在某一特定时刻也只能加工数量有限（7±2）的信息。如果超过这个数量，后面的信息挤进去了，前面的信息就被遗忘了，根本无法得到深加工（思维或认知重组）。所以，要是一味要求学生在短时间里获得大量信息，不留给他们加工或思考的时间，不仅不利于他们吸收信息，而且还会导致他们养成不加思考机械记忆的习惯，进而对学习产生厌倦感。

此外，研究还表明，新习得的信息能否被组织起来，还取决于学生是否处在最佳动机状态。驱动力太强（焦虑）或动机太弱，都会导致认知活动的具体性增加，即只注意具体事物而不顾它们与其他事物的联系。只有适中的动机强度才会产生有利于迁移的一般学习的倾向（施良方，1994b）[214-215]。这些对确定课程目标达成的难度都有很大的参考价值。现在中小学实行一周五天学习日制度，如果课程内容还是同一周六天学习日一样，势必会造成学生的紧张状态。

当然，这些都是就一般情况而言的。除此之外，课程编制者还需要了解作为课程对象的特定学生的特定情况。我们只要把学生目前的状况与理想的常模加以比较，确认其中存在的差距，就可以发现教育上的需要，从而揭示出课程目标。课程就是要开辟各种渠道，以一种对个人和社会都有意义的方式，帮助学生满足这些需求。

二、对社会的研究

学生个体的发展总是与社会发展交织在一起的。人类社会在任何时候都会有一个共同的需要：把社会文化遗产传递给年青一代。事实上，学校教育的文化功能（传递、保存、更新文化）、政治功能（灌输一定社会的意识形态，维护和发展社会政治关系）、经济功能（培养经济发展所需要的人才，形成适应现代经济生活的观念、态度和行为方式）等，都是通过课程这一中介而达成的。

对社会的研究涉及的内容极为广泛，在课程领域里通常采用的方法是把社会生活划分为若干有意义的方面，再分别对各个方面进行研究。泰勒介绍的一种可行的分类是：（1）健康；（2）家庭；（3）娱乐；（4）职业；（5）宗教；（6）消费；（7）公民。他认为，这种分类有利于把整个社会生活分解成一些便于控制的方面，保证不遗漏任何重要的东西。虽说他的具体分类未必适合我国国情，但这种分类方法还是可以借鉴的，因为笼统地说学校课程应适应社会需求，对课程编制工作没有什么实际指导意义。

对已有的社会研究结果如何看待，是课程编制者面临的一个问题。例如，现在整个社会都在呼吁减轻中小学生负担，几次重大的课程改革也都以此作为目标，但上海浦东地区的一项社会调查表明，97%的学生家长认为自己孩子现在的学业负担不重。这就需要对这一地区成人所重视的价值、观念、习俗等做进一步研究，同时也需要对这一地区的学生学业负担做进一步分析。

另外，课程编制者还需要对"学校课程能够适当满足的社会需求"与"只有通过社会上其他各种机构的合力才能满足的社会需求"做出区分。例如，学生健康的问题。学校课程可以使学生获得必要的知识、习惯和态度，但这需要家长和社会各界的全力配合。这类目标不可能仅凭学校课程就能达到。举例来说，我们不能把学生近视比例过高的现象简单地归因于学业负担过重，因为家长为学生提供的学习环境、对学生学习习惯的重视程度，以及学生看电视的时间和距离，等等，都会影响学生的视力。

最后，课程目标的确立，不能完全依赖于对现存社会的研究。从对现存社会的研究中抽取课程目标，是以承认社会上流行的价值准则和运作方式为前提的。而事实上，社会的价值取向本身也是在不断变化的。我们今天对课程目标所做出的抉择，其结果将在20年后同我们见面。虽然我们无法断定20年后的社会将会变成什么样子，但社会的发展不是建立在真空中的，它有个继承与发展的问题，我们可以在此基础上做出一些抉择进而影响社会的发展。

三、对学科的研究

学校课程毕竟要传递通过其他社会经验难以获得的知识，而学科是知识的最主要的支柱。由于不同学科的专家谙熟该领域的基本概念、逻辑结构、探究方式、发展趋势，以及该学科的一般功能及其与相关学科的联系，所以学科专家的建议是确定课程目标最主要的依据之一。事实上，大多数课程的教科书就是由学科专家编写的。

与确定课程目标联系最密切的是学科功能。学科功能包括两个方面：一是这门学科本身的特殊功能；二是这门学科所能起到的一般的教育功能。泰勒在总结了美国课程改革的经验与教训后指出，由学科专家提出的课程目标往往容易过于专业化，因为学科专家常常把学生看作是将来要在这个领域从事高深研究的人，而不是把这门学科视作基础教育的一个组成部分。所以，在利用学科专家的建议来确定课程目标时，要向学科专家提出这样的问题："这门学科对那些以后不会成为这个领域专家的年轻人有什么功用？"或者说，"这门学科对一般公民有什么功用？"这样可以避免学科专家提出过于专业化的课程目标，突出该学科一般的教育功能。

美国 20 世纪 50 年代末 60 年代初开展的那场课程改革运动，主要是由一些学科专家发起的。这场以学科为中心的课程改革，是以各学科专家间的"论战"为特征的。每一门学科都想在课程中占有优势地位。而且学科专家通常拒绝一般的教育功能，而是把课程目标定位在好像每一个学生将来都会成为各门学科的专家似的。所以在有些课程专家看来，这场课程改革运动的失败是早在预料之中的事。

由于学生、社会、学科这三个因素是交互起作用的，对任何单一因素的研究结果都不足以成为课程目标的全部来源。如果过于强调某一因素，就会走到极端。课程史上出现过的学生中心课程、社会中心课程、学科中心课程就是这类典型例子，它们基本上都以失败而告终。

课程编制者在确定课程目标时需要注意克服两种倾向：一是仅凭个人的点滴经历而认定课程目标应该是什么；二是对理想状况与现实情况之间

的差距没有做出科学分析，便认定课程目标应该是什么。尽管课程工作者确实难以给出课程重点确定的明确依据，因为重点内容与一般内容的价值都是相对的，但我们可以通过全面分析对学生、社会和学科的研究结果，做出明智的选择。

第四节　确定课程目标的一种模式

如前所述，明确课程目标，并不只是为了表述一种理想或愿望，而是要明确指导课程编制的准则。这是一个艰苦而又复杂的过程。它包括基于对学生、社会、学科等方面大量的研究结果，对学校课程的要求进行考察、分析和判断。"需要评估"是目前确定课程目标时最常用的方式之一。需要评估是一种收集、分析信息的过程，目的是识别个体、群体、机构、社区或社会的种种需求。在教育领域，"需要评估是明确教育需要与确立需要之先后顺序的过程。在课程情境中，需要是指这样一种情境，在这种情境中，可接受的学习者的行为或态度状况与所观察到的学习者状况之间存在着矛盾之处"（麦克尼尔，1990）[93]。

要了解需要评估，首先必须知道"需要"这个概念，因为人们对"需要"可能会有各种不同的理解。归纳起来主要有三种。最常用的定义是由考夫曼（R. A. Kaufman）提出的：需要即实际状态与目标状态之间的差距。建立在这一定义基础上的需要评估过程，包括选择或确定目标状态，收集信息以确定目前实际状态，然后通过两者之间的比较来发现其中的不足，从而确定特定的需要。其次常用的定义是：需要即想要得到的或偏好的东西。因此，它不需要确定差距，而是要了解所选择出来的有关人员对需要的看法。例如，根据公众或专家的看法来制定目标或政策。较少使用的一个定义是：需要即缺失。如果某项缺失会带来害处，那么弥补这项缺失便成了一种需要。换言之，需要是一种必须达到的最低限度的满足状态。可见，对需要的不同理解，可能会导致不同的评估过程（Lewy，1991）[434]。

　　由于人们可能因各种原由而从事需要评估，所以采用的步骤也就不一样。在课程编制过程中，需要评估主要是为确定课程目标服务的。所以，在课程编制中，就一般而言，需要评估主要是通过有关人员，特别是学校行政人员与教师、学生与家长以及课程工作者，对学生的教育需求进行调查、评估，弄清学生特定的教育需求，并确定各种需求之间的先后顺序。需要评估通常要经历以下几个阶段。

　　第一阶段：系统阐述试验性的目标。典型的做法是召开有关人员的会议，尽可能全面系统地确定大多数人所觉察到的问题，并围绕这些问题来确定学生需要达到的课程目标。

　　第二阶段：确定优先的课程目标。在收集了大家都认为需要达到的各种课程目标之后，要求有关人员将它们按照对学生教育的重要性程度加以排列，以便确定这些目标的主次。

　　第三阶段：确定学生达到每一种课程目标的可能性，即要对学生目前达到这些目标的可能性程度评出等级。这要求客观地测量与每一目标有关的学生的现状。如果学生现有水平与课程目标差距较大，就表明这是一种需优先考虑的目标。

　　第四阶段：根据目标优先程度编制课程计划。目标一旦确定，就成了编制新课程的基础，应据此安排相应的教学内容、采取相应的教学策略。

　　这种需要评估模式目前在世界各国很盛行，主要原因有二。第一，在市场经济条件下，人们都想以效益最高的方式使用人力和物力。通过分析学生具体需求来确定课程目标，这样比较实在，也便于评定效果，可以避免那种蜻蜓点水式的、不解决任何实际问题的做法。第二，通过需要评估，使各方面人士共同参与，从而使需要评估成为形成共识的途径，使大家能相互理解、相互支持，这本身就具有教育作用。

第五章　课程内容

课程内容是指各门课程中特定的事实、观点、原理和问题，以及处理它们的方式。课程目标一旦有了明确的表述，就在一定程度上为课程内容的选择和组织提供了一个基本的方向。

课程内容的选择和组织，是课程编制过程中的一项基本工作，它涉及方方面面，也是许多课程问题的集结点。虽说课程内容是实现课程目标的手段，但由于课程内容直接指向"应该教什么"的问题，因而一些人以为课程内容是课程工作者要解决的最主要的问题。有些人甚至在没有注意到课程目标是什么或为什么要教的情况下，便对课程内容问题发表议论，这样做难免会有偏颇。

在选择和组织课程内容时，除了要考虑其与目标的相关性，还要考虑课程内容的科学性和有效性，它们对学生和社会的实际意义，它们能否为学生所接受，以及是否与学校教育的基本任务相一致等问题。人们对课程内容的解释，往往是与各自对课程所下的定义联系在一起的。

本章主要探讨四个问题：课程内容的取向，课程内容选择的准则，课程内容组织的原则，以及课程的类型与结构。

第一节　课程内容的三种取向

自课程作为一个独立的研究领域以来，对课程内容的解释大多是基于三种不同的取向而展开的：(1) 课程内容即教材；(2) 课程内容即学习活动；(3) 课程内容即学习经验。对课程内容的不同理解，体现了不同的教育目的观。

一、课程内容即教材

课程内容在传统上是被作为要学生习得的知识，这些知识采取事实、原理、体系等形式。尽管人们对这些术语可能会有不同的解释，但重点都放在向学生传递知识这一基点上，而知识的传递是以教材为依据的。所以，课程内容理所当然地被认为是上课所用的教材。事实上，我国自 20 世纪50 年代初引进苏联凯洛夫主编的《教育学》以后的几十年里，教育学著作往往只设"教学内容"章节，不设"课程"章节。"教学内容"探讨教学计划、教学大纲、教科书等问题。虽说有的教育学著作后来设了"课程与教材"或"课程"等章节，但探讨的问题没有什么变化，基本上也是把课程作为教学内容来处理的（上海师范大学《教育学》编写组，1979；华中师范学院教育系 等，1980；南京师范大学《教育学》编写组，1984）。

把重点放在教材上，有利于考虑各门学科知识的系统性，使教师与学生明确教与学的内容，从而使课堂教学工作有据可依。所以很多教育工作者不知不觉地采取这种取向。然而，把课程内容定义为教材，就会顺理成章地把课程内容看作是事先规定好了的东西。这意味着学科专家最清楚教师应该教些什么、学生应该学些什么。但是，正如杜威所指出的，即使是用最合逻辑的形式整理好的最科学的教材，如果以外加的和现成的形式提供出来，在它呈现到学生面前时，也失去了这种优点。对学生来说，学习内容是由外部力量规定的他们必须接受的东西，而不是自己感兴趣的东西。由于教材并不引起兴趣，也不能引起兴趣，于是教师就想方设法采用各种机巧的教学方法引起学生的兴趣，使材料有乐趣，用"糖衣"把材料裹起来，让学生在高兴地尝着某些完全不同的东西的时候，吞下和消化一口不可口的"食物"（杜威，1994）[130–133]。杜威这一形象的描述，确实反映了传统学校教育的一些实际情形。事实上，许多学生也不把教材看作是自己生活的必需，而把它看作是对教师和家长的一种应付。"读完—考完—忘完"是一些学生所经历的过程。这种情况很值得我们深刻反思。

二、课程内容即学习活动

到了 20 世纪以后，一些课程工作者看到了科学技术的进步对社会发展的影响，并试图做出相应的反应。例如，博比特明确指出，课程应该对当代社会的需要做出反应。他通过研究成人的活动，识别各种社会需要，把它们转化成课程目标，再进一步把这些目标转化成学生的学习活动。在这以后，美国的几位有影响力的课程专家，如查特斯和塔巴等人，基本上采用的都是这种方式，后来形成著名的活动分析法。活动分析法被认为是一种有效的、科学的课程编制技术。当时英国教育家怀特海（A. N. Whitehead）曾说过："教育只有一种教材，那就是生活的一切方面。"（华东师范大学教育系 等，1980）[116] 20 世纪 40 年代，我国教育家陈鹤琴提出了活教育的三大目标，其中"做中学、做中教、做中求进步""大自然、大社会都是活教材"，也反映了这种取向。

活动取向对"课程内容即教材"提出了挑战。活动取向的课程把重点放在了学生做些什么上，而不是放在教材体现的学科体系上。以活动为取向的课程，特别注意课程与社会生活的联系，强调学生在学习中的主动性。当今，"学习活动"这个术语在课程领域里使用得相当广泛。它关注的不是向学生呈现些什么内容，而是让学生积极从事各种活动。例如，不是告诉学生科学发现的基本步骤和需要注意的事项，而是让学生通过参与科学发现活动来了解这些内容。现在，活动类的课程已引起人们广泛的注意。

活动取向的课程，往往注重学生外显的活动。虽然我们可以观察到学生外显的活动，但却无法看到学生是如何同化课程内容的，无法看到学生的经验是如何产生的。事实上，每个学生从活动中获得的意义和理解的方式是各不相同的。如果仅关注外显的活动，容易使人只注意表面上的热烈，而不是深层次的学习结构，从而偏离学习的本质。

三、课程内容即学习经验

"学习经验"原本是教育学和心理学中一个常用的术语，泰勒使用这个术语，是为了区别那些把课程内容等同于教材或学习活动的观点。在他看来，学习经验既不等同于一门课程所涉及的内容，也不等同于教师所从事的活动，而是指学生与外部环境的相互作用。因为，学习是通过学生的主动行为而发生的；学生的学习取决于他自己做了些什么，而不是教师呈现了什么内容或要求做些什么。所以，坐在同一课堂上的两个学生，可能会有两种不同的学习经验。他由此推断出："教育的基本手段是提供的经验，而不是向学生展示的各种事物。"（泰勒，1994）[50]

学习经验取向强调的是：决定学习的质和量的是学生而不是教材，学生是一个主动的参与者。学生之所以参与，是因为环境的某些特征吸引他，学生是对这些特征做出反应。所以，教师的职责是要构建适合于学生能力与兴趣的各种情境，以便为每个学生提供有意义的经验。

把课程内容视为学生的学习经验，必然会突破外部施加给学生的东西，因为学生是否真正理解课程内容，取决于学生的心理建构。从某种意义上说，学生已有的认知结构的情感特征对课程内容起着支配作用，它们是受学生控制的，而不是由学科专家支配的。知识只能是"学"会的，而不是"教"会的。

然而，把课程内容视为学习经验，增加了课程编制者研究的难度。因为这是学生的一种心理体验，只有学生自己才了解这种经验的真正结果，教育工作者无法清楚了解学生心理是如何受特定环境影响的。这样就会导致学校课程内容受学生的支配，其结果是可想而知的。

　　由此看来，这三种课程内容取向，都有合理的因素，但也都有明显的缺陷。坚持一个方面而牺牲其他方面，使它们相互对立起来，或用形而上学的方式静止地看待它们，都不足取。我们考虑的是如何辩证地处理好这几方面的关系。我们这里采用的"课程内容"一词，兼顾到学科体系、学习活动和学习经验这几方面的因素。

第二节　课程内容选择的准则

　　学校历来被看作是传授知识的场所，但这一观点现在受到了科技革命的挑战。现在，人类社会累积起来的知识和经验浩如烟海，仅现有的学科门类就有数千门之多。近年来，"知识爆炸"已不是什么新名词了。据美国未来学家托夫勒（A. Toffler）预测，就知识增长的速度来讲，今天出生的小孩长到大学毕业时，世界上的知识总量将增加 4 倍。当这个小孩 50 岁时，知识总量将是他出生时的 50 倍。而且，全世界 97% 的知识都是在他出生以后才研究出来的。（Toffler，1970）[157-158] 据一位德国科学家估计：今天一个科学家，即使夜以继日地工作，也只能阅览他自己这个专业世界上5%的出版物。而学生所要掌握的学科门类以及各门学科的内容都是极其有限的，所以课程内容必须经过严格的、精心的选择。

　　泰勒曾多次系统论述过选择课程内容（他用的是"学习经验"一词）的原则。在他看来，在美国的一些课程改革中，通常都是由学科专家来确定目标，他们很少关注学生的兴趣和需要。而他认为学生应该是学习的积极参与者，而不是被动的接受者。根据这一观点，他提出了选择学习经验的十条原则：

　　（1）学生必须具有使他有机会实践目标所蕴含的那种行为的经验；

　　（2）学习经验必须使学生由实践目标所蕴含的那种行为而获得满足感；

　　（3）使学生具有积极投入的动机；

　　（4）使学生看到自己以往反应方式的不当之处，以便激励他去尝试新的反应方式；

　　（5）学生在尝试学习新的行为时，应该得到某种指导；

　　（6）学生应该有足够的和适当的材料以从事这种活动；

　　（7）学生应该有时间学习和实践这种行为，直到其成为他全部技能的一部分为止；

　　（8）学生应该有机会循序渐进地从事大量实践活动，而不只是简单重复；

　　（9）要为每个学生制定超出他原有水平但又能达到的标准；

　　（10）使学生在没有教师的情况下也能继续学习，即要让学生掌握判断自己成绩的手段，从而能够知道自己做得如何。（泰勒，1994）[107—114]

　　泰勒关注学生方面的因素无疑是有积极意义的，但由于他把课程内容等同于学习经验，即着重从教学有效性这个角度来思考"学习经验的选择准则"，这就超出了我们所指的课程内容的范围，而把我们通常所说的教学也包括进来了。也许这是他把自己的专著称为《课程与教学的基本原理》的原因之一。

　　我们认为，在选择课程内容时固然要考虑到学生和教学方面的因素，但其他因素，尤其是学科知识价值和知识与能力的关系也不容忽视。一般说来，选择课程内容时要注意以下几项基本准则。

一、注意课程内容的基础性

　　中小学教育的基本任务是使学生有效地掌握人类文化遗产中的精华，并充分发展学生的各方面能力，以适应未来社会发展的需要。因此，所选择的课程内容应该包括使学生成为社会中一名合格公民所必备的基础知识和基本技能，同时也要包括学生以后继续学习所必需的技能和能力。因为当代社会信息量日益激增，要指望学生吸收社会所需要的全部信息已不再可能。我们必须使学生具备丰富自身知识的能力，以及在复杂的社会里明辨方向的应变能力。然而掌握一些学科的基础知识和基本技能的过程是培养这些能力的基本途径。所以，在选择课程内容时要注意到学科知识的广度与深度之间的平衡。

强调课程内容的基础性，并不是不让学生接触一些科学技术的前沿。在条件许可的情况下，让学生了解一些新开发的学科前沿领域是可以的，但学习的重点还是要放在让学生较牢固地掌握各门学科的基础上。因为只有基础扎实、适应力强，才能满足动态社会对人才的需求。

这里需要指出的是，有些人对基础的理解过于狭隘，过于强调个人的经验，以为"以前对我老师有用的，后来对我有用的知识，就是现在对学生有用的知识"。当然，经得起时间检验可以作为选择课程内容的标准之一，如果一些知识一直被用来作为课程内容，说明它们可能有一定的价值。然而，也有一些长期作为课程内容的东西，并不是有意选择的结果，而是盲从的产物。到底是经验的结晶还是盲从的结果，这是需要我们加以认真分析的。

二、课程内容应贴近社会生活

教育内容脱离社会实际，历来是教育改革家抨击的焦点，世界各国均是如此。诚然，学校课程内容以各门学科的基础知识和基本技能为主，每门学科都有其自身的逻辑结构，确实很难与社会实际问题一一对应起来。事实证明，那种以社会问题为中心的课程，不利于学生掌握系统的科学文化知识。但是，与此同时，我们也应该看到，学生是社会中的一员，尤其是中学生，毕业以后大多数要直接进入社会就业。所以，课程内容应该考虑到让学生了解社会、接触社会，掌握一些解决社会问题的基本技能。即使在选择学术性学科的内容时，也应该尽可能地联系社会需要，以便学生所掌握的知识技能可以较好地发挥社会效用。

20 世纪初，一些教育家就注意到选择课程内容要根据社会生活的需要，但他们走了极端，即只是根据报刊、常用书籍以及书信来选择常用词汇，甚至以此来选择历史、地理课的内容，这种做法不利于学生掌握学科的基础知识和基本技能，因而很快就被遗弃了。

当我们考虑课程内容与社会实践之间的相互关联时，不仅要注意与现实社会的联系，而且还要注意与未来社会的联系。综观当今世界，用"变化迅速"来概括不会过分。尽管谁也无法断定未来几十年社会会发展到什么地步，但是学校课程应该帮助学生更好地觉察未来的各种选择及其后果，使学生意识到未来确实是由我们自己的抉择造成的。所以，课程内容要有利于促进社会的发展，使学生不仅能适应社会，而且能肩负起改造和建设社会的重担。

这里需要指出的是，有些人把"学了就能在社会上派用场"作为衡量中小学课程内容与社会需要相结合的尺度。这实际上是一种很浮浅的功利主义倾向。中小学教育不能完全以就业为定向，否则将会步入死胡同。科学与技术的发展，使得职业的流动是经常发生的事情。新的职业不断涌现，使得我们还不能详细说明学生将来要从事哪些职业，需要掌握哪些知识、技能。所以，"社会需要什么，课程就要包括什么内容"，实际上是一种"社会中心课程"的翻版。历史已经表明，它是非常短命的。其实，职业的提供与劳动市场有关，不是学校课程所能左右的。而劳动市场很少能提供未来十几年需要什么职业技术的信息。

三、课程内容要与学生和学校教育的特点相适应

课程内容是为特定教育阶段的学生而选择的。我们必须认识到，选择出来的课程内容，最终是为学生学习用的。课程内容若不能被学生同化，成为他们自身的一部分，就永远是一种外在物，对学生将来的行为、态度、个性等不会有什么影响。如果选择课程内容时能够注意到学生的兴趣、需要和能力，并尽可能与之相适应，这不仅有助于学生更好地掌握科学文化知识，而且还有助于他们对学校学习形成良好的态度。换言之，不仅使他们"好学"，而且使他们"乐学"，从而达到提高教育质量之目的。实践已经证明，任何偏离学生已有水平的课程内容，不论是偏难还是偏易，都不

会取得好效果。关于学科基础与学生心理之间的关系，我们将在下一节里论述。

此外，中小学教育是基础阶段教育，要为学生将来的发展打下良好的基础，所以我们一定要考虑到他们德、智、体诸方面的发展，为他们提供一种比较全面、完整的教育。这要求课程工作者在选择内容时，要考察这些内容在全面实现教育目的方面的种种潜能。事实上，目标与内容并不是一一对应的关系。一种内容可以同时实现多种目标，同理，为实现某一个目标可能需要多种内容。这需要我们在选择课程内容时综合地考虑各方面的关系。

第三节　课程内容组织的原则

为了使学生的各种学习有效地联系在一起，使学习产生累积的效应，还需要对选择出来的课程内容加以有效的组织，使其起到相互强化的作用。课程内容的组织涉及两个方面：组织的原则（这是本节要论述的），组织的方式（这是第四节要论述的）。

如何组织课程内容？泰勒提出的三个基本准则在 20 世纪四五十年代曾有过相当大的影响，至今仍常被一些课程专著所引述。它们是连续性（continuity）、顺序性（sequence）和整合性（integration）。连续性是指直线式地陈述主要的课程要素；顺序性强调每一后继内容要以前面的内容为基础，同时又要对有关内容加以深入、广泛的展开；整合性是指各种课程内容之间横向联系，以便学生获得一种统一的观点，并把自己的行为与所学的课程内容统一起来。（泰勒，1994）[24]

尽管泰勒的这三个基本准则至今仍具指导意义，但在课程编制的实际工作中还会遇到许多具体问题，这就需要我们对课程内容组织的问题做较深入的思考。下面几对关系是我们在组织课程内容时经常会碰到的。

一、纵向组织与横向组织

　　课程内容的组织，是历代教育家们所关心的事情。在教育史上，最有影响的是纵向组织的原则。所谓纵向组织，或称序列组织，就是按照某些准则以先后顺序排列课程内容。《学记》中"不陵节而施""先其易者，后其节目"，就是强调按顺序组织课程内容。夸美纽斯也告诫教师要按由简至繁的顺序安排内容。一般说来，按照从已知到未知、从具体到抽象的顺序来排列学习内容，是历史上教育家们的一贯主张。

　　近年来，一些教育心理学家从心理学的角度提出了新的序列组织的原则。例如，加涅（R. M. Gagne）认为，人类学习的复杂性程度是不一样的，是由简单到复杂依次推进的。他把人类学习归为八类，按复杂性程度，提出了累积学习的模式，一般称为层次结构理论。他的基本论点是：学习任何一种新的知识技能，都是以已经习得的、从属于它的知识技能为基础的。例如，学生学习较复杂、抽象的知识，是以较简单、具体知识的学习为基础的。学生心理发展的过程，除了基本的生长因素之外，主要是各类能力的获得过程和累积过程。加涅描述了八种学习：信号学习、刺激–反应学习、动作链索学习、言语联想学习、辨别学习、概念学习、规则学习、问题解决或高级规则学习。其中，前四类学习是基础性的，有相当一部分是人在学龄前就已习得的。因此，课程内容的组织要考虑到：先让学生进行辨别，然后学习概念，在此基础上掌握规则或原理，最后把原理或规则用于问题解决（施良方，1994b）[321-327]。布卢姆等人的教育目标分类学，也是强调学习内容由简单到复杂按顺序排列的典型。

　　一些发展心理学家则是从人成长过程的角度，对课程内容组织的序列提出了要求。在发展论者看来，学生生理的、社会的、理智的以及情感的发展，都是按一定顺序由内部加以调节的。因此，课程内容的组织必须顾及学生发展的阶段。例如，柯尔伯格（L. Kohlberg）提出了一种在道德判断领域里学习内容的组织方式（柯尔伯格 等，1989）。在他看来，道德认识的发展要依次经过一系列阶段。如果学生在达到成熟的最低阈限后，学习某些事情就会容易些。这实际上是与皮亚杰心理发展阶段理论相一致的，皮亚杰强调课程内容与学生思维发展阶段相匹配，而思维是按顺序依次发展的。

20 世纪 70 年代以后，一些教育家开始强调课程内容的横向组织原则，即要求打破学科的界限和传统的知识体系，以便让学生有机会更好地探索社会和个人最关心的问题。这是与 20 世纪 60 年代以后自然科学与社会科学汇流，社会科学内部各学科日趋综合的趋势相顺应的。在这些教育家看来，如果要使学生所学的内容对他们的生长具有重要意义，就必须摆脱传统学科的形式和结构。所以他们主张用一些所谓的"大观念""广义概念""探究方法"作为课程内容组织的要素，使课程内容与学生校外经验有效地联系起来。实际上，他们强调的是知识的广度而不是深度，关心的是知识的应用而不是知识的形式。

然而，这种横向组织也导致了一些实际问题：（1）任课教师要精通或熟悉各门学科的内容，而目前的教师队伍尚不具备这一条件；（2）学校课程表难以安排，学校现有的物资设施也跟不上；（3）学生难以应付目前通行的考试方式。因为只要考试制度还存在，就会对学生的学习起制约作用。

二、逻辑顺序与心理顺序

课程内容是按逻辑顺序组织还是按心理顺序组织，或许是教育史上争论最激烈的课程问题，也是所谓的"传统教育"与"新教育"的最大分歧所在。所谓逻辑顺序，就是指根据学科本身的系统和内在的联系来组织课程内容；所谓心理顺序，就是指按照学生心理发展的特点来组织课程内容。

在课程史上，"传统教育"主张根据学科的逻辑顺序来组织课程内容，也就是说，把课程内容组织的重点放在逻辑的分段顺序上，强调依据学科固有的逻辑顺序排列课程内容，至于这种逻辑对学生有什么意义则不属于考虑范围。"新教育"则强调要根据学生身心发展的特征，以及他们的兴趣、需要、经验背景等来组织课程内容。学生是课程的中心，是目的。对于学生的生长和发展来说，一切学科的逻辑都处于从属地位。

现在几乎没有人会固执一端，越来越多的人倾向于追求学科的逻辑顺序与学生的心理顺序的统一。因为，一方面，课程内容应该考虑到学科本身的体系。学科体系是客观事物的发展过程和内在联系的反映。通过学习科学的体系，学生可以了解自然界和人类社会的发展过程。况且，每门学科各部分内容之间都有其内在的逻辑关系，某一部分内容总是既以另一部分内容为基础，同时又作为其他部分内容之基础。一门学科本身就是一个概念体系。另一方面，课程内容是为学生安排的，如果不符合学生认识的特点，学生就难以接受，那么再科学的内容也是无效的。这里需要指出的是，心理顺序是指学生的心理顺序而不是成人的心理顺序。因为成人已习惯于接受按逻辑顺序组织的事实，以致往往看不到一门学科已对众多事实进行了许多分析和重新组合。这也许是对心理顺序和逻辑顺序理解上出现分歧的最主要的原因之一。

当然，这只是一种理论上的阐述，在课程实践中还会遇到许多具体的问题。首先，不同的人对某门学科（如数学）的逻辑顺序会有不同的看法。一般人可能认为应该先学算术，然后再学代数、几何、三角等。算术应该先学加法、减法，后学乘法、除法。但也有人持不同观点，例如，布鲁纳就认为，任何学科知识都可以用某种形式教给任何年龄阶段的任何人。换句话说，小学一年级就可以教代数，问题是要找到数学这门学科的基本结构。其次，现在还不能说学生心理发展规律已经被完全揭示出来了。虽说众多心理学家和教育学家对此做了不懈的努力，但我们还不能从千差万别的个体中抽象出一个通用的模型，更谈不上按这个模型来组织课程内容了。所以，在课程实践工作中，还会有许多具体问题有待深入研究。

顺便指出，一些人常常把杜威作为主张心理顺序的代表人物，其实并不然。杜威在《儿童与课程》一书中对照逻辑顺序或心理顺序组织课程内容的主张都持批评态度。杜威历来反对那种"非此即彼"的思维方式。他主张一切从经验出发，并详细阐明经验的"连续性"和"相互作用"的原则。他关注的是学生在生长过程中与环境不断地交互作用。但话又说回来，杜威在论述保持逻辑顺序与心理顺序统一的过程中，倾向于心理顺序这一端，这也是很明显的。

三、直线式与螺旋式

在课程史上，关于课程内容的组织，形成了直线式与螺旋式两种形式。直线式就是把一门课程的内容组织成一条在逻辑上前后联系的直线，前后内容基本上不重复。螺旋式（或称圆周式）则要在不同阶段上使课程内容重复出现，但逐渐扩大范围和加深程度。

直线式和螺旋式这两种在课程史上形成的课程内容的组织形式，在现代教学与课程理论中仍然还在以不同的方式出现。例如，苏联教学论专家赞科夫主张，教师教学时，只要学生懂了就可以往下讲，不要原地踏步。因为过多地重复同一内容，会使学生感到厌倦。如果不断呈现新内容，学生会觉得总在学习新东西，这能使学生保持学习的兴趣。所以，他对复习和巩固是持保留态度的。他认为，学生即便现在巩固了，如果以后几年不用，还是要忘记的。而美国学者布鲁纳则明确主张采用螺旋式课程。他认为，课程内容的核心是学科的基本结构，学生应该从小就开始学习各门学科最基本的原理，以后随着学年的递升而螺旋式地反复，逐渐提高。换句话说，课程要向学生呈现学科的基本概念和基本原理，以后不断在更高层次上重复它们，直到学生全面掌握该门学科为止。美国学者凯勒（C. Keller）在 20 世纪 60 年代构建了一种所谓"逐步深入的课程"，即一门学科在中小学 12 年期间学习两三遍，但学生每次都进一步深入地学习课程的不同部分（江山野，1991）[54-55]。

就一般而言，直线式与螺旋式都有其利弊。直线式可以避免不必要的重复；螺旋式则容易照顾到学生认识的特点，加深学生对学科的理解。而两者的长处也正是对方的短处。其实，直线式课程和螺旋式课程对学生思维方式有不同的要求，前者要求逻辑思维，后者要求直觉思维。逻辑思维是按直线一步一步地思考问题，注重构成整体的部分和细节，它只接受确切的和清楚的内容。直觉思维要求在理解细节之前先掌握实质，它考虑到整个形式，是以隐喻方式运行的，它能做出具有创造性的跳跃。两者都有其特点。但现在的问题是，学校几乎只重视逻辑思维的方式（施良方，1994b）[404]，这就值得我们注意了。

在组织课程内容时，除了要考虑上述几对关系之外，还有诸如重点与一般的关系、各科之间的关系等问题需要考虑。这里就不一一展开了。

第四节　课程的类型与结构

前面一节主要探讨课程内容组织的基本原理，这一节要探讨的是课程内容的实际组织方式，主要涉及课程的类型与结构这两个方面。

一、课程的类型

课程类型是指课程的组织方式或设计的课程种类。由于课程工作者的课程观不同，学校的具体情况各不相同，因而所设计的课程类型也会有所不同。目前，课程类型名目繁多，有的名同质异，有的名异而实同。而且，对课程分类的方式也大不一样。这里，我们根据两种主要的分类方式，介绍一些主要的课程类型。

1. 根据课程的组织方式分类

泰勒根据课程的组织结构，把学校课程分为四大类：（1）学科课程（如地理、历史和代数等）；（2）广域课程（如社会学科、自然科学和语言艺术等）；（3）核心课程（与学科课程或广域课程结合起来使用，满足普通教育的需要）；（4）完全未分化的结构（即把整个教学计划作为一个单元来处理）。（泰勒，1994）[78-81]

我国台湾地区学者林本在总结他人分类的基础上，将现代学校课程分为六类。（1）科目本位课程：各教学科目分化孤立。（2）相关课程：注重加强各教学科目之间的联系。(3)融合课程，或称合科课程，它更注重加强各教学科目之间的联系，把部分科目统合兼并于范围较广的新科目，选择对学生富有意义的论题或概括的问题进行学习。(4)广域课程：与融合课程采用相同的方式，取消多数教学科目，代之以少数的广域课程，使之彼此联系。(5)核心课程：在广域课程之基础上，为使教育内容充分保持统一性，把价值上最为重要的广域课程作为核心课程，其他广域课程则为周边课程，并与核心课程相联系。(6)经验本位课程：比广域课程及核心课程更进一步，特别重视学生的直接经验，由学生自由地选择并组织知识与经验，以解决生活中的问题。这六种课程类型如图 5-1 所示（杨亮功，1970）[134–135]：

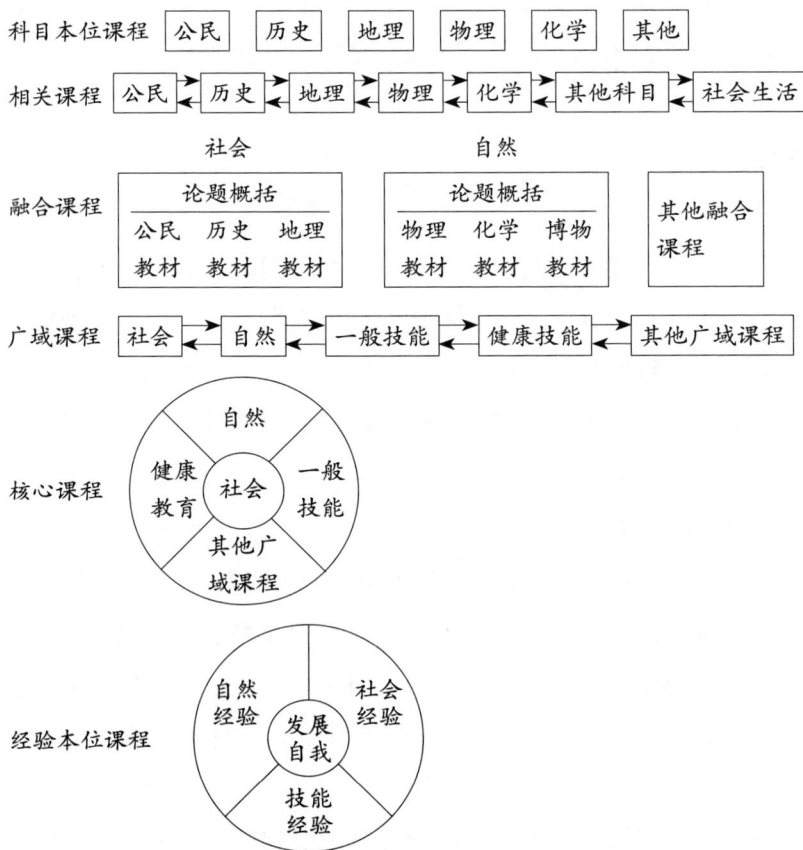

图 5-1　现代学校课程

2. 以课程哲学观为基础来分类

根据课程组织结构来分类，会遇到一个难解的问题，即容易造成术语上的混乱。例如，"核心课程"通常是指要求所有学生必修的基础课程。各种类型的课程都可以有其核心课程，诸如科目本位课程、相关课程、融合课程、广域课程等都可以有其核心课程。事实上，如果根据哲学观来分类，几乎所有课程都可以被归入以下三类：学生中心课程、社会中心课程、学科中心课程。

学生中心课程强调学生的需要、兴趣和目的。这种课程有两个基本特征：（1）课程围绕的中心是学生而不是学科体系；（2）课程内容不是既定不变的，而是随着学校教育中学生的变化而变化的。提倡这种课程的人认为，人们只学习他们自己所经历的事情。学生学得最好的是那些有助于满足他们兴趣与需要的东西，是那些与解决他们实际问题有关的东西。因此，课程设计的首要任务是发现学生的兴趣和需要，与学生一起设计学习的情境，从事学习活动，评价学习结果。

社会中心课程强调对社会的改造或适应。社会改造主义的课程把重点放在当代社会中人们高度关注的、有争议的社会问题上。这种课程致力于建立一种新的社会文化甚至是一种新的社会秩序。所以，学校不仅应该帮助学生在社会方面得到发展，而且应该帮助学生学会怎样参与制定社会规划。这种能力主要是通过学生亲身参与社区活动而得到发展的。社会适应的课程则不寻求对社会基本结构进行根本变革，而是给予学生应付社会所需要的、明确限定的信息或指示。具有社会适应倾向的课程编制者会全力察看社会，以发现学生在现实世界中需要什么，目的是让学生适应现存社会。

学科中心课程强调要根据知识内在的性质和逻辑结构来组织学校课程。它注重公认的科学概念、基本事实、基本原理和科学体系。其基本论点是：（1）学科是传递社会文化遗产的最系统、最经济有效的形式；（2）学科以合理的方式向学生提供有关的课程要素及其关系，而不是孤立的事实和概念。在传统上，学科课程一般采取分科课程的方式，但现在也有不少学校采用合科性质的广域课程，或带有综合性质的学科课程（施良方，1996）[151-152]。

除了上述两种课程分类之外，我们还可以根据课程的表现形式，把课程分为显性课程与隐性课程，或分为正式课程与非正式课程，等等。同样，我们也可以根据课程内容的性质，把课程分为工具类、知识类和技艺类课程；或根据课程设置的要求，把课程分为必修课和选修课；如此等等。

由此可见，对课程我们可以有多种分类方法。各种分类有助于我们进一步了解课程的性质。需要指出的是，人们在对课程进行分类时，通常都取一些比较极端的、典型的课程类型作为例子，例如把学生中心课程与社会中心课程、学科中心课程与活动中心课程作为比较的对象。然而，在当今学校课程中，很难找到如此极端的课程。大多数学校采取了某种折中的方式，只不过在侧重点或倾斜度上有些不同罢了。目前，我国学校基本上都采用学科的方式，同时也顾及各科之间的关系（即相关课程）。有些地方在初中阶段开设的社会常识，就是一种综合课程或广域课程。现在有的地方已把活动课程列入中小学课程计划。此外，有些教师在课程实施时较多地注意学生的特点，有些则更多关注学科的知识体系，如此等等。所以，严格地说来，实施单一类型课程的学校几乎是不存在的。对于学校和教师来说，应该关注如何根据实际情况对课程类型予以最佳组合。

二、课程的结构

课程结构指课程各部分的组织和配合，即探讨课程各组成部分如何有机地联系在一起。目前，我国教育界对学校课程结构探讨最多的是以下两个问题：（1）工具类、知识类、技艺类课程的比例多少为宜？（2）必修课、选修课、活动课、社会实践活动之间如何协调？下面我们就对此做些分析。

1. 工具类、知识类、技艺类课程之间的关系

我国学校目前所开设的课程，大致上是由工具类课程、知识类课程和技艺类课程组成的。

工具类课程主要指语文、数学和外语。这三门学科不仅是学习其他学科知识的基础，而且其自身也有发展心智的价值，因而历来受到人们的重视。在现代社会，由于信息交流和国际交往的加强，外语日益成为学生必备的知识技能之一。同时，随着我国改革开放政策的进一步落实，外语所占比重还会呈上升趋势。就一般而言，工具类课程在学校课程中的比例约为50%。

知识类课程主要指社会学科与自然学科两大类。这是从人类社会文化遗产中精选出来的知识体系，无论对社会的延续还是对个人的发展都是至关重要的。这类课程包括历史、地理、政治、公民、物理、化学、生物等。一般说来，有条件的学校，可以考虑适当设置综合性的社会学科或自然学科，如将初中历史、地理、公民等合成一门社会科学基础，将物理、化学、生物等合成一门自然科学基础。这样可能有利于知识的相互贯通。在目前情况下，考虑到高考制度的影响，普通高中仍以分科课程为宜。但我们应该意识到，打破学科界限，以跨学科或多学科的方式改进课程，是近年来世界各国课程改革的趋势。

技艺类课程主要指体育类、艺术类与技能类课程。这些课程主要在中学阶段开设，着重于体育保健、艺术修养，以及生活、劳动方面的基本技能的培养。在初中阶段，体育、艺术类课程主要包括体育、音乐、美术等；技能类学科主要包括劳动技术、职业导向、计算机科学等。在高中阶段，学校既可开设技艺类的必修课，也可根据自身条件开设选修课，如器乐、缝纫、家电使用与保养等。

技艺类课程对学生的身心发展具有重要的作用，它更多的是与学生的身体素质和审美素质的培养、兴趣特长的发挥，以及毕业后所需基本劳动技能的养成联系在一起的。这方面的素养是现代人应必备的基本品质。长期以来，技艺类课程在学校里没有得到应有的重视。现在到了改变这种情况的时候了。至于技艺类课程的课时状况，可以参考国家教委九年制义务教育教学计划与上海市九年制义务教育课程改革试行方案（草案）中的相关要求（见图5-2）（上海中小学课程教材改革委员会办公室，1990）[29]。

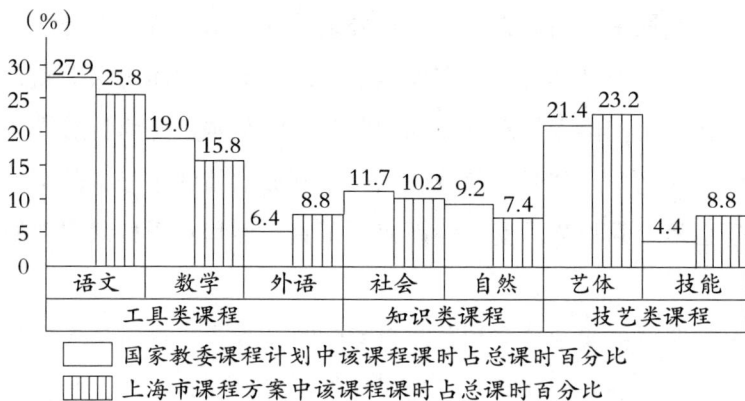

图 5-2　国家教委与上海市计划（方案）中各类课程课时占比

2. 必修课、选修课、活动课与社会活动之间的关系

中小学课程结构基本上是由必修课、选修课、活动课和社会活动四个板块组成的。如何使它们相互配合、协调一致，共同来完成学校课程的任务，是一个很重要的问题。

必修课是指所有学生都必须修习的课程。为了保证学校教育的质量，必须设置一定数量的必修课。目前世界各国的学校还没有不规定必修课的。问题是必修课应该在全部课程中占多大比重，各国对此的处理大不一样。

美国有不少州规定，学生选修课比重可达 50%，甚至 50% 以上。这样，必修课只占一半或不到一半。有人认为这是学生学业质量降低的重要原因之一，因此建议加大必修课的比例。而日本高中从 1982 年起开始减少必修课的学分，增加选修课学分，同美国的做法正好相反。这两种做法都是从两国的实际情况出发的。美国由于选修课太多，不能保证普通教育的共同基础，因而加强必修课；而日本由于要培养学生的创造力，适应学生的不同爱好和特长，所以减少必修课学分（叶立群，1987）。

我国学校长期以来一直重单一的必修课类型，造成培养出来的学生规格单一，缺少个性特长。改革单一的必修课制度（尤其是高中阶段）是当前教育改革的一个重要方面。必修课所占的比例，原则上要保证学生掌握普通教育的共同基础。

选修课是指那些为了适应学生兴趣爱好和劳动就业的需要而开设的、可供学生在一定程度上自由选择修习的课程。一般说来，选修课的内容既可以是知识方面的，也可以是技艺方面的，或是职业技术方面的。选修的方式可以分为两种：一种是指定选修课，即把相关选修课分成几组，规定学生必须选修其中一组或在各组中选修一两门；另一种是任意选修课（或称自由性选修课），即让学生自由选择，甚至允许学生跨年级选修。

以前，我国中小学很少开设选修课。为了更好地适应社会发展的趋势、适应学生的兴趣爱好，同时也为了让学生将来顺利地适应就业，开设选修课已经势在必行（尤其是在中学高年级阶段）。有条件的学校，在初中也可以适量开设一些选修课。随着年级递增，逐渐增加选修课的比例。但选修课的比重得控制在一定范围之内，以防止出现美国国家教育优异委员会在《国家在危急中：教育改革势在必行》的报告中所讲的现象：美国"有的是自助餐式的课程"，而学生往往"容易误把开胃菜和甜点当作主菜"。这就背离了开设选修课的本来意图了（国家教育优异委员会，1990）[601]。

活动课主要是指兴趣小组活动、班团活动、课外辅导等。现在有的地方已把它列入正式课程计划，目的是加强课外活动的组织和安排，使其有可靠的保证。事实上，国外也有人把课外活动称为"第三课程"（第一课程、第二课程是指必修课和选修课）。活动课是学生在教师引导下获得知识和技能的途径之一，也是促进学生心理发展的途径之一。它对于调动学生的积极性、主动性，培养学生解决实际问题的能力和创造性精神，培养学生的兴趣特长，丰富学生的精神生活，形成学生的思想品德，促进学生的个性发展，等等，起着重要的作用，因而越来越受到人们的重视。关于课外活动与课堂教学的关系，我们将在别处论述。

社会活动是为了让学生更好地了解国情、了解社会，同时为了培养学生活动能力而安排的走出校门的社会实践活动。在有些地方，社会活动已被正式列入课程计划，成为学校课程结构的一个必要组成部分。

学校课程主要是由这四个方面构成的。就一般而言，在内容和时间安排上，应该以必修课为主，侧重于打下普通教育的共同基础。同时又要顾全社会需求和学生特点，开设一定比例的选修课，并把活动课和社会活动也纳入课程计划。这样有利于系统地思考问题，而不是应付敷衍，因为这些对学生的全面发展来说，不是可有可无的东西。

第六章　课程实施

　　课程实施是指把课程计划付诸实践的过程，它是达到预期的课程目标的基本途径。一般说来，课程设计得越好，实施起来就越容易，效果也就越好。但是，课程设计得再好，如果在实践中得不到实施，那也就没有什么意义了。尽管有经验的课程工作者都意识到，课程实施是整个课程编制过程中一个实质性的阶段，但一直到 20 世纪 70 年代以后，课程实施才成为大家所关注的焦点。主要原因是 20 世纪五六十年代花了巨额资金设计出来的课程，大多被束之高阁，没有得到实施。目前，课程实施作为整个课程编制过程中一个基本阶段的重要性，正在为大家所认识。

　　本章首先探讨课程实施的界定与三种不同取向，然后论述课程实施的两种基本方式，即变革与教学（采取何种实施方式，与政治体制和教育制度有关），最后分析影响课程实施的因素。

第一节　课程实施的定义与取向

　　课程实施是指把新的课程计划付诸实践的过程。课程实施研究所关注的焦点是课程计划在实际中所发生的情况，以及影响课程实施的种种因素。

　　由于课程实施近 30 年来才成为人们广泛注意的课题，人们对它的理解和解释有很大的差异，所以在谈论课程实施的取向之前，我们先对课程实施的定义做些探讨。

一、课程实施的界定

　　课程实施是人们常用的一个术语，但很少有人界定它的内涵和外延。例如，许多研究者把"课程实施"与"课程采用"（curriculum adoption）作为同义词使用。其实，这两者并不完全是一回事。二三十年前，西方国家的许多教育家以为，课程一旦被采用，便大功告成了，结果发现事实并非如此。因为课程采用可以有多种方式：有的可能严格按照课程计划执行；有的可能表面上采用，实际上自行其是；有的甚至可能完全不予理会。例如，美国在 20 世纪 60 年代编制了大量的新课程，以期解决教育中的一些问题，尽管当时这些课程在教育界被普遍看好，但结果发现，大多数课程并没有被采用，或者在采用时完全走样了。所以，60 年代以后，课程领域逐渐达成了一个共识，即认为涉及学校课程的教育改革过程通常包括三个阶段：第一阶段是做出使用课程计划的决定，亦称为"发起"或"动员"（initiation）阶段；第二阶段是实施或最初使用（use）阶段；第三阶段是常规化或制度化（institutionalization）阶段。由此看来，课程采用是指做出使用一种课程计划决定的过程，是教育改革过程中的第一个阶段；而课程实施是把课程计划付诸实践的过程，是教育改革过程中的第二个阶段。（Lewy，1991）[376-377] 当然，这种界定也还是一家之说，并未被普遍接受。

　　在我国，课程实施的问题很少有人论及。从现有的几本课程论方面的专著来看，几乎都把课程实施视为理所当然的事情。除了陈侠同志的《课程论》一书论及了影响课程实施的两大因素（人与物），其他要么不提及课程实施，要么不做任何解释地直接沿用这个术语。也许，在一些人看来，课程实施是整个课程运作过程中一个相对容易的阶段。诚然，我国与西方资本主义国家有着制度上的差别，课程实施所遇到的矛盾相对来说要少些。但如果以为课程实施在我国不成什么问题的话，那就大错特错了。就以我国目前课程计划的执行情况来看，国家教育委员会基础教育司的一位主要官员最近撰文指出："目前不少学校没有严肃认真地执行国家教委发布的各项减轻学生过重负担和加强教育教学管理的规章、制度，没有严格执行课程（教学）计划和教学大纲。有的学校甚至相当严重：任意增减课时，对所教授的内容不恰当地拓宽、加深、拔高；利用节假日给学生补课，频繁地举行统考、统练等等。"（马立，1994）由此可见，课程实施在我国也是一个相当现实的问题。

就一般而言，课程实施是指把新的课程计划付诸实践的过程。而新的课程计划通常蕴含着对原有课程的一种变革，课程实施就力图在实践中实现这种变革，或者说，将变革引入实践。这就要求课程实施者做出一系列的调整，包括对个人习惯、行为方式、课程重点、学习空间、课程安排等进行一系列的重新组织。这一过程涉及许多实际问题，需要时间和精力，不是通过几次会议传达就能解决的。所以，有人认为，课程实施过程实质上就是要缩小现有的实际做法与课程设计者所提出的做法之间的差距。如果让课程实施者（主要是指教师和校长）清楚了解新的课程计划的意图和课程目标，参与课程设计的部分工作，共同讨论达到课程目标的各种手段，课程实施起来遇到的阻力就会小些。

在课程实施过程中教师扮演着一个很重要的角色。从某种意义上说，课程计划最终都是通过教师的教案而得到实施的。所以，有人认为，课程实施的前提是教师把所要采用的课程作为研究教学策略的出发点。几乎所有研究都表明，教师在一定程度上参与课程规划和设计工作，不仅会影响课程设计的结果，而且也会影响课程实施的进程。然而，绝大多数国家的教师一般不参与课程规划和设计工作，因为在一些人看来：中小学教师的视野和能力有限，不能担当此任，唯有学科专家才有资格；中小学教师一般没有时间和精力来参与课程设计工作。其实这些理由并不充分。

多年来，我国的课程和教材基本上处于全国一统的局面。课程规划、设计和评价，是教育行政部门和学科专家的职责范围，而课程实施则是学校和教师的事情。尽管有关部门对新课程和新教材做了大量的宣传普及工作，但决策者与实施者在认识上总存在着差距。近年来，我国各省份在进行课程改革时，不但比较注意听取广大教师的意见，而且尽可能地为教师参与课程设计提供机会，这是一种很好的尝试。

研究课程实施问题的重要性，表现在以下几个方面：第一，除非我们直接分析和了解课程实施过程，否则就不知道实际发生的情况。目前流行的做法是宣传新课程计划的好处，然后评定其结果，好像在这个过程中没有发生过任何事情似的，实施过程成了一个"暗箱"，这就不能保证所获得的材料的客观性。第二，研究课程实施过程有助于我们了解为什么有的课程计划会成功，有的会失败。通过直接了解实施过程，我们可以识别引起变化的主要问题，如为什么在实施时会有那么多的困难。有些课程计划失败的原因，可能既不在于计划本身，也不在于教学的过程，而在于组织安排和制度措施上有问题。这一问题通过课程本身的改革是无法解决的。第三，不考察实施过程，就难以解释学生学习的结果。一些研究人员发现，学生成绩与课程实施的程度有关。为了了解学习结果与各种可能的决定因素之间的关系，考察课程实施过程是必需的。

二、课程实施的三种取向

如前所述，课程实施的实质就是要使原有的课程要求转向新的课程设计的要求。但在课程实施中，存在着各种不同的做法。课程专家富兰（M. Fullan）和庞弗雷特（A. Pomfret）根据北美课程改革的实际情况，概括出三种课程实施的取向：（1）得过且过（muddling through）取向；（2）适应或改编（adaption）取向；（3）忠实或精确（fidelity）取向（Fullan et al., 1977）。这也许在一定程度上反映了实际的情况。下面我们就做些介绍。

第一种是得过且过取向，这是一种最为保守的做法。它是建立在对课程计划的重要性和人们为实现预期目标而共同努力做出悲观主义的估计之基础上的。这种取向实际上是把课程实施当作一种讨价还价的过程。确切地说，持这种取向的人的行动，更多的是避开问题，而不是朝向目标。所以，他们在任何时候，在做出微小的尝试之前，就想着要评估结果；他们做出丁点努力，就想着要有可靠的保证。因此，这种课程实施的步骤是在过程中临时决定的，方向是不确定的，因而结果也是无法预计的。

第二种是适应或改编取向。这种取向的基本假设是：我们不可能也不应该事先规定精确的实施程序，而应该让不同的实施者自己来决定，因为唯有对实际情况最了解的人，才有可能做出最恰当的选择。实施者可以根据实际情况采取三种做法：课程计划与具体实施之间局部适应（即基本上按照课程计划实施，只做局部变动，以适应课程设计者的意图）、相互适应（即课程设计者和课程实施者双方都或多或少地改变一些看法，以便相互适应对方的情况），或是全面修正已设计好了的课程计划（即实施者完全根据自己的兴趣来修改课程计划，不去适应课程设计者的意图）。在这三种做法中，目前受关注较多的是相互适应的做法。

第三种是忠实或精确取向，或称程序化（programmed）取向。这种取向的基本假设是：课程实施的主要方式是"忠实地"反映课程设计者的意图，以便能达到预定的课程目标。课程设计者建立起来的一套程序、要求，尽管可以做局部变动，但基本上要得到遵循，因为这些也是对课程进行评价的依据。所以重点是要保证课程实施符合课程设计者的意图。

虽说我们在课程实践中常会看到那种持得过且过取向的人，但这是最不足取的做法。因为这种做法对学生最为不利，是违背教育工作者的基本道德准则的。后两种取向各有特点。在课程目标相当明确而又具体、实施计划比较完善、外部干扰因素影响较少，以及教师科研水平不是很高的情况下，采取忠实或精确取向可能会有效些。而在课程目标不那么具体明确、实施步骤没有明确规定、外部因素变化较大、教师具有较强科研能力和较高素质的情况下，适应或改编的取向也许更容易为人们所接受。至于具体采取何种取向，那就要视实施者对各种因素的判断而定了。

我国多年来一直采用全国统一的课程计划和统编教材，教育工作者往往习惯于思考如何尽可能忠实地反映课程设计者的意图，并根据教材要求组织课堂教学。可能这也是多年来我国重教学理论、轻课程理论的原因之一。但如果以为我国中小学都是采取忠实或精确取向的，那也不是事实。其实，每个教师对所教课程的理解以及对教材的领会都会有一定的差异，而且他们会根据自己的教学经验和学生的具体情况，对课程内容做不同的"改编"——只要我们去现场观察几位教师教同样内容的课，就可以清楚地看到这一点。况且，现在全国各地都在进行课程与教材的改革，教师的参与意识和科研能力日益增强，可以预料，教师参与课程设计的课程改革将会成为一种趋势。

事实上，严格意义上的忠实或精确取向，可能会产生负面影响。这方面是有经验与教训可借鉴的。例如，在美国 20 世纪 60 年代课程改革运动中，编制出来的新课程都是"提防教师的"（teacher-proof）。也就是说，课程材料具体规定了教师必须知道、讲解和要做的每一件事情，以及学生需要做出的各种反应。教师几乎没有任何改动的余地。因此，教师的技能丧失了。教师所做的，不过是执行他人的目的和计划，从事他人提出的活动。构想与执行的分离，使得教师经过多年辛勤劳动而形成的技能都丢失了。而事实上，没有什么比失去对工作的支配感更容易引起异化和失落的了（阿普尔，1993）。所以，课程过于标准化和系统化，使教学过于依赖事先设计好了的材料，可能会带来一些预想不到的负面影响。

就目前课程理论文献来看，对课程实施的探讨基本上可以分为两类：一类是把课程实施界定为变革，这在学校可以自己确定课程的那些国家比较流行；另一类是把课程实施界定为教学，这在学校主要是实施教育行政部门制定的课程计划的国家比较盛行。我们认为，这两种视角在一定程度上是前述两种取向（适应或改编取向与忠实或精确取向）的反映。鉴于这两种取向在基本假设、实施步骤和具体做法上都有很大的差异，很难把它们合在一起论述，所以我们在下面两节里分别予以介绍。

第二节　课程实施——变革

课程实施通常是把新的课程计划付诸实践，使现实发生预期的变化。一般说来，实施新的课程，要求实施者（主要是教师）的行为和思维方式、教学方法、内容安排，以及教学组织形式都发生一系列的变化。这些变化来自实施者新的认识。因为，唯有实施者既了解变革的必要性，又认识到变革的有效性，才会对变革有真正的需求，并付诸自己的行动。

一、对变革性质的认识

认识到变革的需要，并具有实施变革的能力，这是成功的变革的必备条件。因为实施新的课程计划，意味着课程实践要发生一系列变化，诸如目标的变化、活动方式的变化、教学手段的变化、资源的变化、评价机制的变化等。对于变化或变革方式的识别，是课程实施者的一项重要任务。

美国学者本尼斯（W. Bennis）在做了大量调查之后认为，可以把各种变革归入以下三类：（1）有计划的变革。在这种变革中，参与变革的人以一种事先规定的方式，各自拥有相应的权力，发挥相应的职能。人们可以清楚地认识并遵循特定的程序。（2）强制性的变革。这类变革的特征是，目标是由一小部分人决定的，权力主要集中在少数人手里，其他人都是服从和执行，基本上没有参与决策的可能性。（3）互动性的变革。这种变革以各部分人共同决定目标并拥有相同的权力为特征。但由于缺少共同的审议，他们往往不知道如何遵循实施计划。而且，由于没有形成有效的程序或步骤，人们或多或少有些自行其是。在本尼斯看来，第一类即有计划的变革最为理想。然而，变革过程中会遇到种种阻碍，其中最大的阻碍便是惰性，这在课程变革中表现得最为明显（Bennis, 1966）。

实施新课程或课程变革之所以会有阻力，主要原因是：

首先，中小学教师已有的知识技能赶不上学科发展的速度。知识爆炸使他们认识到有义务进行课程与教学改革，但这类改革实际上意味着他们要改变已有的习惯，做更多的工作，有时还要在已经超量的工作上再添加新的工作。

其次，一部分人之所以选择做教师，是为了寻求一个比较稳定的职业。在社会上的许多人看来，教师这个职业的特征是保持传统，而不是革新创造。正是出于这个原因，一些教师往往采用老的方法去实施新的课程，从而使这种新课程在实施过程中回到老路上。

再次，课程领域曾出现过许多"昙花一现"的所谓"变革"或"革新"，以致许多教师感到，今天采用的这种方式马上就可能被遗弃。这种过于迅速的变化，使得一些教师采取"以不变应万变"的策略。

最后，有时教师对课程变革持不关心的态度，是由于他们不了解课程变革的性质以及变革可能带来的结果。所以，在实施新课程计划之前，让教师清楚了解变革的必要性和有效性，其重要性无论如何强调也不会过分。

由此可见，课程的变革，从某种意义上说，不仅仅是变革教学内容和方法，也是变革人。

二、变革的模式

如前所述，实施新的课程计划，是对原有课程的一种变革。变革势必会得到一部分人的支持，受到一部分人的抵制。如何克服各种阻力，有效地实施新的课程计划，现有一系列模式可供参考。

1. 消除抵制模式（ORC 模式）

这个模式基于这样一种假设：有计划的课程变革的成败，取决于课程领导者是否有能力克服教师对新课程计划的抵制。

一些组织管理学者注意到这一事实：在各种社会组织中，某种行为方式一旦确立，就会对变革形成阻力。大多数人担心变革会使他们付出更多的努力或带来不利。克服这种阻力的一个策略是，课程领导者和组织者要让实施者（主要是指教师）共同参与课程决策。课程改革的领导者需要认识到，实际工作者一般会对改革持否定或怀疑态度，因为他们更习惯于现有的做法。如果让他们有机会参与审议课程改革方案，参与课程计划的制订，就会促使教师把新课程改革视为自己的事情，从而避免对新课程计划的抵制。这也是有人认为课程理论的焦点是探讨课程决策者与实施者之间关系的理由。

当然，教师的参与程度是有限的，他们不可能像专业课程工作者那样参与课程编制的全过程。而且从人数上说，也只能是一些教师代表参加。但只要课程领导者广开渠道，让教师有机会以某种方式发表自己的见解，就可以使教师感到这项课程改革不是他人强加给他们的。事实上，课程编制是一项协作性的工作，没有教师在实际教学工作中的配合，任何课程改革都不会有好的结果。

实际上，这个模式把课程实施过程分为两个阶段：发动阶段和运作阶段。换句话说，在实施一项新的课程计划之前，必须进行充分的发动和动员工作，让教师清楚地认识到这项工作的意义。

2. 领导－障碍过程模式（LOC 模式）

这个模式可以被看作是"消除抵制模式"的进一步延伸。这个模式认为，课程实施的主要问题在于教师对新课程计划的抵制，所以，一定要搜集各种材料以确定教师抵制的程度和性质。对于课程领导和组织者来说，关键在于使这些障碍变得无效。这只要通过提供下列五个条件就可以做到（Gross et al., 1971）：

（1）使所有成员都清楚地了解课程改革的方案；

（2）使每个成员都具有实施新课程计划所必备的技能；

（3）提供实施新课程所必需的材料和设备；

（4）调整学校组织方式，以便与新课程计划的要求相一致；

（5）使所有成员都有参与的动机，愿意花费必要的时间与精力，以促使新课程计划的成功。

我们也可以把这五个条件看作是课程实施过程的五个阶段。这意味着，领导者不仅要负责消除在课程实施开始时出现的抵制现象，而且还要确立和维护完成课程实施的各种条件。所以，如果说消除抵制模式主要关注发动和动员工作，那么领导－障碍过程模式更关注在整个过程中为教师提供必要的条件。但课程专家们一致认为，倘若教师有机会参与课程设计起始阶段的工作，这两个模式会更有效些。

3. 兰德模式（Rand Model）

这个模式是由兰德公司在对美国联邦政府资助的 20 世纪 70 年代四项主要课程计划的评价过程中形成的。研究人员根据他们的调查结果得出结论：在学校决定采纳新的课程计划之后，课程变革的主要障碍存在于学校的组织动因之中。困难在于人们已经习惯于原来的一套做法。根据这一原因，兰德模式强调对课程编制过程中各个阶段（尤其在课程实施阶段）的组织变量——无论是支持性的还是抵制性的——都要予以注意（Berman et al., 1975；Neale et al., 1981）。

兰德模式认为变革过程包括三个阶段：（1）发起阶段；（2）实施阶段；（3）合作阶段。

在发起阶段，课程变革的领导者要努力使大家支持预期的课程变革。为了得到支持，必须让大家了解新的课程计划，并一致同意把这项任务作为学校工作的共同目标。领导者一旦获得了大家的支持，课程变革活动便进入第二阶段，即实施阶段。在这个阶段，学校需要对新的课程计划的重点和要点做出适当调整，以适应本校的情况。因为这个模式的基本假设是：课程实施的成功，取决于课程变革的特征、教学和行政管理人员的能力、社区环境以及学校组织结构等因素。在合作阶段，所实施的新课程计划已成了现行课程的一部分，领导者要提供必要的人力和物力，以便新课程能按既定方式继续下去。必要时，还要提供在职培训，以便教师能够胜任新的课程要求。兰德模式指出，成功的课程实施要求人们注意组织机构变革的动因。

但是，人们对课程实施中谁应成为变革的动因还存在着争议。一些人认为学校校长应起这种作用，因为校长能在学校层次上起组织支持的作用；一些人主张让课程工作者负起这个责任，因为他们能影响课程工作的各项要素；还有人提出应该由教师发挥这种作用，因为所有的课程改革都不过是提供一个舞台，演员主要还是由教师来担任的。

　　由于课程实施通常是指把新的课程计划付诸实践，所以必然会与课程实践中已有的做法有所不同，即必然要做出某种变化。因此，把课程实施界定为变革也未尝不可。不过，课程实施无疑还有正确贯彻落实新课程计划意图的一面，因此，把课程实施界定为教学，也有其道理。下面我们就来对此做些分析。

第三节　课程实施——教学

　　所有的课程计划，都是要为学生提供更好的学习机会，以便达到预期的目标。教师和学生以课程为中介而展开的活动，便是教学活动。在一些学者看来，"课程"与"教学"是同一回事，因为真正的课程，只有在与教学活动紧密联系的学习活动中才能看到。换句话说，教学是达到课程目标的手段。所以不少西方课程论者把教学看作是课程领域的一个部分。这种看法可以商榷，但也不是完全没有道理。因为没有教学，课程设计便成了一件没有实际意义的事情。所以，认清课程与教学之间的关系是极为重要的。

一、课程与教学

　　如何看待课程与教学之间的关系？美国学者塞勒等人提出的三个隐喻可以帮助我们思考和考察这个问题的实质（Saylor et al., 1981）[258]。

　　隐喻一：课程是一幢建筑的设计图纸，教学则是具体的施工。设计图纸会对如何施工做出非常具体的计划和详细的说明。这样，教师便成了工匠，教学的好坏是根据实际施工与设计图纸之间的吻合程度，即达到设计图纸要求的程度来测量的。

　　隐喻二：课程是一场球赛的方案，它是由教练员和球员赛前一起制定的，教学则是球赛进行的过程。尽管球员要贯彻事先制定好了的比赛方案或意图，但达到这个意图的具体细节则主要由球员来处理。他们要根据场上具体情况随时做出明智的反应。

隐喻三：课程可以被认为是一份乐谱，教学则是作品的演奏。同样的乐谱，每一个演奏家都会有不同的体会，从而有不同的演奏，效果也会大不一样。为什么有的指挥家和乐队特别受人欢迎，主要不是由于他们演奏的乐曲，而是由于他们对乐谱的理解和演奏的技巧。

这三个隐喻不仅涉及课程与教学的关系，而且还触及何为教学的问题。事实上，隐喻一隐含着"教学是一门科学"的意蕴，隐喻二和隐喻三隐含着"教学是种艺术"的判断。教学是科学还是艺术的问题，是教学理论中最为引人注目的问题，我们将在本书的姐妹篇《教学理论》中予以阐述，这里就不展开了。但是，课程与教学的关系则同课程实施直接有关。这里，我们可以通过对教师备课过程的考察，了解一二。

任何课程设计，最终都是通过具体的教学工作才得以完成的。如果我们注意到教师在备课时考虑的各种因素，就会对课程实施有一个比较直观的了解。塞勒等人用图6-1展示了教师在准备教案时所要经历的步骤（Saylor et al., 1981）[261]。

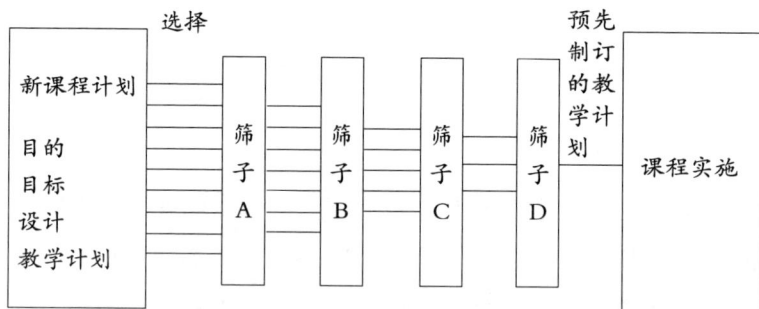

筛子A：当地社区的价值观和期望
筛子B：学生的需要、兴趣、能力和角色
筛子C：教育环境——班级组织、教材、管理人员的支持或限制
筛子D：教师最终对合适教案的抉择

图6-1　教师作为决策者的课程实施过程

　　这个模式假定教师的教学是建立在新的课程计划的基础上的。教师的价值观、知识和技能会影响他们每一次做出的选择。教师会考虑课程的目标、内容和组织方式，并会想象出一系列可能的教学方案以实施课程计划。这些可能的教学方案要经过层层"筛选"，即看它们是否符合社区的价值观和教育期望，是否能为特定学生所接受，以及是否具备适当的条件，等等。而这些抉择都与教师的素质和经验有关。由此可以推断，课程计划中的某些部分实际上从未真正得到实施。这种情况在下列模式中表现得更加明显（见图 6-2）。

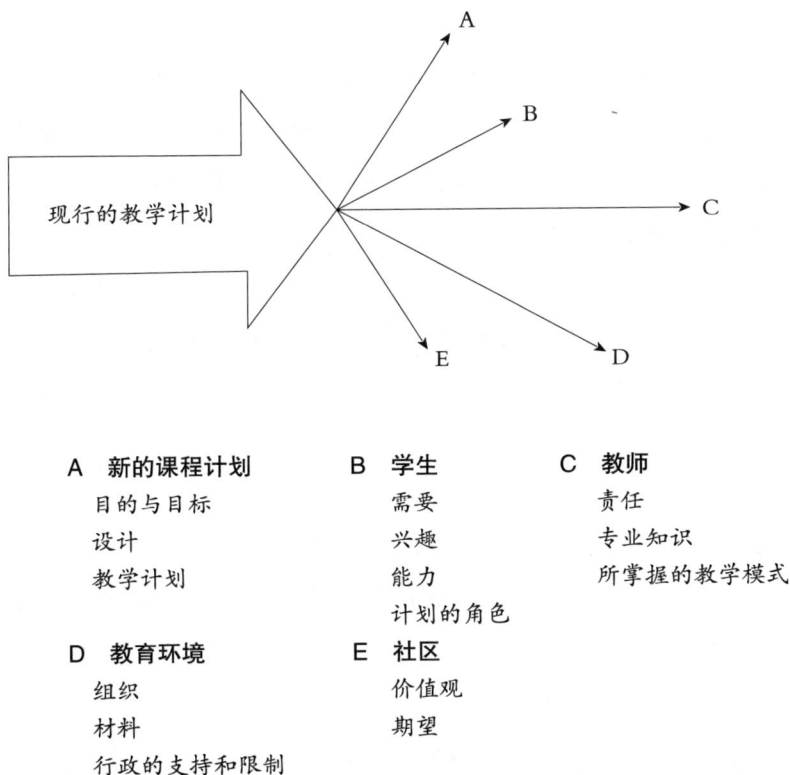

A 新的课程计划	B 学生	C 教师
目的与目标	需要	责任
设计	兴趣	专业知识
教学计划	能力	所掌握的教学模式
	计划的角色	
D 教育环境	E 社区	
组织	价值观	
材料	期望	
行政的支持和限制		

图 6-2　课程与教学的动态模式

　　由此可见，有效的课程计划是良好的课堂教学的必要条件，但不是充足条件。因为有效的课程计划不能保证取得好的效果。事实上，两个教师实施同一课程计划，会有两种不同的效果。教学的效果是受教什么（课程）

和怎么教（教学）这两者影响的。教学的状况对课程计划的成败起着制约作用。下面我们就来分析一下教学的问题。

二、教学策略与课程内容的转化

教学是课程实施的主要途径。尽管课程实施还可以有其他途径，诸如学生自学、社会考察等，但教学无疑占据着课程实施的核心地位。从某种意义上说，只有在教师把课程计划作为自己选择教学策略的依据时，课程才开始得到实施。

教学是指教师以适当方式促进学生学习的过程。教学是学校实现教育目的，使学生德、智、体几方面都得到发展的基本途径。教学活动是教师和学生以课程为中介而形成的。因此，教学过程主要是受学生、教师、课程这三个要素影响的。

教师在进行教学的过程中，总是会采取各种教学策略。教学策略是指教师在课堂上为达到课程目标而采取的一套特定的方式或方法。教学策略要根据教学情境的要求和学生的需要随时发生变化。无论在国内还是国外的教学理论与教学实践中，绝大多数教学策略都涉及如何提炼或转化课程内容的问题。

在北美，教学策略有时可作为教学模式的同义词。教学模式是对各种教学法及其理论依据和结构所做的纲要式的描述，通常还要提出采用这些教学法时所要遵循的步骤。目前被实践证明有一定成效的教学模式为数不少。美国学者乔伊斯（B. Joyce）与韦尔（M. Weil）把各种教学模式归为四大类：信息加工类教学模式、个性发展类教学模式、社会交往类教学模式、行为系统类教学模式。其中每一类都包括一些更具体的教学模式（Joyce et al., 1986）。

第一类是信息加工类教学模式。它包括旨在影响学生信息加工过程的各种具体的教学模式。学校毕竟是学生接收信息知识的主要来源。如何有效地向学生传递大量的信息，是每一个教育工作者所关心的事情。但是，人们对学生是如何思维的以及如何有效地影响学生信息加工过程，存在着不同的解释。有些教学模式把焦点放在信息加工的某一方面，有些模式则旨在影响学生基本的思维方式。

第二类是个性发展类教学模式。它关注的是学生个人的观点，鼓励独立创造，以便使学生增强自我意识。这类模式要达到的目的是：（1）通过改善学生的自我概念、增强自信心和扩大共情作用，使学生心理越来越健康；（2）加强学生的自主性，让学生参与决定学什么和怎样学，从而使学生对自己的学习负起责任来；（3）培养学生个性的某些特定方面，例如创造性思维或个性表达等。教师可以根据实际情况来使用这类模式。它们可以用来调节整个学习环境，关注学生的自我概念，培养学生积极的情感；可以用来达到特定的目的，如形成班级集体氛围；也可以用来传授学术性学科知识，如阅读教学中的"经验法"便是其中一例。这类模式认为，加强学生的自我概念，有助于提高学生的学习能力。尽管这类模式要达到的目的和所采取的方式有所不同，但它们一般都注重培育学生的情感而不是控制学生的学习，注重长期的学习方式的个性化发展而不是短期的目标和具体的内容。

第三类是社会交往类教学模式。它强调要把学习和社会交往结合在一起。一方面，它认为，合作行为不仅有助于促进学生社交方面的发展，而且有助于其理智方面的发展。因此，与社会相互作用的学习任务会有利于学习。另一方面，学校教育的中心任务是使学生成为社会中合格的成员。研究表明，社会目的和学术目的并不是无法调和的。采用这类教学模式培养出来的学生在各方面并不比用传统方式培养出来的学生差。近年来，一些研究人员仔细考察了这类模式的基本假设，尤其是研究了它们对学习所产生的积极效果；此外，还研究了通过合作学习程序是否改进了小组的凝聚力、合作行为和组际关系等。结果表明，让学生分担责任和采取互动的方式，有助于学生对学习产生比较积极的情感，形成更好的组际关系，使后进生形成较好的自我形象。

第四类是行为系统类教学模式，这是以行为理论为基础而设计的各种教学模式的总称。这类模式主要依据行为主义的理论。行为主义者认为，人的行为是对环境中各种刺激所做出的反应。这些外部力量刺激人们以某种方式行动：或者是显示某种行为，或者是回避某种行为。根据操作性条件反射的原理，人们一旦显示某种反应之后，来自环境的刺激可以增加或减少这种行为再次发生的可能性。因此，行为是有规则可循的，是受制于环境变量的。教师的任务就是要发现哪些环境变量会以哪些方式影响行为。

乔伊斯与韦尔强调，这些教学模式本身并无所谓好坏，关键在于是否适合特定的教育情境。从课程理论的角度来看，所有这些教学模式都涉及课程内容转化的问题，即如何更有效地使课程内容转化成学生的认知结构、个性品质、社会行为等方面。

转化课程内容最典型的教学策略当数苏联学者沙塔洛夫提出的"纲要信号"图示法。"纲要信号"是指在上课时用一种直观图表，把需要学生掌握的课程内容用文字、符号或代码的形式表现出来，以充分调动学生的视觉记忆和联想能力。这不仅有助于学生的记忆，还有利于激发学生学习的兴趣，促使他们积极探索，注意周围各种事件或问题之间的联系（卡尔梅柯娃，1984）。实际上，课程教学中好的板书也能起到这个作用。

有些教学策略甚至还对课程内容的组织提出了要求。如德国教育家瓦根舍因（M. Wagenschein）和克拉夫基（W. Klafki）提出的范例教学，是指通过典型事例，使学生了解一般规律，以此来培养学生独立思考和自学的能力。范例教学强调学生在教学过程中获得的课程内容要具有基本性、基础性和范例性。所谓基本性，是指学生掌握的内容应该是一门学科的基本要素，即基本概念、知识结构和科学规律。所谓基础性，是指课程内容要适合学生认知发展水平，贴近学生实际生活，使课程内容成为学生将来发展的基础。所谓范例性，是指课程内容必须是能起示范和举一反三作用的，从而使课程内容具有迁移效应（中国大百科全书总编辑委员会《教育》编辑委员会 等，1985）[82]。可见，范例性是实现基本性和基础性的手段，范例教学也由此而得名。

我国许多优秀教育工作者在提炼课程内容方面积累了丰富的经验。有人提出，提炼教材可以采取三个步骤：第一步，在熟读精思教材的基础上摘出这一节课要学习的知识点；第二步，就这些知识点分析出重点、难点和关键，以及怎样用一条线把它们串起来；第三步，选定教学方法，突出重点，突破难点，让学生抓住关键（董远骞，1993）[367-368]。我们从中可以看到课程内容是如何被加工或转化的。事实上，我国许多行之有效的教学法，如上海市育才中学的"读读、议议、练练、讲讲"，上海青浦顾泠沅等人提出的"诱导、尝试、归纳、变式、回授、调节"，湖北黎世法的"六课型单元教学法"，江苏李吉林的"情境教学法"，江苏邱学华的"尝试教学法"，四川田龙翔的"转化教学法"，等等，都涉及如何把课程内容转化为学生容易掌握的形式。

第四节　影响课程实施的因素

课程实施是受众多因素影响的，这些因素既有促进方面的，也有阻碍方面的。自 20 世纪 60 年代以来，许多学者做过大量的研究，归纳起来，主要有以下几个方面。

第一，课程计划本身的特性。如前所述，编制新的课程本身就是为了变革原有的课程，而课程实施则是为了把这种变革引入实践。因此，课程计划本身的特性就是影响课程实施的一个变量。课程计划的特性包括：(1) 可传播性，即向各地学校推行的难易程度；(2) 可操作性，即使用它们时的方便程度；(3) 和谐性，即与流行的价值取向和行为方式之间的一致性程度；(4) 相对优越性，即相对于原有课程而言，新课程计划的长处。倘若课程计划是与现实需求和公众认识相吻合的，课程目标与手段之间的关系是明确的，对课程实施者的要求是他们力所能及的，课程是高质量且易于使用的，那么课程实施就会比较有效。

第二，交流与合作。交流可以是课程编制者与实施者之间的交流，也可以是实施者之间的交流。经常交流课程计划方面的情况，对课程的成功实施来说是极为重要的。有的人甚至认为，交流是成功实施的关键。通过交流，课程编制者可以向实施者说明隐含在课程中的一些基本假设、价值取向，可以提供一些有利于实施的建议，还可以传达其他地区和学校课程实施的一些情况。通过交流，课程实施者也可以了解各自实施课程的情况、存在的问题以及一些值得借鉴的做法等，达到取长补短之目的。这些交流有助于课程实施者加深对课程计划的认识和对课程内容的理解，从而促进课程的成功实施。

第三，课程实施的组织和领导。各级教育行政部门和学校领导对课程计划的实施负有领导、组织、安排、检查等职责。各种规章制度固然不可少，这是课程实施成功的保证。但是，这里最重要的还是做人的思想工作。因为尽管我们可以开辟各种渠道让教师交流，但是如果教师对新的课程计划抱有成见，这些渠道就会失去意义。就一般而言，采用新的课程，对教师来说，意味着要放弃原来熟悉的一套方法和程序，而且有些曾是很成功的做法。所以，西方有的学者甚至认为："课程实施的最大障碍就是教师的惰性。"这里的"惰性"，我们可以理解为"习惯做法"。所以，学校领导要在学校里形成一种气氛，让所有教师都感觉到他们的意见和建议是受欢迎的，他们的各种尝试也会得到尊重。

第四，教师的培训。教师是课程实施过程中最直接的参与者。新的课程计划成功与否，教师的素质与态度、适应与提高是关键因素。事实表明，一些课程计划没有取得预期效果，并不是因为课程计划本身的问题，而是由于教师不积极参与或不能适应。虽说各种交流可以加深教师的理解和认识，但课程实施的一些技能、方法、策略，需要进行一定的培训。至少要让年级组长、教研室主任或骨干教师受到比较正规的培训，使他们回去后能发挥表率的作用。

第五，各种外部因素的支持。新的课程计划的实施，需要得到社会各界的支持。新闻媒介、社会团体、学生家长的理解和支持，可以成为推动课程改革的无形动力。国家和地方政府政策的倾斜、财政和物质资源支持、技术支援等，也会对课程实施产生很大的影响。例如，上海市进行中小学课程和教材改革时，给试验学校以适当的经费补贴，就起了很好的推动作用。此外，有些课程的实施，尤其是现在日益受到重视的中学职业技术教育方面的课程，需要一定的政策保障和一定的财力和物力基础。社会各界的各种协助（包括技术帮助），也会有助于课程实施。

第七章　课程评价

　　评价可以被简单地定义为决定某一事物的价值。课程评价是指研究课程价值的过程，是由判断课程在改进学生学习方面的价值的那些活动构成的。虽说评价只有一个基本目的——评价某一事物的价值，但它可以起很多作用。评价在课程中的作用包括：诊断课程，修正课程，比较各种课程的相对价值，预测教育的需求，确定课程目标达到的程度，如此等等。

　　评价在教育中的作用早已为人所知。我国古代的科举就是一种比较正规的评价活动。然而，教育评价，尤其是课程评价，作为一个独立的研究领域得到系统研究，则是 20 世纪以后的事情。美国进步教育协会在 1934—1942 年进行的"八年研究"，标志着课程评价趋于成熟。在这之后的几十年里，课程评价领域发展迅速，评价的观念和方法有了很大的变化，评价在课程中的作用也越来越重要。

　　本章主要论述三个问题：（1）课程评价的取向，这涉及对评价的一些基本看法。不同的评价观会导致评价者采用不同的评价手段、技术和方法。（2）课程评价的模式。介绍几种主要的课程评价方法及其步骤，并分析各自的特点。（3）课程评价的过程。根据我国的实际情况提出课程评价的基本步骤，以供课程工作者参考。

第一节 课程评价的取向

虽说评价是一种方法论的活动，而不是具体内容定向的活动，因为同样的评价程序可用来评价各种事物的效用，但不论怎样，我们在确定课程计划的价值时，最终都会问：我们期望达到的结果，是否值得我们这样花费人力和物力？

然而，人们如何加工资料，是受他们的哲学观和心理学思想影响的。行为主义者或相信规定性和序列性评价方法的人，很可能要求列举出课程与教学的具体项目，并要求明确地陈述目标，以便能够规定程序，提供是否达到课程计划预期目标的精确指示。而人本主义者则可能会对课程计划是否改善了学生的自我概念更感兴趣，因而不会把许多精力放在通过具体的、客观的测验所证实的学生的某些成绩上。

但无论是关注学生的成绩还是关注学生的自我概念，评价者都得计划怎样获得做出判断所必需的材料，怎样与学生、教师和其他人就课程效用的问题进行交流，怎样从事评价的行动，怎样确定用来评判课程计划的准则，如此等等。克隆巴赫（L. J. Cronbach）区分了在评价时要做出的三类决定：(1) 关于改进课程计划的决定；(2) 关于有关人员尤其是教师和学生的决定；(3) 关于课程计划管理的决定。不同的决定会导向不同的评价方案。"所以，评价是一种具有多种变式的活动。"（Cronbach，1963）当把评价焦点集中在改进课程计划上时，评价的直接目的是要确定该课程计划有什么效果，这些效果与预期的目标是否一致。这类评价有助于教育者了解该项课程计划正在产生哪些效应，以及哪些参数影响其效用，从而做出合适的修正。有时，教育者要通过评价发现教师对某一课程内容的行为和态度是否会影响学生获得这一内容。有时，教育者要通过评价发现具有某些特定学习风格的学生是否会更好地掌握某种课程内容。教育者还可以通过评价来了解课程计划的管理和实施程序是否存在需要改进的地方。

不论教育者对评价对象做出何种决定，他们在评价时必然会反映出某种基本的取向。比较典型的取向有：科学主义取向与人文主义取向、内部评价与结果评价、形成性评价与总结性评价。

一、科学主义取向与人文主义取向

科学主义取向（scientistic approach）和人文主义取向（humanistic approach）可以被看作是评价连续体上相对立的两端（Ornstein et al., 1988）[253-254]。

持科学主义态度的人相信真正的实验，而实验目标通常集中在结果或影响上。课程评价采用实验处理的方式。评价的目的是了解经过实验处理后所产生的结果。为了使评价结果具有信度和效度，评价者必须控制课程以外的各种变量，以免干扰人们了解实验处理与实验结果之间的关系。而且，评价者必须严格采取中立的态度，防止带有个人的价值观。在他们看来，唯有这样，评价的结果才是精确的。采取这种取向的人趋向于把他们的注意力集中在学生身上，并常常把测验分数作为主要数据，用来与不同情境中的学生成绩相比较。所收集的材料都是定量的，因而可以进行科学的分析、比较，并在此基础上做出有关课程计划的决定。

人文主义取向或自然主义取向（naturalistic approach）的人则认为实验是无法接受的，因为社会现象是很复杂的，各种事物都是相互关联的，我们不可能把它们切割开来分别加以研究。在他们看来，自然主义的个案研究是一种"万灵药"。因为人类的行为表现都是与特定情境联系在一起的，若要了解它们，则必须将它们置于原来的情境之中。而且，评价者作为一个人，要完全排除个人主观倾向是不可能的，所以他们主张评价者与实际情境的交互作用。换言之，课程评价者要从课程设计者和实施者的角度来看待课程计划。采取这种评价取向的人所分析的材料，与科学主义取向的评价所收集的材料有所不同。自然主义取向的评价中收集的材料大多是定性的，而不是定量的。评价者通过与参与者的交谈和讨论所获得的材料，也可用来作为评价的依据。评价者从各种观察中获得的主观印象，也可作为评价的材料。所以，他们更多地是进行对实际情形的文字描述，而不是数据分析。

现在只有极少数人采用这两种极端的评价取向。课程评价者通常处在这两端之间的某一点上。

二、内部评价与结果评价

评价者有时只关注评价课程计划本身，有时则可能只关注评价课程实施后的结果。斯克里文（M. Scriven）把前一种称为"内部评价"（intrinsic evaluation）。这种评价通常直接指向课程计划本身，即只是试图回答这样一个问题："这项课程计划好在哪里？"斯克里文用研究一把斧头作为内部评价的一个例子。人们在考察一把斧头时，可以研究斧头的设计、所选用的材料、重量的比例、把手的形状和合适性。人们可以假定：设计良好和选材合适的斧头砍柴会很快。一般人们不会去直接测量砍柴这个事实。同样，课程评价者也可以就课程计划所包括的特定内容、课程内容的正确性、课程内容排列的方式、课程计划所涉及的学生经验的类型，以及所包括的教学材料的类型，来评价课程计划本身的价值。人们也可以假设：如果课程计划设计、组织得很好，并有可靠的基础，就有可能在促进学生学习方面是有效的（Lewy, 1991）。

尽管评价者从事这种内部评价（即确定课程本身是否有价值）的理由是显而易见的，但也有人对此不以为然。他们关注的不是"这项课程计划好在哪里"，而是"课程达到目标的实际情况如何"，即把重点放在考察课程实施的结果上。斯克里文把这称为"结果评价"（pay-off evaluation）。结果通常是以操作性的方式来界定的。结果评价主要用来考察课程计划对学生所产生的结果，但也可以用来考察其对教师和行政人员产生的结果。这种取向的评价一般是通过对前测与后测之间、实验组与控制组之间，或其他标准参数上的差异来做出判断的。许多教育者都倾向于采用结果评价。在一些人看来，结果评价实际上是唯一可信赖的评价，因为它提供了确定课程对学生所产生的结果的可靠信息（Ornstein et al., 1988）[254-255]。

内部评价取向者认为，重要的价值实际上在于课程本身，而不是课程所要达到的结果。如果有人希望对课程做出某种评估，那么最好直接考察课程材料，而不是去看学生的成绩。考虑到目前测验工具和评分程序的缺陷，这也不是没有道理的。而结果评价取向者认为，人们实际上无法准确地为某一课程内容的价值进行辩护。关于"什么知识最有价值"的问题已讨论了几百年也没有什么结果。所以，评价所要做的，是客观记录学生实际达到规定目标的情况，这是实在可靠的。但这种评价一般关注的是课程的短期结果，只有极少数关注长期结果。这与学校教育周期长的特点是不那么吻合的。

三、形成性评价与总结性评价

看待课程评价的另一种方式是要区分形成性评价（formative evaluation）与总结性评价（summative evaluation）（Saylor et al., 1981）[317-319]（Lewy, 1991）[406-409]。形成性评价是指为改进现行课程计划所从事的评价活动。它是一种过程评价，目的是要提供证据以便确定如何修订课程计划，而不是评定课程计划的优良程度。也就是说，它要求在课程设计的各个阶段不时地收集信息，以便在实施前加以修正。形成性评价可以在课程设计阶段和早期试验阶段，提供具体而又详细的反馈信息，以便课程编制者随时了解问题之所在；也可以在课程实施阶段，检查学生是否能够有效地掌握某一特定的课程内容，或者提出为了达到目标还需进一步学习哪些内容。

形成性评价既可以用来评价某一课程单元的计划（这时评价方式可以是非正式的，而且只涉及与这个单元有关的教师和学生），也可以用来评价一项新的课程计划（这时评价方式可能是比较正规和系统的，并涉及所有有关的人）。

形成性评价尤其适用于指导课程的设计和微调。在有些人看来，这也为教师参与课程评价提供了方便，教师不仅可以帮助确定是否达到了预期的目标，而且还可以记录事先未曾预料到的结果。由于课程计划的调整和修改主要根据这些反馈，这就可以使课程编制过程对教师"公开"，从而有助于减少课程实施时的阻力。

总结性评价或称终结性评价，是在课程计划实施之后关于其效果的评价。它是一种事后评价，目的是要获得对所编制出来的课程质量的一个"整体"的看法。它通常是在课程计划完成并在一定范围内实施后进行的。它的焦点放在整个课程计划的有效性上，以便就这项课程计划是否有效做出结论。

无论是形成性评价还是总结性评价，都不是指某些特定的评价方法，而是指它们在课程编制过程中的作用。就一般而言，形成性评价关注的是课程问题的起因，总结性评价关注的是课程问题的严重程度；形成性评价的结果主要是为课程编制者改进课程所用，总结性评价的结果主要是为课程决策者提供制定政策的依据；形成性评价关注的是课程计划的改进，总结性评价关注的是评定课程计划的整体效果。需要注意的是，尽管总结性评价通常是在课程计划结束之后进行的，但不能认为它只需进行一次，它也可以在课程编制过程的各个阶段结束时进行。

评价的这些取向，与评价的概念近年来发生的变化有关。根据我国台湾地区学者黄政杰的归纳，新的评价概念主要强调：第一，评价是价值或优点的判断，不是纯技术性的工作，也不单是现象的客观叙述。第二，评价可以包括对现象的质和量的描述，质、量两者可以兼顾。第三，评价不但是为了评定绩效，也可以是为了做出决定。所以评价是回溯的，同时也是前瞻的。第四，评价不只可以针对个人特质，也可以针对课程计划或行政措施。(黄政杰，1987)[18-19]

第二节　课程评价的模式

由于课程评价有助于改进课程计划，从而提高学校教育的质量，因而引起许多教育工作者的注意，他们在实践中开发出各种课程评价的模式。

本节介绍其中几个常用的评价模式。

一、目标评价模式

目标评价模式是在泰勒的"评价原理"和"课程原理"的基础上形成的。"评价原理"可概括为七个步骤或阶段：（1）确定教育计划的目标；（2）根据行为和内容来界定每一个目标；（3）确定使用目标的情境；（4）设计呈现情境的方式；（5）设计获取记录的方式；（6）确定评定时使用的计分单位；（7）设计获取具有代表性的样本的手段。泰勒的"评价原理"是以目标为中心而展开的，它是针对20世纪初形成并流行的常模参照测验的不足而提出的。起源于智力测验的常模参照测验是以对学生进行分类为目的的，而对于了解学生学习进展情况进而改进教育计划并无多大价值。目标参照测验则在这两个方面可有所作为。泰勒在这一"评价原理"的基础上，结合课程编制的实践，提出了更引人注目的"课程原理"。

我们可以把泰勒的"课程原理"概括为四个步骤或阶段：（1）确定课程目标；（2）根据目标选择课程内容；（3）根据目标组织课程内容；（4）根据目标评价课程。其中，确定目标是最为关键的一步，因为其他所有步骤都是围绕目标而展开的。这也是人们把它称为目标评价模式的原因。在泰勒看来，如果我们要系统地、理智地研究课程计划，首先必须确定所要达到的目标。从某种意义上说，不能认为评价只是第四阶段的事情，事实上，可以把前面三个步骤看作是评价的中间阶段或初期阶段。由于评价是从目标入手的，所以目标一定要界定清楚。如果目标还不清楚，那么评价的第一步就是要界定目标，以便了解这些目标实际上达到的程度。第二步是要确定评价的情境，以便使学生有机会表现出目标所指向的那种行为。尽管泰勒特别重视评价的工具或手段，因为评价工具或手段直接影响到评价结果的信度和效度，但他强调必须在完成上述两个步骤之后，再考察现有的各种评价手段，以便发现获得有关证据的适当方式。因为，除非评价方法与课程目标相切合，否则评价结果便是无效的。由此可见，评价的实质，是要确定预期课程目标与实际结果相吻合的程度（施良方，1992）。

目标评价模式强调要用明确的、具体的行为方式来陈述目标。评价是为了找出实际结果与课程目标之间的差距，并利用这种反馈信息作为修订课程计划或修改课程目标的依据。由于这一模式既便于操作又容易见效，所以在很长时间里在课程领域占主导地位。但由于它只关注预期的目标，忽视了其他方面的因素，因而遭到不少人的批评。此外，如果评价以目标为中心和依据，那么目标的合理性又是根据什么来判断的？事实上，下面几种评价模式几乎都是在对目标评价模式的批判或反思中形成的。

二、目的游离评价模式

目的游离（goal-free）评价是斯克里文针对目标评价模式的弊病而提出来的。他认为，评价者应该注意的是课程计划的实际效应，而不是其预期效应，即原先确定的目标。在他看来，目标评价模式只考虑到预期效应，忽视了非预期的效应（或称为"副效应""第二效应"）。他注意到，有些课程计划以典型的方式来实现其目标，同时也带来了某些极为有害的副效应；有些课程计划在达到预期结果方面效果不佳，但也带来了重要的非预期的结果。所以，他断定，根据预定的目标来评价，不仅没有必要，而且很可能是有害的。因为这会使评价者受课程目标的限制，大大缩小评价的范围，从而削弱评价的意义。

斯克里文主张采用目的游离评价模式，即把评价的重点从"课程计划预期的结果"转向"课程计划实际的结果"。评价者不应受预期的课程目标的影响。尽管这些目标在编制课程时可能是有用的，但不适宜作为评价的准则。因为评价者要收集有关课程计划实际结果的各种信息——不管这些结果是预期的还是非预期的，是积极的还是消极的，只有这样才能对课程计划做出准确的判断。

目的游离评价对目标评价模式的批判是击中要害的。评价除了要关注预期的结果之外，还应关注非预期的结果。评价不应该只是指向课程计划满足目标的程度,更应该考虑课程计划满足实际需要的程度。然而,目的游离评价也遭到不少人的批评。主要的问题是,如果在评价中把目标搁在一边去寻找各种实际效果,结果很可能是顾此失彼,背离评价的主要目的。此外,目的完全"游离"的评价是不存在的。因为评价者总是会有一定的评价准则,游离了课程编制者的目的,评价者很可能会用自己的目的取而代之。而且,严格地说,目的游离评价不是一个完善的模式,因为它没有一套完整的评价程序。所以有人把它当作一种评价的原则,这不无道理。

三、背景、输入、过程、成果(CIPP)评价模式

CIPP 是由背景评价(context evaluation)、输入评价(input evaluation)、过程评价(process evaluation)、成果评价(product evaluation)这四种评价的英文首字母组成的缩略语。斯塔弗尔比姆(D. L. Stufflebeam)认为,评价不应局限在评定目标达到的程度上,而应该是为课程决策提供有用信息的过程。因而他强调,重要的是为课程决策提供评价材料。CIPP 评价模式包括四个步骤(斯塔弗尔比姆,1989)。

第一,背景评价,即要确定课程计划实施机构的背景;明确评价对象及其需要;明确满足需要的机会,诊断有关需要的基本问题;判断目标是否已反映了这些需要。背景评价强调,首先应根据评价对象的需要对课程目标做出判断,看这两者是否一致。

第二,输入评价,主要是为了帮助决策者选择达到目标的最佳手段,而对各种可供选择的课程计划进行评价。这一步骤要回答:考虑过哪些计划?为什么选择这个计划而不选择其他计划?这个计划的合理性程度如何?有多大成功的把握?……这个阶段可以被理解为课程计划的可行性评价阶段。

第三,过程评价,主要是通过描述实际过程来确定或预测课程计划本身或实施过程中存在的问题,如有关活动是否按预定计划得到实施,是否在用一种有效的方式利用现有的资源,等等,从而为决策者提供如何修正

课程计划的有效信息。所以，它需要对计划实施情况不断加以检查。

第四，成果评价，即要测量、解释和评判课程计划实施的成绩。它要求收集与结果有关的各种描述与判断，把它们与目标以及背景、输入和过程方面的信息联系起来，并对它们的价值和优点做出解释。在斯塔弗尔比姆看来，成果评价仍然是质量控制的一种手段，而不只是最终的鉴定。

CIPP 评价模式考虑到影响课程计划的种种因素，可以弥补其他评价模式的不足，相对来说比较全面。但由于它的操作过程比较复杂，所以难以被一般人所掌握。

四、外观评价模式

外观（countenance）评价模式是由斯塔克（R. E. Stake）提出的。他认为，评价应该从三个方面收集有关课程的材料：前提条件、相互作用、结果。前提条件是指教学之前业已存在的、可能与结果有因果关系的各种条件；相互作用指向教学过程，主要是指师生之间和学生之间的关系；结果是指实施课程计划的效果。对于这三个方面，都需要从两个维度——描述与评判——做出评价。描述包括课程计划打算实现的内容和实际观察到的情况这两方面的材料；评判也包括根据既定标准的评判和根据实际情况的评判两种。整个评价模式如表 7-1 所示（Stake，1967）。

按照外观评价模式，课程评价者要在整个课程实施过程中观察和收集资料。课程评价不限于检查教学结果，而且注重描述和评判在教学过程中出现的各种动态现象。由于它把课程实施前后的材料作为参照内容，这比以前的评价模式更为周到些。但它把个人的观察、描述与评判作为评价的主要依据，很可能会导致渗入个人的主观因素。此外，前提条件、相互作用和结果三者的界限并不是绝对的，相互作用或教学过程本身会有众多的前因与后果。

表 7-1　斯塔克提出的外观评价模式

领域	描述		评判	
	打算做的	观察到的	标准	判断
前提条件 （教师与学生的特征、课程内容、社会背景等）				
相互作用 （交往流程、时间分配、事件序列、社交气氛等）				
结果（学生成绩、态度、动作技能、对教师及学校的影响等）				

五、差距评价模式

差距（discrepancy）评价模式是由普罗佛斯（M. M. Provus）提出的。他指出，一些评价模式只重视几种课程计划之间的比较，没有注意该计划本身所包含的成分。而事实上，一些自称在实施某种课程计划的学校，并没有按照该课程计划来运作。所以，这类计划之间的比较并没有什么意义。差距评价模式旨在揭示计划的标准与实际的表现之间的差距，以此作为改进课程计划的依据。差距评价模式包括五个阶段[①]：

第一是设计阶段，即要界定课程计划的标准，以此作为评价依据。所谓"标准"，即课程计划的性质，它包含三个成分：课程计划的目标（预期结果）；实现目标所需要的人力和物力（前提条件）；师生为达到目标所从事的活动（教学过程）。对这三个成分的详细描述，便是普罗佛斯所说的"界定"。一旦界定完成，便成了评价的标准。有了标准，才能确定课程计划是否在按标准运作。

第二是装置阶段，即要了解所装置的课程计划与原先打算相吻合的程度，所以必须收集已经装置的课程计划有关方面（包括预期结果、前提条件和教学过程）的材料。

[①]　参见黄政杰的《课程评鉴》第十二章"差距模式"。

第三是过程阶段，或称过程评价，即要了解导向最终目的的中间目标是否达成，并借此进一步了解前提条件、教学过程、预期结果的关系，以便对这些因素做出调整。这个阶段的重点是要了解教学活动是否产生了预期的结果。

第四是产出阶段，或称结果评价，即要评价所实施的课程计划的最终目标是否达成。在装置和过程阶段，要促使计划的成分能有效而又稳定地存在，结果评价则是要把这些成分实际造成的结果找出来，以便与课程计划的最终目标做比较。

第五是成本效益分析阶段，或称计划比较阶段，目的在于表明哪种计划最经济有效。这需要对所实施的计划与其他各种计划做出比较。

在这个评价模式中，除了最后一个阶段，前面四个阶段都需要找出标准和实际表现，比较这两者之间的差距，探讨造成差距的原因，并据此决定是进入下一阶段，还是重复这一阶段，或是中止整个计划。

差距评价模式注意到课程计划应该达到的标准（应然），与各个阶段实际表现（实然）之间的差距，并关注造成这种差距的原因，以便及时做出合理的抉择，这是其他评价模式所不及的。但在"应然"与"实然"之间，会遇到许多价值判断的问题，这是用一般评价手段难以解决的。

六、CSE 评价模式

CSE 是美国加利福尼亚大学洛杉矶分校评价研究中心（Center for the Study of Evaluation）的简称。自 20 世纪 60 年代后期以来，该中心一直在为研究、实践和推广这种评价模式而努力，并因此而得名。CSE 评价模式包括四个阶段，每一个阶段都与一种特定的决策相联系。

第一阶段是需要评估，就是要调查人们需要教育完成什么任务，以确定教育的需要；找出预期得到的与预期不想得到的东西之间的差异，以确定教育的目标。这一阶段又被称为"问题的选择"。

第二阶段是选择计划，即要对各种可供选择的计划达成目标的有效性和成功的可能性做出评价，包括对课程内容与目标一致性程度，以及资金、设备和人员配备情况的分析评价。这个阶段或被称为"计划的选择"。

第三阶段是形成性评价。这一阶段的重点是要发现课程计划在教育过程中的成功与不足之处，以便随时修正某些偏离目标的地方，从而保证目标的达成。这一阶段还可以被细分为两个步骤或阶段：提供计划实施情况的信息，以及根据反馈信息修正计划。后一步骤或阶段也被称为"计划的修正"。

第四阶段是总结性评价。在经历上述几个阶段之后，要对教育质量做出全面的评价和相应的判断。由于这一判断往往涉及这项课程计划是推广，还是保留、修正或终止，所以，这一阶段所需的资料，应具有相当高的信度和效度。评价者对评价设计要严格控制。这一阶段也被称为"计划的批准或采纳"。

CSE 评价模式在课程评价中运用得相当广泛，因为它的目的是为课程计划改革服务，评价活动贯穿课程改革的全部过程，评价的形成性职能与总结性职能得到了较好的统一。

七、自然式探究评价模式

自然式探究（naturalistic inquiry）评价模式，是建立在现象学、解释学、日常语言分析哲学以及符号互动论等理论之基础上的。自然式探究评价模式的提倡者认为，科学（严格意义上的科学）探究的方法仅仅是人类许多种求知方法中的一种，如果以为这是探究人类社会现象的唯一方法，那就大错而特错了。在格巴（E. Guba）看来，这种模式的基本假设包括：第一，社会现实是多元的，只能从整体上加以研究。如果只对一些变量和过程进行独立的研究，那将不可避免地偏离问题的实质。第二，研究的主体与客体是相互作用、相互影响的，要使两者完全独立，既不可能，也无必要。第三，社会科学研究离不开价值问题，事实上，其研究目的就是导向更有价值的社会。价值中立是不存在的。第四，社会行动是由多种因素共同促成的，只有把它们放在特定的背景中才能做出合适的推论。探究的目的不是要形成一种具有永恒价值的、超越具体情境的有关普遍规律的知识体系，而是要形成一种独特的、适合于解决特定问题的认识。所以，评价的最佳方式是在自然背景下对社会行动进行现场研究并做出实际描述。

自然式探究评价模式不主张采用固定的研究方法，而是要求根据实际情况选择不同的研究方法。所以，严格地说来，它不是一种评价模式，而是一种研究方法论。在实践中，自然式探究评价模式具有这样一些主要特征。

第一，注重自然情境中的研究，而不是通过人为方式操纵变量来形成所要检验的情境；

第二，注重定性的研究方法，而不是量化的方法；

第三，注重从事实归纳中获取理论，而不是由理论演绎假设，再由实验加以证实；

第四，注重个案分析，而不是大范围调查；

第五，注重缄默的或不言而喻的知识（tacit knowledge），如"直觉""感受"等，而不只是用语言呈现的命题知识（propositional knowledge）；

第六，研究设计是逐渐形成的，下一步骤基于前一步骤中的发现，而不是事先预定每一步骤；

第七，研究者要成为研究情境中的一分子，以便产生共情效应，而不是与研究情境保持一定距离，以便保持客观。

自然式探究评价模式搜集资料的方法包括观察、访谈、调查、间接测量等，并对研究结果的可信性、推广性、可证实性和客观性等，都有自己特定的理解和解释。

上述各种课程评价模式都有其长处和短处：有些模式便于操作，但往往只注意近期的、可观察到的效果；有些模式比较周全，但实施过程往往比较复杂，而且我们很难对研究时渗入的个人主观因素做出是与非的判断。所有这些说明，要根据特定的评价对象采用合适的评价手段。

第三节　课程评价的过程

　　前面探讨的各种评价模式涉及各种评价过程。尽管人们对课程评价的基本准则和步骤远未形成一致看法，而且这种可能性似乎也不存在，因为不同的评价取向会导致评价者采取不同的评价模式，但评价过程中要解决的一些基本问题和基本步骤则是绝大多数评价模式都涉及的或必须考虑的，就像从事课程评价都需要一个行动方案一样。

一、课程评价过程中的一些基本问题

　　为了有效地从事课程评价工作，并把评价结果用于课程决策，在评价中需要使用有助于交流和合作的共同语言、处理各种评价问题的一般规则、指导评价过程中各种研究的工作性定义，如此等等。为了表明课程评价需要具备一定的标准或规范，我们这里列举了美国西北地区教育实验室（Northwest Regional Educational Laboratory）总结出的用以评判评价设计是否合适的一些问题，以供课程工作者和评价者参考（Unruh et al., 1984）[291-295]。

　　1. 关于评价概念的准则

　　（1）概念的清晰性和适切性。

　　A. 对整个课程计划是否有一个适当的描述？

　　B. 对所要评价的那部分课程是否有清楚的描述？

　　C. 对所采取的评价方式（如是采用对照组研究还是单个组研究，是采用目标评价模式还是目的游离评价模式，如此等等）是否有清晰的描述？

　　D. 评价方式是否适合所要评价的课程计划？

　　（2）范围。

　　A. 课程计划的预期目标是否有具体的说明？

　　B. 评价的范围是否包括搜集与课程计划规定的所有结果有关的信息？

C. 是否对课程计划非预期的结果做出描述？

D. 评价内容是否包括测量这些非预期的结果？

E. 在这个评价范围内收集有关这项课程计划的信息所花的代价是否合适？

（3）适切性。

A. 这项评价的结果是给谁看的？

B. 这项评价的目标是否得到了解释？

C. 评价目标与预期的读者所需要的信息是否一致？

D. 是否提供了做出课程决策所需要的信息？

（4）变通性。

A. 这项评价设计是否很容易被改编以适应计划的变化？

B. 影响这项评价的各种参数的限制因素是否经过了仔细讨论？

C. 在面临不曾料到的限制因素时（如控制组突然不合作），能否收集到有用的信息？

（5）可行性。

A. 是否具备完成评价计划所必需的资源（包括时间、资金、人员等）？

B. 是否具有实施评价的方案？

C. 是否为应付可能出现的复杂情况做出适当的安排？

2. 关于搜集和加工信息的准则

（1）可靠性。

A. 资料收集程序是否描述得很清楚，并能使错误降低到最低限度？

B. 评分和编码程序是否客观？

C. 评价工具是否可靠（即所获得的信息的信度如何）？

（2）客观性。

A. 是否对资料搜集和加工中控制偏见的做法做过描述？

B. 对信息的来源是否有明确的规定？

C. 评价者的偏见是否影响评价的客观性？

（3）代表性。

A. 收集资料的工具是否具有效度？

B. 收集资料的工具是否适合于这项评价的目的？

C. 这项评价是否回答了意欲回答的问题？

（4）概括性。

A. 抽样方法是否适合某种程度的概括？

B. 资料收集方法隐含的文化背景是否会影响概括？

C. 所使用的统计推理是否适合这些样本、资料和所要回答的问题？

3. 关于评价结果报告的准则

（1）及时性。

A. 是否使用了有效的报告方法以满足评价委托人的需要？

B. 评价报告的时间安排是否满足预期受众的需要？

（2）渗透性。

A. 评价结果是否能被传递到所有预期的受众那里？

B. 评价合同是否对评价结果的传播有任何限制？

C. 是否准备让其他人也能获得评价结果的信息？

4. 一般的准则

（1）伦理的考虑。

A. 测验的程序是否符合专业的伦理标准？

B. 是否遵守了保护被试的条例？

C. 资料的信度是否有保证？

（2）协议。

A. 是否由适当的人按适当的程序签订了合同？

B. 涉及委托人的政策和程序是否得到遵守？

尽管这些问题并不一定都适合我国的情况，但在课程评价过程中对此做些思考，可能是有些好处的。它们有利于课程评价朝着正规化、规范化方向发展。

二、课程评价的基本阶段

如前所述，人们对评价的取向存在不同的看法，因而在评价中会采取不同的评价模式，使用不同的评价技术。所以，我们无法制定规范化的评价过程。然而，就一般而言，各种评价模式都要经历一些基本的过程和阶段。在课程评价中，评价者通常要经历以下几个步骤。

第一步，把焦点集中在所要研究的课程现象上。在这个阶段，评价者要确定他们将要评价些什么，以及他们将使用何种设计。评价者要决定评价的焦点是整个课程计划，还是某一门课程，抑或是某一年级的某门课程。这时，评价者要详细说明他们评价活动的目的，并要识别是在哪些政策和限制条件下从事这种评价的。评价者要识别实施评价所必须做出的决策，并且为评价的各个方面做出时间安排。最后，还要确定选择各种备择行动方针的准则，以及评定课程各组成部分的结果的准则。

第二步，搜集信息。在这一步，评价者要识别探讨问题所必需的信息的来源，以及他们能用来搜集这些信息的手段。评价者还要根据评价的时间表来安排搜集信息的步骤。

第三步，组织材料。这里，评价者要组织这些信息，以便做出解释，并使那些对此有兴趣的人感到有用。评价者要注意到信息编码、组织、贮存和提取的手段。

第四步，分析资料。在这个阶段，评价者要选择和使用适当的分析技术。选择何种技术，取决于该项评价的焦点在何处。

第五步，报告结果。这里，评价者要决定评价报告的性质，并注意到该报告的读者是谁。评价者的报告可以是非正式的，也可以是正式的；可以是描述性的，也可以是数据分析性的。

在向有关部门通报评价结果时，评价者所要做的，不仅仅是提出报告、表明结果，而且还应该展示他们是如何对资料做出解释的，是如何从分析中得出概括的，以及他们对行动有些什么建议。

第三编
课程探究的形式

　　第二编中"课程目标""课程内容""课程实施""课程评价"这四章，基本上是按照传统的课程编制模式展开的。尽管我们在这几章里也分别介绍了其他各种观点或取向，但从体系上来讲，还没有摆脱以泰勒为代表的课程编制的目标模式。

　　应该说，泰勒的课程原理并非他个人"首创"或"独创"，而是几代人共同努力的结果。泰勒本人也在各种场合多次提及，这个原理概括和综合了其他研究者的观点，其中主要是博比特、查特斯、拉格、杜威和波特等人的学说。数十年来，泰勒的课程原理影响着世界各国的课程专家。有人甚至认为，"不管人们是否赞同'泰勒原理'，也不管人们持什么样的哲学观点，如果不探讨泰勒提出的四个基本问题，就不可能全面地探讨课程问题"（Husen et al.，1985）[1142]。所以，美国《教育研究百科全书》把它视为"课程研究的范式"（Mitzel，1982）[423]。事实上，大多数课程专家所做的工作——不论他们自己意识到与否——或者是致力于使之精致化、机械化，把它转化成操作手册；或者是对它进行补充修正，以求使它更趋完善。这在许多课程论专著的体系上得到了清楚的反映。这就是我们这样安排第二编内容的原因。

　　但近年来，目标模式受到了各种挑战。尤其是20世纪70年代以后，课程研究领域发生了极大的变化。其中最主要的是人们不再满足于对原有课程原理的修补工作，而是试图从完全不同的视角来探讨课程问题。其中最有影响力的是英国学者斯滕豪斯提出的过程模式，美国学者施瓦布提出的实践模式，以及西方国家一些学者从不同角度提出的批判模式（施良方，1994a）。

　　斯滕豪斯对以泰勒为代表提出的课程目标模式做了较有影响的、系统的批判，并在此基础上提出了过程模式。他强调，课程不应以事先规定好了的结果为中心，而要以过程（即学生的行为表现）为中心。教师与学生最大限度的教与学，本身就构成了目标。知识不是现成的让学生接受的东西，而是思考的对象；教育要通过促进学生思考知识，使他们得到真正的解放。为了使学习更加有效，教师需要成为课程研究者。

施瓦布实践的课程探究模式是针对传统的理论的课程探究模式而提出来的。在他看来，课程领域已步入了穷途末路，其原因是过于依赖理论。课程研究领域复兴的希望，在于把主要精力从用于追求理论（如追求普遍的原理和复杂的模式，追求固定的次序和不变的决定因素）转向解决实际的问题。由于实践中的问题都是具体的、特定的，不可能只受一种理论的指导，为此，他提出了"实践－准实践－择宜"的运作方式。

作为当今西方较有影响力的一股思潮，批判理论已在课程研究领域占据重要地位。在以批判为取向的课程论者看来，"什么知识最有价值"这一经典的课程问题已不再有什么价值。因为，课程内容不只是教育的问题，同时也是政治、经济和意识形态的问题。批判模式关注的是意识形态和政治、经济对学生生长和发展的影响。它试图指出因种族、社会经济地位、性别等差异所带来的教育权力、教育机会、教育质量等方面的不平等现象，并力图克服它们。

本编论述并分析了三种有代表性的课程编制模式：过程模式、实践模式、批判模式。尽管这几种模式有的还不完善，但它们确实提出了解决传统的目标模式无法解决的一些问题的思路。这有助于读者对整个课程编制的原理有较深刻的理解。

第八章　过程模式

劳伦斯·斯滕豪斯是英国著名的课程理论家，生前是英国东安格利亚大学（University of East Anglia）的教育学教授。他在该校创建了"教育应用研究中心"（the Centre for Applied Research in Education）并担任主任。他的代表著作《课程研究与编制导论》是为师范学院学生开设的教育理论课所写的一本教科书。他认为师范学院的教育理论的教学往往过于严格、精确，然而却不关注如何改进教学实践；而改进教学实践需要使各学科形成一个"网络"（mesh）——通过详细地研究课程和教学可以形成这种网络（Stenhouse，1975）。因此，需要在师范学院中设置课程研究的课，他写该书的目的就是弥补这门课缺乏教材的不足。他的这本课程论教材展示了当时与课程编制有关的多方面理论研究成果，并吸收了英国许多课程编制的实践经验，在此基础上他提出了自己的课程思想和课程编制的新方式——过程模式。

斯滕豪斯认为，教育是为了使人获得理性自主能力，使人从作为权威的固定知识的束缚中解放出来，把已有知识作为思考的材料，发展理解、"负责的判断"和批判反思的能力。这些基本思想促使他对受美国影响而在英国流行的课程编制的目标模式的理论假设和实践做了系统的反思和批判，并在此基础上探索出一种"过程模式"（the process model）的课程编制方法。他明确表示，"我自己的研究和编制工作是针对我所认为的目标模式的缺陷而做出的"（Stenhouse，1975）[70]。"过程模式"这一称谓实际上是针对"目标模式"而提出的，过程模式的特征是不以事先确定好的、由仔细分解一般目的而得出的目标系统作为课程编制的依据，而是关注整个课程（包括教学）展开过程的基本规范，使之与宽泛的目的保持一致。在他看来，编制课程不是为了生产出一套"计划"（plan）、"处方"（prescription），然后予以实施和评价效果，而是一种研究的过程，其中贯穿着对整个过程所涉及的变量、要素及其相互关系的不断评价和修正。这个过程将研究、编制和评价合而为一，是个连续不断的过程。整个过程是一种尝试，其中没有确定不变的、必须实施的东西。所有的关注点集中于课堂教学实践，教师是整个过程中的核心人物。所以，与其说它是一个详述编制步骤的模式，不如说它是一种编制的思路、一种编制的思想。在这种模式中，编制过程究竟如何展开恰恰是需要在实践中研究和探索的。出于这个原因，本章试图把这一模式作为一种可供选择的课程编制思路展示出来，而不是详细陈述它的步骤。

第一节　对目标模式的反思

斯滕豪斯在阐述过程模式之前，对目标模式做了详细的分析和批判。在他看来，目标模式的基本假设是：教育应该关注学生行为表现的变化。这个假设反映了行为主义心理学的观点。其行动方式如下：

（1）具体说明意欲达到的行为目标（终点）；

（2）具体说明或测验学生已有的行为（起点）；

（3）设计课程，实施课程；

（4）检验学生是否已经达到行为目标。

目标模式是一种有条理的、系统的课程编制过程。它把一般的、宽泛的目的分解成具体的行为目标，并根据这些行为目标来选择和组织课程内容，最后根据目标实现与否来评价课程的成败。

　　这种模式的长处是：首先，它与建立在心理学基础上的教育研究传统是相吻合的。一旦用目标的方式来界定教育的结果，教育就可以成为实验的对象。通过界定教育目标，把各种学科的研究成果"组织起来"，并在教育中加以应用，这就使教育成了心理学等其他基础学科的应用领域。当课程作为这种综合过程的产物而形成一个产品时，就可以通过较精确的心理测验和教育测量技术来评价和改进。这样，目标模式就提供了一个教育研究各分支的"聚焦点"，以目标的方式把教育研究成果转化为教育实践。其次，它提供了教育成功与否的准则——目标的达成，这使教育评价变得相当简单明了。最后，它引导教师在教学中分析和思考他们正在力图达到些什么，使教师有据可依，使课程编制成为一个"理性"的过程。可见，目标模式最大的特点就是它的条理性和简易性，这也许就是它吸引人的地方。

　　然而，课程的目标模式也有其明显的缺陷。

　　第一，目标模式并不以对课堂教学的经验研究为依据，与那些研究成果亦不相符。现有的研究表明，学生学和教师教所用的并不是目标模式的那套程序，最佳的教与学是逐步进行的，它们最大限度地向前展开，而不是指向某一目标。美国和英国的研究都表明，即使是适当地运用目标模式，至多也只是对那些最没有经验的教师有些好处，而对那些好教师来说，只会起到压抑他们抱负的作用。因为把目标作为衡量教学的标准，使标准形式化地预定下来，会削弱引导知识探究的教学。

　　第二，把课程内容分解成行为目标，是与知识的性质和结构有矛盾的。分解和细化教育目的，是行为目标的特征。但在斯滕豪斯看来，知识从根本上来讲关注的是综合。知识不能够还原成行为，尤其不能用预先规定的表现形式来表述，这是由知识的功能所决定的。知识的价值在于激发各种类型和各种水平的理解。而目标模式试图使行为标准化，即使它们越来越成为公式化的东西，而不是创造性的反应。目标模式还趋于把知识、技能本身作为目的，而不是作为人的发展的手段。所以，斯滕豪斯指出："把知识的深层结构转化成行为目标，是学校知识受到歪曲的主要原因之一。通过目标分析来过滤知识，就给了学校以支配学生的权威和权力，学校可以任意制定思考的界限和尚未解决的问题的答案。"(Stenhouse，1975)[86] 这是斯滕豪斯对目标模式最关键的批判，即"它误解了知识的性质"(Stenhouse，1975) [79]。

第三，目标模式把与教育的控制、教育的抱负、教育的个人化联系在一起的伦理和政治问题撇在一边，或使之变得模糊起来。例如：这些是国家的目标、课程编制者的目标、教师的目标还是学生的目标？同一个班上的所有学生是否应该有同样的目标？目标应该如何分化？如果在同一课程内存在一组可供选择的目标，那么将怎样考查或评价？事实上，我们每年对看上去一样的班级所进行的教学都是不一样的，我们无法预测学生将会达到什么水平。各种考试制定的标准无疑要比好教师期望学生达到的水平低一些，因为考试是为所有学生确定共同的标准，而教师往往根据各个学生实际能够达到的水平而抱有不同的希望。由于我们无法精确地预测各种教育事件及其结果，所以对目标的具体要求总是因为求其普遍适用而偏低。这些具体要求会把学生束缚在预定目标的框架内，阻碍教师引导他们达到更高的水平。

第四，目标模式过高地估计了我们理解教育过程、预测学习结果的能力。目标可以使我们的意图明确起来，但不会提高我们对教育之性质的认识。也许有人认为，目标可以迫使教师朝着既定方向努力，就像每天有督导来访一样。但是，正如所有教师都知道如何应付来访者一样，他们也知道如何应付各种目标。即便很糟糕的教师，如果他们愿意的话，也可能在不承担教育学生重任的情况下，达到公众所欣赏的目标。许多只顾让学生通过考试的教师不是一直这样做的吗？所以，目标模式很容易造就一批不管学生是否理解、只求学生通过考试的教师。这不利于教师的发展。

第五，目标模式只根据学生的行为变化来衡量课程与教学的成败，这会导致一些误解。首先，评价的目的不在于评出优劣、好坏，而在于增进对课程与教学的理解。因而，评价不仅要在课程活动结束时进行，而且还应贯穿整个课程活动过程。其次，按既定目标评价学生的学习结果，用考试的方式测量学生可测量的行为，事实上会导致一些无法测量的结果受到忽视，而这恰恰可能是最有价值的。因此，目标模式实际上降低了评价的标准。再次，课程不仅对学生，而且对教师和学校都会产生影响，目标模式限制了评价的范围。最后，目标模式往往忽略了对目标本身的评价。

所以，在斯滕豪斯看来，首先，目标模式是试图通过澄清目的意图来改进课程与教学实践的一种尝试，但这并不是一种有效的方式。我们不可能只把横杆放高，不对跳高动作做出评论分析，便可使人跳得更高。课程与教学的改进，取决于对实际问题的分析和研究，而不只是参照某种标准的目标框架。其次，课程改革的关键在于教师的理解和创造性的工作，而目标模式容易造成一种倾向：不论教师与学生各自的知识和能力如何，都要朝向同样的既定目标。用行为方式明确规定目标，不容许教师"擅自"变动，也就是不让教师根据自己的理解和学生具体情况做出改变。而事实上，教育、教学也是一种艺术，必须建立在教师对自己的课堂环境和学生特点的理解基础上。最后，按既定的目标来评价学生学习的结果，用考试的方式来测量学生的成绩，很容易忽视一些无法测量的结果，而这些无法测量的东西，如个性特征、情感特点、兴趣态度等，往往是最有教育价值的。

根据上述分析，斯滕豪斯反对在课程编制中普遍使用目标模式。他也意识到，"如果找不到一种可供选择的课程编制策略作为替代，批评目标模式便失去了意义"（Stenhouse，1975）[84]。所以，他尝试探索一种新的课程编制策略——它不把预先具体规定的目标作为起点，但又能够对课程和教学过程做出有效的说明。这就是所谓的"过程模式"。

第二节　过程模式的原理

斯滕豪斯提出的过程模式，多半基于他关于教育目的、知识性质和价值的观点。他认为，知识"与信息不同，它是一个结构，支撑着创造性的思维并提供判断的框架"（Stenhouse，1975）[82]。知识提供的是思维的原始材料，使人们可以运用它来思考。知识的价值在于作为思考的焦点激发各种水平的理解，而不是作为固定的信息让人们接受。他强调，"教育的使命是使人变得更自由，更有创造力"（Stenhouse，1975）[82]，"教育引导人们探索知识，达到这一程度才算是成功的：它使学生的行为结果无法预测"（Stenhouse，1975）[82]。

因此，他反对目标模式所隐含的教育观和知识观。在他指导的人文学科课程设计中，他尝试采取了过程模式的课程编制方式。他从知识和理解的角度陈述宽泛的目的，设计了一种与该目的在逻辑上相一致的教学材料和教学过程。这样，目的被分析成学习过程或输入，而不是预期的行为结果或输出。人们使用过程模式的目的在于编写一种课程说明，阐明存在哪些可能的学习结果，并把这些结果与它们的起因联系起来。它可简单表述为："如果你在这个学校背景下对这类学生使用这些材料并采用这些程序，导致的结果将会趋向于 X。"（Stenhouse，1975）[81] 这种课程说明作为一种对教学过程的假设，由教师自己在具体的情境中验证和调整。

斯滕豪斯受彼得斯（R. S. Peters）的影响，把彼得斯关于课程活动内在价值的思想作为自己过程模式的依据。彼得斯认为，"教育"的核心准则包括（Peters，1966）[45]：

（1）"教育"意味着把有价值的东西传递给那些参与教育的人；

（2）"教育"必须涉及知识、理解和某种认知因素，它们不是无生命力的；

（3）"教育"至少要排除某些缺乏自觉性和自愿性的传递程序。

因此，教育意味着一些有价值的活动，它们具有内在价值，而不是达到别的目标的手段。所以，我们可以根据课程活动的内在价值标准，而非它们所导致的结果来评价它们。

斯滕豪斯认为这种观点是令人信服的，而且，他相信完全可以根据这些内在准则来制定选择课程内容的原则。过程模式不依赖于分解的目标来选择内容、活动和指导教学过程，它选择的依据是知识、活动的内在价值，即彼得斯所说的"教育"活动三方面基本的准则所体现的教育伦理学原理、认识论原理及教学法原理（可参见第十二章第四节）。当然，内在准则的具体内容是值得思考的。斯滕豪斯引用了拉思（J. D. Rath）鉴别具有某种内在价值的活动的一套准则作为读者的参考（Stenhouse，1975）[86-87]：

（1）如果其他东西都相同，但某项活动允许学生在活动时做出选择并允许学生对自己选择的结果进行反思，那么这项活动就比其他活动更有价值。

（2）如果其他东西都相同，但某项活动让学生起积极的作用而不是起被动的作用，那么这项活动就比其他活动更有价值。

（3）如果其他东西都相同，但某项活动要求学生从事对观念的探究、理智过程的使用，或研究目前面临的问题（无论是个人的问题还是社会的问题），那么这项活动就比其他活动更有价值。

（4）如果其他东西都相同，但某项活动涉及实在的事物（如真实的客体、材料和人工制品），那么这项活动就比其他活动更有价值。

（5）如果其他东西都相同，但某项活动可以让具有不同能力的学生都成功地完成，那么这项活动就比其他活动更有价值。

（6）如果其他东西都相同，但某项活动要求学生在新的情境里考察某一观念、理智过程的使用，或以往已经研究过的当前面临的问题，那么这项活动就比其他活动更有价值。

（7）如果其他东西都相同，但某项活动要求学生考察社会上公民通常都不考察的问题，即通常被国内主要传播媒介所忽视的课题或议题，那么这项活动就比其他活动更有价值。

（8）如果其他东西都相同，但某项活动要求学生和教师做出一些"冒险"——当然不是对生命的冒险，而是有关成败的冒险，那么这项活动就比其他活动更有价值。

（9）如果其他东西都相同，但某项活动要求学生重写、详述并完善他们最初的工作，那么这项活动就比其他活动更有价值。

（10）如果其他东西都相同，但某项活动要求学生运用并掌握有意义的规则、标准或学问，那么这项活动就比其他活动更有价值。

（11）如果其他东西都相同，但某项活动使学生有机会与他人一起参与安排、实施计划并分享活动的结果，那么这项活动就比其他活动更有价值。

（12）如果其他东西都相同，但某项活动与学生表述的意图相联系，那么这项活动就比其他活动更有价值。

在斯滕豪斯看来，准则（1）（3）（5）（6）（9）（10）是与认识论联系在一起的，而其余的与教育伦理学或教学法原理有关。尽管我们并不一定接受所有这些准则，但它们为我们提供了一种参照。况且，这些准则本身也不是固定不变的，对它们也需要批判性的反思。

内容的选择不需要依赖于预先制定的目标了，那么脱离了预定目标的教学过程是否能合乎理性地进行呢？斯滕豪斯引进了彼得斯"程序原则"（principles of procedure）的概念，认为真正指导教师从事教育活动的各种价值体现在他所从事的教育过程之中，而不是他想要达到的结果之中。因而，为教师详细规定所要达到的目标，并不能帮助他们选择、创造恰当的教学策略，这需要程序原则来实现。在课程编制时应首先就程序原则达成共识。课程编制者通过澄清有价值的教育活动所应包含的程序原则，使教师在从事教育活动的过程中不断地反思这些原则及其所隐含的价值，发展对教学过程的理解和判断能力。这些基本的程序原则不是用固定的目标"防范"教师的理解，而是为教师根据自己对情境的理解进行以发现为基础的教学或以研究为基础的教学提供了机会，保证了教师从事有价值的、真正的教育活动。

很显然，这些准则和程序原则为保证教育过程与教育目的保持一致提供了基本的规范，它们指向教育过程本身的设计，而不是为了达到外在目标而使教育过程成了可以不加考虑的处于起点和终点之间的"暗箱"。

基于过程模式的评价有意不预先阐述目标，而是用一种比较接近于对教育过程的评价和判断的方式来描述具体的活动，意在向课程决策者提供关于教育过程的信息，也为学生提供有关他们学习的信息，而不是测量他们学习结果的好与坏、课程实施的成功与否。它把课程评价看成对整体课程计划的全面描绘，努力展现其所有成分及其相互关系。这种评价"与描述、解释有关"（Downey et al., 1989）[276]，"通常提供的材料远远超出了它们要去评估的特定计划，以使得我们从用这一方法来进行课程评估的尝试中学到大量有关课程改革本身和评估过程方面的东西。总之，它们承认评估是课程研究和不断发展的过程的一部分，课程是一种系统的、不断演化的整体，正是因为如此，它的目的和手段都应处于不断修正之中"（Downey et al., 1989）[277]。而评价就是为这种修正服务的。

过程模式在实践中是否有效呢？斯滕豪斯认为，美国布鲁纳等人设计的人类学课程和他自己主持的人文学科课程设计研究，就是两个最好的例子。

第三节 过程模式的例证

20 世纪 60 年代初，英国中学里的人文学科往往是历史上文法学校课程的某种翻版，它们与社会需求和学生兴趣无关。当时，一些课程工作者做了某些改革的尝试，主要是强调课程与学生的生活经验相关，培养学生"做出负责的判断"的能力。尽管他们用一些主题来组织语文、历史、地理等学科的内容，并主张采用讨论法，但在课堂教学中却发现，教师仍然在主题下分科讲授，讨论只流于形式，教师还在扮演权威的角色。如果教师不改变有关学科知识性质的观念和教学角色、策略，则目的不可能达到，这就要求课程改革和编制寻找新的出路（Elliot, 1983）。

1967 年，英国学校委员会（Schools Council）和纳菲尔德基金会（Nuffield Foundation）发起新的人文学科课程设计，授权斯滕豪斯领导一个委员会从事这项工作。斯滕豪斯把教师权威与教学中呈现知识之间的关系作为中心问题来研究，这也是他以后一系列研究的焦点。

斯滕豪斯对知识性质的理解，促使他不采用目标模式来编制这一课程计划，不把知识内容作为固定的东西由教师传递给学生，所以他反对采用突出教师权威的讲授方法。在他看来，如果教师在课堂上强调自己与学生具有共同的人性，在面对问题时同样有不确定感，则学生就不会习惯于被动等待知识的灌输，从而能够形成"做出负责的判断"的能力。英国学者唐尼（M. Downey）和凯利（A. Kelly）叙述了当时不采用目标模式的原因："那些把教育主要看成是与促进个人自主有关的人承认，如果我们通过使'有意学习成果'具体化的方式开始教育过程的话，这种努力是不可能起作用的，因为这样做就意味着加入到一个看上去很象灌输的教育过程中去。与人文领域中教学有关的这一观点很快得到了理解，由于文学教学的实质就是使个人反应精细化……，因为这个原因，上述研究遭到了学校咨询委员会负责人文课程计划的人们的有意拒绝……。当然，对所有的教育活动来说情况也同样会如此。"（Downey et al., 1989）[238]

所以，首先，斯滕豪斯根据自己的知识观重新界定了人文学科：人文学科是对社会中学生、家长和教师普遍关心的人类问题的研究。这些问题包括我们社会里有争议的人类行为和社会状况，如流产、离婚、社会中男女的角色、学校里的能力分组、战争与和平、核武器等。由于社会承认每个个体对这些问题有保留自己观点、做出自己判断的权利，这就使人文学科课程的知识在师生心目中有了不确定性，也为师生共同探索和讨论这些问题、增进对其的理解提供了可能性。这一举措与该课程的总目的是一致的。

其次，斯滕豪斯把人文学科课程计划的一般目的确定为：加深对人类行为和社会情境及其引起的有争议的价值问题的理解。他不用目标的方式详细界定"理解"所表现出的行为结果，而是用程序原则的形式使教学过程与目的保持一致，从而指导教学。他认为，若要抛弃行为目标，就要寻找到把目的转化为实践的其他手段。他试图通过具体说明教材的用法，以及与达到目的相一致的教学策略，来分析课程与教学目的的内涵。换言之，他把注意力集中在课堂教学过程与目的之间的逻辑一致性程度上。

教育的一般目的隐含着实现这种目的所必需的某种课堂教学条件，斯滕豪斯认为这不需要进行什么复杂的哲学思考，教师在尝试把程序原则转化为实践时，就会得出比较清楚的课程的一般目的。

斯滕豪斯由此认为，人文学科的课程与教学应遵循以下五条程序原则

（Elliot，1983）。

（1）教师应该在课堂上与学生一起讨论研究有争议的问题。

（2）教师在教有争议的内容时，要提出中立的准则。例如，教师不把提出自己的观点作为教师责任的一部分。

（3）在有争议的领域进行探究时，主要方法应是讨论，而不是讲授。

（4）讨论时应保护参与者不同的观点，而不是试图达成一致意见。

（5）教师作为讨论的主持人，应对学习的质量和标准承担责任。

这些原则并没有告诉教师具体应该怎么做。换言之，它们也不是什么规则。至于如何把它们转化成课堂教学行动，教师可以有各种不同的做法。这为教师在实践中的思索和反思提供了广阔的余地。

斯滕豪斯强调教师在讨论时要对问题保持中立，这在有些人看来是不可能的，因为教师转化信息时不可避免地会受到他自己观点的限制。对此，斯滕豪斯认为，教师可以通过把注意力集中在与材料证据（material evidence）最为相关的信息上，解决这个问题。所谓"材料"，在他的人文学科课程里反映在这样一些课题里：战争与社会、家庭、两性关系、教育、贫困、人与工作、城市生活、法律与秩序等。"证据"是以多种媒体的方式来呈现的，诸如印刷品、照片、录音带、电影等。它既包括历史中的"事实性"材料，也包括艺术（文学、音乐、绘画等）中的经验性材料。

在斯滕豪斯看来，这些材料构成了"人类观念的证据"（evidence of human ideas），与讨论人类问题最为相关。它们不只是被简单地作为社会事实的证据，而且也被作为人们解释社会事实所依据的理论与价值的证据。

在人文学科课程编制好以后，斯滕豪斯等人还进一步研究了如何使教师在课堂教学中使用这些原则。为了帮助教师反思这些程序原则及其具体运用，他们向教师提出了一系列问题，以供教师在采用这门课程时参考。从这些问题里，我们可以清楚地看到斯滕豪斯的基本观点。问题包括（Elliot，1983）：

（1）当学生发言时，你在什么情况下会打断他？为什么要这样做？效果如何？

（2）你是否坚持要一些个体接纳某些道德观点？如果是的话，对这些个体会产生什么影响？

（3）伴随思考的讨论常常进展很慢，并会出现一时的沉默。你打破这种沉默的概率是多少？你打破沉默只是为了使学生不过于紧张，还是为了使学生群体面对任务？如果教师在学生沉默紧张时便给予提示，那么学生可能会以沉默为武器，让教师来完成学生群体本来应该面对的任务。

（4）你作为主持人是否值得信赖？是否所有学生都得到同等对待？是否所有观点，包括你赞同的或批判的，都得到同样处理？

（5）你是否习惯于复述学生所做出的贡献？如果这样做的话，会产生什么结果？

（6）你是否趋向于得出一致意见？例如问："你们是否都同意这个观点？"如果是这样的话，这样问问题的结果是什么？或者你也可以问："其他人还有什么想法？""有谁不同意这种观点？""有谁还能提出其他可行的观点或解释？"比较一下两者的结果。

（7）你在什么情况下会认同学生的观点？例如，说"对 / 不对"，或"非常有趣的观点"，或"讲得好"，或"这很有意思"。这会对学生产生什么效果？是否有学生参与讨论只是为了寻求你的奖励而不是为了完成任务？

（8）你是否经常问一些你认为自己知道答案的问题？这些问题对学生群体会有什么影响？问一些你不知道答案的问题，会产生什么影响？

（9）你为学生提供什么样的证据作为提示？这种证据实际上有帮助吗？如果有帮助，为什么？如果没有，为什么？

（10）你对有争议的问题保持中立吗？你是否提供一些被普遍接受的道德判断？你提出的问题是否隐含某些价值观？你在讨论时是否小心翼翼地不提供会把学生引导到你所持观点上去的证据？你是否鼓励少数人的观点？

（11）你是否试图通过提问来传递你自己对某些东西（如一首诗或一幅画）的意义的理解？

斯滕豪斯把讨论而不是传递作为课堂教学活动的核心。编制好的课程只是提供了一个基础，以激发课堂教学时产生更多的材料，使这个基础得以发展，而不是作为学生学习的全部内容。他强调用讨论来协调探究过程，并不断提出新问题，使探究过程继续下去。在斯滕豪斯看来，理解不可能脱离判断而达成，只有激发学生判断，即表达自己的见解，才能使他们对人类行为和情境的理解力得到发展。教师只有把材料作为"有问题的知识"，才能让学生澄清自己的看法，并真正理解它们。教师要允许各种不同的观点存在。教师保持中立，是指作为主持人要无偏见地主持讨论。这并不意味着教师不能发表自己的观点，教师可以像学生一样作为参与者发表自己的见解。由于在实践中学生很难不把教师的权威地位与教师的"个人知识"联系起来，所以教师最好少讲自己的观点，尤其是在与学生一起讨论的初期阶段。

斯滕豪斯在课程编制过程中，也注意到了课程评价的问题。他主张课程的编制、研究和评价合一。所以，在课程试验阶段，他通过与教师共同分析课堂教学过程，与学生座谈，帮助教师反思、评价、修正教学工作。课程评价完全融入课程编制过程。

人文学科课程计划编制出来之后，实际效果并不大，很少有学校采用。这主要是由于当时英国综合中学把重点放在了最大限度地提高每个学生的考试成绩上。但过程模式比较复杂，教师素质很难符合它的要求，也是一个重要的原因。对此斯滕豪斯本人也做了反思。

斯滕豪斯在领导编制了人文学科课程计划之后，于1972—1977年又领导编制了"种族关系"的课程方案。他认为前面所述的过程模式，在一定程度上仍然是由课程专家小组制定课程计划，然后再传递给教师。而事实上，我们在教育中探讨的各种情境，涉及众多变量，在试图理解课程编制的结果时要考虑的最重要的变量，并不是课程。他认为，不认识到这一点，是课程研究中最大的一个缺憾，就课程而论课程是没有什么意义的。所以，他在"种族关系"的课程方案编制过程中，采取了与教师共同研究的模式。

斯滕豪斯与教师一起设计了适用于三种不同社区情境的有关材料、程序原则、教学策略、评价方法，以及在各种情境下使用它们的具体说明。

整个编制过程就是一个问题探索研究的过程。课程编制者不再是提供解决办法的人。因为各个学校的情况是各不相同的，学校是课程编制的中心，所以必须让教师从事课程研究和编制工作。因而，他提出了"教师即研究者"的口号。

斯滕豪斯认为，没有教师的参与，就没有课程编制。因此，教师的专业特性要扩大，至少要包括以下方面（Stenhouse，1975）[144]：

（1）对作为课程编制之基础的自己的教学提出系统的质疑；

（2）具备对自己的教学进行研究的信念和技能；

（3）通过使用这些技能在实践中检验理论并提出问题。

简言之，课程的研究和变革应依赖教师，应赋予教师对自己工作决策的自主权。具体说来，每一堂课都是一个实验室，每一个教师都是课程研究团体中的一员；课程不是有待实施的某种计划或材料，教师要把教育观念转化成在实践中予以验证的假设。

第四节　总结与评论

斯滕豪斯把课程看成把教育理论转化为实践的一种尝试，是一个不断发展和修正的过程。过程模式的课程编制方法符合了这一精神。过程模式实际上是要表明，课程编制的基本问题，如内容选择、教学过程的开展、评价，不是通过把一般的教育目的分解成具体的目标而得到解决的。它直接关注教育过程的不断调试，目的在于使教育产生最大限度的效益，使学生最大限度地学习和发展。唐尼和凯利这样描述过程模式："我们应通过对课程具体项目中所包含的价值地位进行定义的方式，开始我们的课程计划，或者我们应就为我们的课程实践提供信息的程序原则达成认同，而不是就预先描述的具体目标达成一致。……这样一种方法总的来说更接近真正科学的方法，它更为灵活，更富有尝试性，更能意识到失败的可能性，以及就经验来说不断重新调节的需要。因此，它并不否认作为一个不断贯彻终生全程的教育所具备的最基本的特征，而这一过程是终结性教育目的力所不能及的，它允许教育和课程的不断发展。"（Downey et al., 1989）[242-243]

斯滕豪斯提出过程模式就是为了解决目标模式在它的理论框架内所无法解决的问题，他对目标模式不是进行细枝末节的批评，而是对它所依据的假设之致命弱点提出根本性的批判。他对目标模式的两个最关键的批评就是（Stenhouse，1975）[86]：

（1）它误解了知识的性质；

（2）它误解了改进实践之过程的性质。

斯滕豪斯认为，知识不是学生需要接受的现成的东西，而是学生思考的对象；它不能被作为必须达到的目标来束缚人，教育要通过促使人思考知识来解放人，使人变得更自由。同时，改进教育实践不能靠远离实践的心理学家基于"精确化"的研究成果设计方案，让教师执行而实现；相反，要靠真正进行教育活动的教师发现自己实践中的问题、思考解决办法来实现。因此，改革的关键在于使教师得到发展，扩大他们的专业自主性。而这些正是过程模式所包含的核心思想。

斯滕豪斯的这种教育观和知识观与英国社会的文化价值观念有很大关系。英国社会中占支配地位的文化价值观念有个人主义、自由主义和理性精神（李玢，1994）。这些文化价值观念主张：一切价值以人为中心，个人自治，每个人的思想和行为应真正是他自己的，而不是由外在于他的其他原因和力量决定的；反对灌输，主张尊重每个人自己的判断和选择；重视心灵的自由，提倡将人的心灵从各种形式的束缚中解放出来，使其获得自由；主张个性充分自由地发展，认为强有力的个性是首创性和进取精神的源泉，否认个性就是扼杀天才；提倡"理性原则"，要求一切从实际出发而不是从书本出发，尊重事实而不迷信教条，反对权威的仲裁，主张一切经过科学的论证，人们可以就任何共同关心的重大问题进行自由的讨论，从对事实本身的研究中寻找答案。

英国一些教育家的思想与这些价值观有着千丝万缕的联系，英国教育哲学家彼得斯关于教育之准则的思想、赫斯特的"知识的形式"的思想，以及斯滕豪斯本人的教育观、知识观，无不打上了英国传统文化价值观的烙印。他们都提倡个性充分自由地发展，鼓励学生表现出与众不同的个性，在学术上标新立异。他们认为教育的真正价值在于使学生通过思考已有的各种知识，发展理解力、判断力和独创精神。他们重视学生心智的发展甚于知识的获取，强调发展学生的理性精神，鼓励学生独立思考、大胆质疑，反对学生把知识看作无须证明就应理所当然地加以接受的教条。

另外，英国20世纪70年代初兴起的知识社会学，揭示了知识的形成与传播中必然隐含着某些价值取向，不存在什么中立的、客观的知识。这也促使斯滕豪斯反对学生教条地学习作为目标的知识从而束缚他们，希望通过关注教育过程中体现的价值，来促进教师与学生反思和判断能力的发展，从而使他们获得解放，实现教育的真正价值。他的过程模式就是他的教育思想的产物，是他为了解决目标模式所无法解决的问题，实现目标模式无法实现的教育目的而提出的。

彼得斯的"程序原则"、赫斯特的"知识的形式"等概念为斯滕豪斯的过程模式提供了基本的概念框架。而英国20世纪六七十年代丰富的课程编制经验、诸多的编制模式、重视多角度描述和提供信息的"新潮的"评价方式，都为过程模式的提出提供了有益的资源。

过程模式是解决它自己提出的问题的好方法吗？它能解决目标模式所无法解决的问题吗？唐尼和凯利在《教育的理论与实践——引论》中这样评论："无论对教育的标准的含义……的辩论怎么样，正如我们在一些场合中所看到的那样，我们都可以认为教育中与众不同的东西就是说教育是一个过程，这一过程与思维品质的发展有关系，例如：作出批评性判断；尊重真理；把理解与教条区分开；自我思考等能力。总之，用教育的行话说，课程发展的'过程'模式比'目标'模式更有建设性。"（Downey et al., 1989）[285] 可见，过程模式是解决它自己提出的问题的一个不错的方法。但正如斯滕豪斯自己承认的那样，它的运用相对于现实条件来讲存在着很大的困难，因为它需要一个重要的前提条件：教师即研究者。他的一句名言是："没有教师的发展就没有课程编制。"（Golby，1980）

　　斯滕豪斯致力于扩大教师的专业自主性，他主持的教育应用研究中心就致力于"消除研究的神秘化，使研究民主化"（Rudduck et al., 1985）[1]，以便有效地促进对教师专业的理解，改善教师专业的实践。这个中心在 20 世纪 70 年代设计了一系列计划，让教师参与确定研究任务，在他们自己的课堂中收集并分析资料。通过这些研究计划，教师探索了课程和教学中许多重要的问题，掀起了"教师即研究者"运动，使教师把教学与教育研究结合起来。这是一个影响很大的教师专业发展思想，它为教师培养和在职培训提供了一个新思路——由让教师听几门教育理论分支学科课程转变为以学校为基础的培训，在实践中发展教师对自己教学的理解和研究能力，让教师反思自己教育过程所包含的价值，进而改进教学；不是把教师培养成政策和方案的被动执行者，而是使他们成为主动的反思者和实践者。现在，几乎任何一本谈论教师作用和培训的著作都必然要谈及斯滕豪斯的"教师即研究者"的思想。研究者们开始广泛研究教师的思维、教师对教学过程的感知以及教师进行日常课堂研究可资利用的方法等问题。

　　总之，体会过程模式所体现的精神，是在实践中成功地运用过程模式的必要条件。

　　客观地说，斯滕豪斯对过程模式的构建比他对目标模式的批判要逊色得多。他对过程模式的论述还停留在个人经验的层面上。尽管他提出了很好的课程编制思想，但由于没有具体说明行动方式，也没能在理论上予以系统概括，因而使人感到难以把握，在课程实践中也没有产生什么影响。坦率地说，"教师即研究者"是一个很好的命题，是教育工作者追求的理想之所在。但在目前的条件下，这是一个很难实现的理想。看来，过程模式还处于过程之中，还有待进一步发展和完善。

第九章　实践模式

　　美国课程专家施瓦布在 1969 年美国教育学会年会上宣读并于第二年公开发表的《实践：课程的语言》（The Practical: A Language for Curriculum）一文，被公认为是对传统课程理论的最有影响的挑战之一。随后，施瓦布又陆续发表了《实践：择宜的艺术》（The Practical: Arts of Eclectic）、《实践：课程的转化》（The Practical 3: Translation into Curriculum）、《实践：课程教授要做的事情》（The Practical 4: Something for Curriculum Professors to Do），系统阐发了关于实践的课程探究模式（以下简称实践模式）。实践模式在课程领域引起极大的反响，有人认为这是一种"范式"的转换（施良方，1994a）。

　　施瓦布的实践模式主要是针对传统的理论的课程探究模式（以下简称理论模式）而提出来的，而所谓实践模式和理论模式是以实践与理论的区分为依据的。有鉴于此，本章首先介绍施瓦布对实践与理论的区分，然后分析他对传统的理论模式的批判，接着再来探讨实践模式的新主张——集体审议（group deliberation），最后对实践模式做些分析和批判。

第一节　实践与理论的区分

施瓦布在《实践：课程的语言》中开门见山地陈述了实践模式的三个基本假设：

"首先，课程领域已走入了穷途末路，依照现在的方法和原理已不能维持其研究，也难以对教育进展做出重大贡献。课程领域需要新的原理，以便我们对课程领域中问题的特点和多样性形成一种新的观点。它需要适合于这一整套新问题的新方式。"

"其次，课程领域达到如此地步，其原因在于习惯性地、不加思考地、错误地依赖理论。"

"最后，课程领域复兴的希望在于，把主要精力从用于追求理论（如追求普遍的原理和复杂的模式，追求固定的次序和不变的因子），转向另一种运作方式，即实践（practical）- 准实践 -（quasi-practical）- 择宜（eclectic）的方式。"（Schwab，1970）

这里，施瓦布的重点是要说明，传统的课程探究是"理论的"，而他所主张的课程探究是"实践的"。在他看来，理论与实践在目的或结果、研究对象、问题来源和方法等方面，都是截然不同的。

首先，理论追求的结果是知识，是一般的或普遍的知识，它的真理性、可证明性或可信度被认为是持久的、广泛的；而实践的目的是对各种可能的行动做出抉择。一项决定从来不具有真理性：在产生实际影响之前，只能确定其与其他决定的相对好坏；就下一个决定而言，这个决定本身已经无效了。所以，一项决定不会有多大的持久性和广泛运用性，它只是要解决实际问题。

其次，理论的研究对象被认为是一般的、普遍的，是不会"时过境迁"的。科学、数学的研究内容，如物质、守恒、时间、分类等，就是最好的例证。而实践的内容总是具体的、特定的，并且是受环境影响的。

再次，理论的研究问题产生于心态（states of mind），产生于已经确认的或公认的抽象的理论体系；而实践的问题总是来自与我们自身息息相关的事态（states of affairs），即来自自己亲身经历的实际情况或疑难问题。

最后，理论采用的方法往往受一种指导性原理的控制，这一原理决定了问题的提出与形成、事实材料的搜集与解释；而实践没有这种指导性原理，更多的是采用审议的程序。

第二节　对传统的理论探究的批判

施瓦布根据上述理论与实践的区分，考察了课程领域乃至教育领域的探究。他发现，课程领域一直盲目地、无根据地依赖理论，以致处于死气沉沉的状态。为了说明这个论点，施瓦布首先对一般意义上的原理危机做了诊断，然后对课程领域的原理危机做了诊断，最后对处于危机之中的课程原理进行了实例解剖。

一、关于一般意义上的原理危机的诊断

虽说施瓦布指出课程领域处于死气沉沉的状态，但他并不认为这是课程领域所特有的现象，相反，他认为，所有系统的理智活动都隐含着这种危机。尽管一个领域的实践者可能没有意识到本领域的原理和方法的失败和行将死亡，但意识中没有显现的东西却在实践者的行动中得到了证实。实际上，在他们的文献中和所从事的各项活动中，已经出现了危机的征兆。在施瓦布看来，在 20 世纪 60 年代末，已有越来越多的迹象表明，危机表现为逃避本领域的探究对象。在一般的理智活动领域（包括教育领域）里有以下六种逃避现象。

第一种逃避：位移（translocation），即逃避自身的领域。例如，生理学毫无进展，其标志是由医学研究者发表的对生物学问题的研究文章日益增多。

第二种逃避：上浮（upward），即从关于本领域的研究对象的论述转向

对本领域论述的论述，从原理和方法的运用转向对原理和规则的述说，从得出有根据的结论转向对模式的构建，从理论转向元理论（metatheory），又从元理论走向元元理论（meta-metatheory）。

第三种逃避：下沉（downward），即试图回到研究对象的原始状态，不仅剪除现行的原理，而且剪除所有的原理，以便用一种不受任何影响的眼光来看待各种现象。例如，因对实验心理学原理的不适，便走向个体生态学。

第四种逃避：旁观（to the sidelines），即使自己站到旁观者、评论者、史学者，以及专门批评别人在本领域研究工作的批判者的位置上。

第五种逃避：老调重弹（preservation），即用新的语言复述过去的知识，而且没有在原来大家所表征的意义上增添任何新东西。

第六种逃避：为争论而争论（debate for debate）。许多争论明显地是为了辩论的胜利，或者纯粹是从个人的偏见出发的。有些学术上的争论还暗示对方个性、道德和智力上的缺点。

二、关于课程领域的原理危机的诊断

施瓦布认为，上述危机在课程领域也普遍存在，其表现的症状也大致相同。

第一种是逃避自己的研究领域。例如，美国 20 世纪 60 年代课程改革运动时编制的几门主要课程，如 PSSC、BSCS、CHEMS、CAB 等，都是由学科专家编制和经营的，教育实践工作者的作用微乎其微，而课程专家的贡献几乎等于零。

第二种逃避是上浮。他认为，课程领域中模式、元理论和元元理论比比皆是，课程领域所面临的各种问题和障碍很少得到关注。课程专家差不多是在暗示：对课程应该做些什么，那是别的专家的事；至于课程变革的实践，则是其他工作者的事；属于课程专家的事，只是去观察这些人的工作，发现其中的规则或规律。

第三种逃避是下沉，回到原始状态。施瓦布认为，出于某些原因，这种情况在课程领域并不存在。课程领域确实出现了回到课堂层次上的课程，以避免先验的概念，但这类研究的数量并没有明显增加。

第四种逃避是旁观。这是课程领域中一个明显的病征。关于课程的论文选集、评论和批判，以及所设置的课程数量的增加，都是其中的例子。

第五种逃避是老调重弹。这在课程领域最为明显。在施瓦布看来，有些人是以不断重述泰勒的原理或杜威的功过来维持其生计的。

第六种逃避是为争论而争论。无论从出现的频率还是强度来看，凭借个人偏见的争论在课程领域中都是十分突出的。

在施瓦布看来，上述逃避无疑表明，课程领域确实出现了危机。

这里需要说明的是，"逃避"一词在汉语中是个贬义词，而施瓦布则是作为中性词来用的。事实上，所有这些逃避不应受到同等程度的指摘。例如，"为争论而争论"根本不可原谅，"旁观"或"老调重弹"也无什么价值可言。但其他逃避，如"上浮""下沉"，倘若"负责"的话，可能有助于对该领域的新原理提出建议并做出验证。所谓"负责"，施瓦布有明确的界定。首先，所构建的或提议的模式应该是为了解决本领域中已有明确界定和系统阐述但尚未解决的问题。其次，与"负责"的建议相伴随的，是对建议所要求的那种研究如何展开给出明确的指示。

施瓦布对课程领域危机的诊断，具有一种"意识唤醒"的作用。《实践：课程的语言》公开发表后，引起了相当大的反响，其中既有批判的，也有进一步反省的。不论其诊断确切与否，它有助于我们深刻地思考课程领域中的问题。

三、课程理论原理危机之实例解剖

为了进一步说明上述诊断，认清课程领域中理论原理的危机，施瓦布对两种理论原理的运用做了剖析。

1. 赫尔巴特主义

在施瓦布看来，美国 20 世纪 60 年代的结构课程理论是对赫尔巴特主义的修正。这种理论的基本假设是：儿童的观念是从已有的观念和现有的经验中产生的，这些观念又被作为后继学习的决定因素。这种理论假设应用于课程上，就形成了这样的过程：首先分析现有的知识体系，识别正确的观念，确定它们随儿童发展而被习得的顺序，然后在适当时机采用适当方式呈现。当教什么、怎么教的问题以这种方式来解决时，就已注定课程改革是理论定向的，而非实践定向的。也就是说，它所依据的是一种关于心理的理论和一种关于知识的理论。施瓦布认为，美国历次课程改革的过程多半是，在仅仅接受了某一种理论后，便由改革的"吹鼓手"高喊改革的口号，紧接着便全面地"扫荡式地"更换课程。这不是说课程改革不需要理论依据，施瓦布说的是不要只以一种课程理论（例如 20 世纪 60 年代的布鲁纳理论）为依据，而是要以所有有关的理论为依据。更重要的是，不是所有理论都可直接拿来就用的，只有通过择宜或折中，某一理论方能成为课程改革的合理的理论依据。对各种理论的择宜所依据的准则，是四个基本要素（教师、学生、学科内容、环境）的平衡和协调。

2. 推导目标

在施瓦布看来，许多人都努力把课程建筑在推导出来的目标之上。这些努力大致可分为三类：第一，试图根据社会需要制定目标；第二，试图从人格理论中寻找目标；第三，把目标定位在现代生活所需要的知识技能上。

施瓦布发现，这三种努力都是以某一种理论为依据的，诸如心理学、精神分析学、社会学和政治学等。每一种理论所关注的是不同的课题：或关注个体，或关注群体，或关注社会，或关注心理，如此等等。

施瓦布认为，正是这些原因，导致课程领域处于尴尬境地。因为依据这些学科中的任何一种理论建立起来的课程，都不可能是适宜的或站得住脚的。以个人人格理论为基础的课程，难以顾及社会的需求；仅仅从社会需要出发的课程难以考虑到学生认知、情感和个性等方面的需求。因此，

"一种经得起辩护的课程或课程计划，必然在某种程度上考虑到所有与人有关的亚学科。不能只看到一种课程而忽视另一种，更不能只接受其中的一个课程而忽视其他课程"（Schwab，1970）。

对于施瓦布的这一结论，可能有人会问：要考虑到所有有关的理论，这可能吗？施瓦布的回答是肯定的。关键就在于"择宜"。当然，所谓同时考虑各种理论，也是相对于一种特定的决策时机而言的。而最有效的决策过程是"集体审议"。

第三节　课程问题的解决：集体审议

施瓦布在批判传统的课程理论探究的危机的同时，也为课程领域指出了"再生"之路，这就是从把精力用于理论追求转向"实践－准实践－择宜"的运作方式。这种新的运作方式需要新的探究方式——集体审议。

一、审议的一般性描述

施瓦布在《实践：课程的语言》中，非常概括地展示了关于审议的一般情形。

首先，审议既非演绎，也非归纳。它不是演绎，因为它处理的是具体的个案，具体的个案不可能单凭某一原理就能处理得好，差不多每个个案都要运用多种原理才能解决；它也不是归纳，因为审议的目的不是得出某种概括或解释，而是做出在特定情境中行动的决策。

其次，审议是复杂而又繁重的。它要同时考虑目的和手段，而且把它们看作是相互决定的。它试图确定特定情境中迫切需要解决的事情，为此，必须就种种事实判断和价值判断形成暂时的共识（确定目的）；必须考虑各种可能的途径，并拟定各种备择的解决方案（明确手段）。随后，还要对各种备择方案加以权衡，选择最佳（best）方案而不是最正确的（right）方案

（目的—手段）。之后，还要对各种备择方案进行局部"预演"，反思已确定的目标，做出最终的抉择（手段—目的）。

最后，审议将形成新的公众（a new public），其成员之间将形成一种新的交流方式。要使审议取得最好的效果，就得考虑尽可能多的备择方案，每个备择方案都得从各个视角予以评价，并且要保证那些将直接承受这种行动后果的人当中有广泛的代表参与，使他们感到并相信这一选择是值得追求的。这就可以打破专职研究人员与学校工作人员之间的屏障。

根据上述对审议的一般描述，结合前面施瓦布对理论与实践的区分，我们可以把课程审议的特征归纳如下。

第一，审议涉及备择方案的形成与选择。这与"审议"一词的原始内涵是一致的。英文"审议"（deliberate）来自拉丁语词根"libera"，"libera"字面上的意思就是"权重"（to weight）。权重要求有刻有测量标度的砝码，即"比例"（scale）。因此，审议的基本要求，就是要有可供判断的各种选择方案。形成和选择各种可能的备择解决方案，是审议的首要特征。

第二，审议遵循实践的逻辑，而不是形式的逻辑。审议既不是演绎，也不是归纳，它是一种实践的逻辑过程。它运用实践的语言，依赖实践的智慧，进行实践的判断，最后得出关于行动的实践结论。其中实践的判断，不仅包括对已有课程之实际效果的判断（事实判断），而且还包括通过反省方式对课程设计者所持的课程价值的判断（价值判断）。由于审议的目的不是获得一般的知识和概括，而是做出行动的抉择，获得一种情境理解（situational understanding），因此，实践推理（亚里士多德称之为"审议"）所得出的结论是不能被证实的。我们无法精确地预测可供选择的所有行动的所有后果，无法详细阐述行动的全部依据，无法具体说明现在和将来的所有需求。

第三，审议具有集体的和教育的特征。施瓦布强调通过审议形成一个共同体。课程审议是一种集体审议，而不是个体的审议，或无集体（non-group）的审议。它要求多方代表参加，尤其是那些将受所采取的行动后果影响的人参加。集体参与不仅是做出合理行动决定所必需的，而且是参与者彼此互动、相互启发的教育过程。

二、课程审议：实践的艺术

施瓦布从理论探究原理与实践探究原理的区分中得出的看法是，实践不可避免地是具体的和特定的，而理论的力量和价值在于它的概括性、系统性和简约性。因此，他断言："实践和理论不论同时出现在哪个领域，都存在着截然的不同。……教育领域也是这样。"（Schwab，1971）

然而，不同领域具有各自的特殊性，因此理论与实践的关系也各不一样。教育理论的特殊性在于：（1）它主要是从行为科学理论中借来的原理和结论。（2）行为科学理论主要是研究人和人类事务的科学。而人和人类事务极为复杂，因此在借用行为科学理论时必然具有两种危险：第一，行为科学中每一种理论针对的都是教育问题赖以产生的那个复杂领域的一部分，而且在探究过程中，每一种理论把主要探讨的那部分与其他行为科学探讨的那些部分分隔开来。例如，这种理论探讨认知，那种理论探讨情感。第二，每一种行为科学理论在它所探讨的那个部分使用的探究原理不是一个，而是多个。这些原理提供了不同的视角，结果导致对其研究对象的不同阐述。

课程乃至教育领域的理论与实践之间的这种特殊关系，决定了两者难以协调一致，但也正是这种特殊关系，给我们提示了别的途径。首先，理论概括时不可避免会丢失的实践问题的特殊性，可以在情境中找回。指导我们去探寻这种特殊性的可供利用的资源，远比任何一种理论所能提供的资源更丰富。其次，在每次运用借来的理论时，通过互相调解，其不一致之处可以得到协调。最后，行为科学的理论论题和结论的有限性，可以通过运用一个以上的理论而得以超越。"然而，为达到上述目标所采取的方法本身又是相当复杂的。我们也许可以给予描述或举例，但却难以把它们压缩为可普遍运用的规则。而且，每次运用方法，都需要根据当时情况加以修正和调整。由于这样的复杂性，我称之为艺术。"（Schwab，1971）

施瓦布认为，这样的艺术主要有两类：实践的艺术和择宜的艺术。前者补充理论之不足，替实践说话并为实践规划；后者旨在使理论处于备用状态。借助择宜，我们可以发现并实事求是地考虑某一理论对它研究的课题所透射的观点有何歪曲和局限之处。从某种意义上说，这两种都是"实践的艺术"。施瓦布本人在"实践系列"论文中用法也不一。为了清楚起见，这里按照"实践–准实践–择宜"的运作方式，分别列出实践的艺术、准实践的艺术、择宜的艺术，以便对施瓦布的实践模式有一个较透彻的洞察。

1. 实践的艺术

实践的艺术是针对每个人所感知的各种个别的、具体的、特定的情境而言的，这样的情境是一个特定的整体，显然与理论研究的课题迥然不同。例如，学生 A，从学习理论的角度看，是学习者；从社会学角度看，是社会互动的一员；从发展心理学角度看，是处于某一年龄阶段并具有某种心理品质的儿童；但同时，他是某地某校某班的学生，是某某的孩子。……实践的艺术就在于赋予这些"某"字以意义，实践的问题正是产生于这样一种具有具体性和整体性的事态之中的。然而，要真正识别实践中的问题，并非易事。施瓦布试图帮助人们做到这一点。

首先是感知的艺术。施瓦布提出要有意地进行"无关扫视"（irrelevant scanning），以帮助我们感知情境的细节并初步赋予其意义。这实际上是要通过一系列"无关扫视"，使得我们要考察的对象所处的背景被各个击破，进而从背景中识别问题之所在。这就是说，有意识地运用各种不相关的范畴对情境的各个侧面进行"扫视"。这些范畴好比一个个透镜，把情境中丰富的细节展现在我们的视界中。我们所获得的这类细节越是丰富多样，所感知到的情境就越具体。这样，我们意识到但却不知其所在的问题，便容易被我们注意到了。

其次是问题形成的艺术。这是指根据感知到的情境中的丰富细节及其所赋予的意义，对情境中的问题做进一步的诊断，并尽可能用不同的方式表述所诊断的问题，然后权衡各种不同的问题表述，最后选择一个最佳的问题表述方式。

最后是问题解决的艺术。这包括问题解决的备择方案的形成，追踪各种备择方案可能产生的后果，以及在众多备择方案中加以权衡和选择，最终还要决定何时终止审议并开始采取行动。

2. 准实践的艺术

准实践的艺术是实践艺术的延伸。由于我们所遇到的问题情境往往不是单个的、孤立的、"纯"实践的情境，而是由相互关联的、多样的个别情境所组成的准实践的情境，因此，处理准实践情境中的问题远比处理"纯"实践的问题更复杂，而且用于准实践问题解决的决策也随着施用范围的扩大而越发受人怀疑。为此，除了把实践的艺术延伸到这种准实践的问题解决上来，还要补充两种准实践的艺术。

首先是准实践决策的艺术。在解决准实践问题的决策过程中，首先要区分问题是属于哪个个别情境的问题。由于准实践情境中各个情境是相互关联的，因此，我们给问题划界时的"灵活性"（flexity）和问题表达上的"流畅性"（fluid），便是一种准实践的艺术。同样，由于准实践问题涉及范围广，准实践的决策需要多方面的代表参与，以保证有多样化的问题表述并形成相应的问题解决的备择方案。

其次是准实践决定的系统表达艺术。这是指系统表述准实践的决定时要负有这样一个特殊的责任：传达该决定所特有的准实践的特点，指出在把该决定转换成实际行动时应该考虑到哪些方面，哪些方面是可以修改的，怎样修改，等等。总之，准实践的决定一定不要被决定者和行动者错以为是"指令"。

3. 择宜的艺术

择宜的艺术（或称折中的艺术）旨在为课程决定提供辩护。作为一种艺术，择宜不可能有固定的步骤。施瓦布在《实践：课程的转化》中为我们提供了下面这样一个框架。

首先，初步分析。对可作为课程决定之依据的每一种理论，先要识别其理论构架中的术语，以及它们相互之间的区别和关联。这种分析可以帮助我们发现该理论是以什么内容为研究对象的，以及该理论因选择这种研究内容而会产生的特殊"偏见"。

其次，在初步分析之后，沿着两个方向做进一步分析。

第一个方向是对具有同一个或类似的研究课题但有着不同术语的理论进行比较。这种比较使我们有可能识别被比较的理论中拥有的共同要素，以及表征每一种理论术语的不同要素，进而识别每一种理论中的"偏见"。

第二个方向是把与研究课题相关但理论体系截然不同的各种理论加以比较。这一种比较与前一种比较方法大致相同，但目的有所不同。因为，就相互竞争的各种理论而言，它们为了与相关研究有明确界线，使自己表现为一个独立的整体，在选择论题时往往对其研究对象做了某些歪曲。这种比较的目的，就是要明确这些歪曲。

关于择宜的艺术，有两个要点需加说明：第一，择宜不是为了建立一个统合所有理论的理论，而是要在各知识群中有实践意义的部分之间尝试性地架起一座暂时的桥梁。对此，施瓦布说道："择宜不可能把所有可供选择的理论合并成一个统合的理论。择宜的分析有利于创造才智，但要创造一个统合的理论，那是天才的事。"第二，择宜的艺术与前两种艺术（实践的艺术和准实践的艺术）彼此并不是分隔的。虽然前两种艺术针对的是问题情境，择宜艺术针对的是理论，但这三种艺术在总体上都是使理论复归具体情境。所以，在识别和解决问题的审议过程中，这三种艺术从不同的方向融汇在一起了。这也是本章把它们统称为"实践的艺术"的理由。

三、课程审议：基本要素的协调与平衡

要使上述三种艺术真正有机地融入课程审议过程并非易事，课程的基本要素则为三种艺术的运用提供了一个"把手"。审议的重点应放在这些基本要素的协调与平衡上。

1. 四个基本要素

在施瓦布看来，一组"基本要素"（commonplace）就好比一张地图，

一个多元复合的理论家族中的每个成员都可以在这上面找到自己的位置。他认为课程的基本要素是学科内容、学生、环境、教师。

（1）学科内容。施瓦布对"一般的学科内容"与"教育上的学科内容"做了区分，认为以教材形式呈现的是教育上的学科内容，而不是一般的学科内容。在《实践：课程教授要做的事情》中，他又进一步区分了作为课程"来源"（sources）的学术知识与作为课程"资源"（resources）的学术知识，认为前者具有课程资源的潜能，但要使之成为课程资源，不是靠学科专家借助自己的专业知识就能实现的，只有通过审议才能实现这种转化。

（2）学生。对于学生，我们应该从心理学、社会学、政治学等各种学科理论中获得洞见，不仅要看到学生的思维特点和知识学习，而且要看到学生的情感生活、行为表现；不仅要看到学生的一般年龄特征，还要关注学生的个别差异、社会背景等。总之，课程审议一定要以学生的实际情况为依据。

（3）环境。所谓环境，是指学生学习赖以发生并使学习结果得以产生的那种情境。它包括教与学在其中发生的课堂与学校，以及家庭、社区、特定的阶级或种族群体。施瓦布在《教育与国家：学习的社会》一文中，描述了应该如何把来自社会学、经济学、政治科学、法学、心理学等方面的知识联合起来，以便理解影响学生和学校的环境。任何课程变革的决策都必须以这种理解为基础。

（4）教师。在泰勒的课程原理中，目标的形成有三个来源：对学生的研究、对当代社会生活的研究、学科专家的建议。这样，教师便是在目标确定之后，达到课程目标的手段。集体审议则不同，教师是确定目的和解决问题整个过程中的一个基本要素。因此，教师与其他三个要素一样，是课程审议的第一手信息来源。

2. 课程审议：基本要素的协调与平衡

在课程编制过程中，要使学术知识转换成课程内容，必须同时考虑到上述四个基本要素，它们是课程审议不可或缺的资源。要做到这一点，单凭学科专家是不行的，单凭教师也难以胜任，因此需要有足以代表这些方面的集体（小组）合作。这个集体就是课程审议小组。审议小组通常由教师、校长、学生、家长、社区代表、教材专家、课程专家、心理学家和社会学家等人组成。

之所以要有这些人参加课程的审议，是因为在施瓦布看来，课程实践探究最终要导致课程决策体制的变革。具体说来，他主张变革那种"自上而下"的课程决策模式，确立"自下而上"的模式。决策的基础在地方，而不是中央。在施瓦布看来，前者是官僚体制的模式，后者是民主体制的模式。也许由于施瓦布的这一观点，现在一些课程专家热衷于编制"以学校为基础的课程"。

由于各人的经验不同、看法不同，集体审议不是一件轻而易举的事情。集体审议的特点是：所确认的问题是所有参与者所体验到的或所理解的问题；审议最后做出的行动决定应该是集体的决定，是"我们的"决定。

3. 课程教授要做的事

为了保证课程审议小组成员之间的协调和保持四个基本要素之间的平衡，课程审议小组成员，尤其是组长，需要具备一定的专门知识和技能。而负责培训他们的应该是大学的课程教授。因为在施瓦布看来，唯有如此，才能使大学教授卷入课程实践。对课程审议小组组长及成员的培养和提高，是课程教授所必须发挥的也是能够发挥的实践作用。

第四节　对实践模式的批评与反思

施瓦布的《实践：课程的语言》引起许多课程理论家的震动，并由此引发了对传统课程探究模式的批判。在这一过程中，有人批评施瓦布怀疑理论的作用。对此，施瓦布发表了《实践：择宜的艺术》，专门论述如何通过择宜的艺术来发挥理论的作用。有人批评施瓦布没有具体说明集体审议如何在课程领域中运行，因而没有实际价值。对此，施瓦布发表了《实践：

课程的转化》，具体阐述了如何通过集体审议把学术知识转换成课程内容。1983 年，美国教育研究学会还特意安排了"课程审议如何进行"的专题研讨会，就施瓦布的实践模式在课程领域的运用及其理论问题做了有益的探讨（Fox，1985；Pereira，1984；Reid，1978）。

在我们看来，关于施瓦布的实践模式，有几点是值得注意的。

第一，所谓实践的课程探究，是针对理论的课程探究而言的，而所谓实践与理论的区分，仅仅是一种观点陈述的概念框架。因此，对实践的课程探究的倡导，并不等于不要理论的指导，不要理论的思考和探索。

第二，虽然实践的课程探究不否认理论的思考和指导，但它确实反对对外来的理论过分的、无根据的依赖。实践模式假定，教育理论（包括课程理论）是多元的，而且主要是从行为科学中借来的，因此，指导学校课程改革的理论不是"单数"，而是"复数"。关于教什么和学什么的课程问题的决策，不是某一种理论的直接应用，而是根据学校课程的具体情况，有目的、有根据地对所有有关的理论进行分析、选择。择宜也许可以为借鉴外来理论提供一种方式。

第三，实践模式反对过分依赖外来的理论，强调的是课程理论的重建与发展。它的基本假定是：课程问题不是关于"教什么"和"学什么"的问题，而是关于"应该教什么"与"应该学什么"的问题。这些问题往往是不确定的，所以，问题解决的原理应是实践的推理，而不是逻辑的推理（归纳与演绎）。它反对遵照形式逻辑构建的大一统的课程理论，追求的是多元背景下的多元理论。

第四，实践模式所描述的课程决策过程是一种自下而上的过程。如何让第一线的教育工作者直接参与课程决策过程，确实是一个值得思考的问题。

但是，施瓦布的实践模式也有一些固有的理论问题。首先，施瓦布过于强调各种实践情境的独特性，对是否存在一般的、可靠的理论持怀疑态度，最终难免会滑到相对主义的泥坑里去。其次，施瓦布提倡的择宜的艺术，实质上是对各种理论进行折中调和，而各种理论的基本假设和价值取向各不相同，采取"各取所需"的策略，容易造成思路上的混乱。最后，集体审议虽说为教师、学生、家长、社区代表等人提供了发表自己观点的场所，但由于各人的背景不同，对课程问题很难取得一致看法。而集体审议要求在所有成员体验并理解的基础上解决问题，这只能是一种理想，在现实中是很难做到的。以课程负担为例，有研究表明，学校、教师、学生、家长以及课程专家都会有不同的视角，很难取得共识。

第十章　批判模式

　　批判模式是西方20世纪60年代出现的一种重要的课程构建模式，近年来影响日增。它以批判教育理论为支柱，对课程编制提出了一系列振聋发聩的见解。它指出了社会意识形态和政治经济对学生人生发展的重大影响，揭示了因种族、社会经济地位、性别等差异所带来的教育权利、教育机会、教育质量等方面的不平等现象，并力图去克服这些现象。这些确实给人以耳目一新、具有活力的感觉。也正因如此，批判教育理论及课程的批判模式，被誉为"世纪末的狂飙"。

　　批判模式是一个庞杂的理论体系，自产生以后综合了多种思潮，有众多教育家卷入其中。有的积极推进批判模式，往往以自己是一个批判教育理论家为荣；有的抵制、批评批判模式，以批判模式的批判者的身份出现在教育论坛上；还有的以学者的身份对批判模式进行学术研究，对之保持清醒的认识。这些推进、批评、研究的合力，促成了批判模式的起伏跌宕。本章力图梳理、辨析有关批判模式的各种错综复杂的认识，在尽力理清批判模式形成与发展脉络的前提下，论述批判模式的一般原理及其对课程构建过程的分析，最后对该课程模式做些批判。

第一节　批判模式概述

与目标模式等不同，批判模式并不存在一个为众人所认可的唯一的模式，正如"批判理论不是单数的理论（theory），而是复数的理论（theories）"（吉普森，1988）[4]一样，批判模式也是"复数的"。在其发展历程中，不同时期有着不同的代表人物，如 20 世纪 60 年代的鲍尔斯和金蒂斯，80 年代后期至今的吉鲁和弗莱雷，他们对"批判"的理解各不相同，研究的取向和关注的问题也有着很大的差异。如此，我们只得沿着其历史运行的轨迹，叙述其理论根基和发展历程了。

一、批判模式的理论基础

批判模式，究其历史根源或者从历史"原点"来讲，与法兰克福学派的批判理论有着不解之缘。然而，到后来，一些批判论者的观点与这个"原点"相去甚远。

法兰克福学派的批判理论是与课程批判模式中的新马克思主义（又称西方马克思主义）流派密切相关的。从一定意义上可以说，新马克思主义的批判模式是批判理论在课程研究领域的滥觞。

法兰克福学派因其主要成员都曾在德国莱茵河畔的法兰克福大学社会研究所工作而得名，它是西方马克思主义中影响最大、人数最多、前后持续时间最长的一个派别，它属于西方马克思主义中把马克思主义人本主义化的思潮。该派别代表人物众多，霍克海默、阿多诺、马尔库塞、弗罗姆（E. Fromm）等是第一代的主要代表人物；第二代主要代表人物有哈贝马斯、内格特（O. Negt）。自 20 世纪 70 年代以来，又涌现出了第三代的代表人物，其中最著名的是韦尔默尔（A. Wellmer）和奥菲（C. Offe）。

法兰克福学派的理论是发达工业社会中资产阶级意识形态的一种独特表现，他们称之为"批判的马克思主义"和"人道主义的马克思主义"，认为"批判性"是马克思主义的实质和主线，其对马克思主义的发展就是以自由为目标，以压迫为主题，对现代社会进行批判，致力于发展批判的辩证思维。法兰克福学派特别是其中的一些代表人物，对资本主义社会持彻底否定的立场。在他们看来，凡是资本主义社会的东西，都属应扫荡之列。马尔库塞等人把"否定的辩证法"作为其"社会批判理论"的方法论，强调要彻底否定现代资本主义社会，并把这种"否定一切""打倒一切"的政治主张称为"大拒绝"（俞吾金 等，1990）[113]。

20世纪50年代以后，法兰克福学派研究的对象从革命实践活动转向理论领域；在理论领域，又把重心从政治、经济转向文化思想，力图从文化内部清除领袖、权威崇拜的根源。有人评述说，此时的批判理论，实际上是作为一种文化抉择而登场的，它不是批判资本主义制度本身及其根源，而是批判资产阶级的教育、文化及一般意识形态（陈伟 等，1994）[26]。暂且抛开这种评论得当与否不论，批判理论就文化所阐释的观点与见解，的确为课程的构建与批判打开了方便之门。例如，霍克海默就谈到，文化不是独立并超越个体的一个统一体，相反，文化是一个动态的结构，是在社会进程中具有依附性而又有特殊性的领域。"特定生产方式在经济上的衰落严重地破坏着与这种生产方式伴随的文化形式"（霍克海默，1989）[57]，各种各样的文化关系总是与社会生活形式并驾齐驱的。

批判理论的这些主张，诱导着一批教育研究者去探究学校教育及课程中的种种文化关系、权力关系以及对意识形态、生活方式的依附性。鲍尔斯、金蒂斯有关美国学校教育中隐性课程的调查，布迪厄有关"符号暴力""课程霸权"的分析，在一定程度上都是源自批判理论的上述见解。

20世纪70年代以后，西方理论论坛上徘徊着一个新的文化幽灵——后现代主义，它起源于法兰克福学派第二代代表人物哈贝马斯等人的思想。它的出现，为课程的批判模式提供了新的思想土壤。下面让我们简单分析一下后现代主义到底是一种什么样的理论。

尽管后现代主义一词出现于20世纪30年代，但直至60年代才开始有文学批评家以较严肃的态度使用此术语，80年代后它进一步受到重视，近年已成为西方文化的"显学"（罗青，1989）[6-7]。其主要代表人物有马尔库塞、哈贝马斯等。

从一定意义上说，课程批判模式中的批判教育学取向就是将抵抗理论置于后现代主义视野下对课程产生的新认识，是资本主义后工业社会和后工业文化的产物。

在西方一些学者看来，晚期的资本主义已经进入了后工业社会。在这个社会里，累积、处理、发展知识的方式发生了革命性的变化。随着知识发展方式的变更，社会的价值观和生活方式开始向多元主义迈进，而基本的原动力就是解构思想。所有的观念、意义与价值，全部可以从过去固定的结构体中解构出来，可以自由地漂流重组，一切都视情况及"上下文"而定。

后现代主义是后工业社会的文化发展逻辑。它从现代主义的母腹中产生发展起来，它一出现，立即表现为对工业社会的附生物——现代主义的不同寻常的逆转和撕裂，成为一个毁誉交加的文化幽灵，徘徊在西方社会文化的各个领域。

后现代主义在许多方面是与现代主义相对立的。其理论特征是：消解认识论和本体论，即消解认识的明晰性、意义的清晰性、价值本体的终极性、真理的永恒性，而接近反文化、反美学的"游戏"平面；它反对中心性、整体性、体系性；重手段轻目的，重活动本身而轻框架体系；不重过去（历史），不重未来（理想），而重视现实本身。

后现代主义体现在课程上，则是为课程研究提供了新的理论工具，以批判、解构为出发点重新思考课程中的种种问题，深化和扩展课程理论，进而确立课程的批判教育学取向。

二、批判模式发展的轨迹

如前所述，当今在课程研究领域比较有影响力的以批判为取向的课程论者的观点各不相同，这为我们梳理其脉络带来了一些困难。根据课程批判理论的发展历程，我们大体可以区分出三种相对独立的、相互渗透联系的取向：概念重建取向、新马克思主义取向及批判教育学取向。说它们相对独立，是因为这三者在课程的主张上有着一定的区别，也各有其代表人物；说它们相互渗透联系，是因为这三者无论是在时间的嗣续上，还是在已有研究的分类上，都是交叉的，甚至是重叠的。例如，派纳（W. F. Pinar）所讲的概念重建取向，就把新马克思主义的再生产理论包括在内（Pinar，1975；Pinar，1988）；又如，批判教育学的代表人物吉鲁称自己的理论是在与再生产理论的斗争中得来的。鉴于此，在三者的论述中，有时难免有重合之处。

1. 概念重建取向

概念重建取向（reconceptualist approach）是一个内涵不十分清晰的概念，有人用它来泛指与泰勒课程原理、课程领域中的行为主义倾向（如行为目标、定性评价等）这类传统相对立的各派学术观点，也就是将课程理论中所有非主流（主流即指以泰勒为代表的传统的课程观）的观点都包括在内。这样一来，20世纪70年代以后出现的所有"新"的理论观点都在其列，包括施瓦布实践的观点、所谓的新马克思主义，以及各种其他的观点。事实上，派纳在介绍概念重建时，就持这种见解。他认为，最早对传统领域进行批判的是施瓦布（Lewy，1991）[35]。如果这样来理解的话，即把课程研究领域划成传统观念（指以泰勒为代表的传统课程观）与概念重建取向（指不同于传统课程观的研究取向）两大阵营，这未免有些过于简单化了。

在舒伯特（W. Schubert）看来，课程的概念重建取向是由派纳在20世纪70年代初发起的，代表著作是派纳选编的两本书：《增强的意识、文化革命与课程理论》（*Heightened Consciousness, Cultural Revolution and Curriculum Theory*）和《课程理论构建：概念重建论》（*Curriculum Theorizing: The Reconceptualists*）。概念重建取向的主要代表人物有麦克唐纳（J. B. MacDonald）、曼（J. S. Mann）、穆尼（R. L. Mooney）、许布纳（D. Huebner）、吉尼（M. Geene）、费尼克斯（P. Phenix）、克利巴特（H. M. Kliebard）等人（Schubert，1986）[321-322]。

根据概念重建取向的主要代表人物派纳的见解，课程领域中的概念重建取向的发展可分为两个阶段。

第一个阶段是从 20 世纪 70 年代中期到 80 年代末。这个阶段有两个重点：第一是强调所谓的"再生产"理论，即通过学校课程再生产社会。代表性作品有阿普尔的《隐性课程与冲突的性质》一文，其核心概念是"隐性课程"。把课程看作政治文本的其他主要作品包括吉鲁的《霸权、抵抗与教育的自相矛盾》(*Hegemony, Resistance, and the Paradox of Educational Reform*) 和安杨的《作为社会合法化机构的学校》(*Schools as Agencies of Social Legitimation*)。再生产理论（有时也称为符应理论，即课程与意识形态符应的理论）在 20 世纪 80 年代转向抵抗理论。这与课程领域中早期的新马克思主义取向基本上是一致的。第二是自传式的课程研究，代表性的观点反映在派纳的《自传与自我的建造》(*Autobiography and the Architecture of Self*) 中。这种研究强调学校课程的个人经验，它是由于对经验的各个方面和对性别的研究而兴起的。其主要概念有传记的功能、活的经验、自传式的课程研究以及个人的 – 实践的知识。

第二个阶段是在 20 世纪 90 年代以后。此时课程的概念重建主要表现在课程理论与实践两个方面。第一，课程理论已经关注各种形式的定性研究，其重点已不再是传统的课程编制。研究课程论的学者把课程作为下列东西来分析：（1）性别的文本；（2）政治的文本；（3）现象学的文本；（4）审美的文本；（5）自传或传记的文本；（6）制度化的文本，包括课程编制、实施、评价；（7）种族的文本；（8）宗教的文本；（9）历史的文本；（10）解构的文本，即所谓的后结构主义者从事的研究。课程被理解为一种多维的文本，在这种文本中，文化的主流以各种复杂的方式被表述、否定、歪曲或重构。原本是教育中一个主要专业的课程理论，现在已经发生了变化。课程研究主要与文学理论、女权主义理论、新马克思主义社会理论、后结构主义、现象学、审美理论、神学理论等联系在一起了。

第二，公立和私立中小学的课程也发生了变化。主要表现在以下几个方面：（1）知识的基础扩大了；（2）课程的中心偏离了传统的科学和数学，社会学科、文学和艺术得到了加强；（3）包括了女权主义理论对特定学科的理解；（4）减少了标准化考试；（5）把重点更多地放在教与学的个别化上；（6）更加强调学生的生活经验；（7）开展学校结构的重组，以适应学校内变化了的社会关系。

概括起来，概念重建课程论者有以下特点：

（1）他们意识到各种不同研究范式之间的差别，所以花大量精力来阐述不同形式的课程探究的认识论基础。

（2）关注不同性别、种族、社会经济阶层对学校知识再生产的影响。

（3）重视经验的行动，而不是课程。

（4）强调前意识过程，把精神分析学派的学说引入课程。

（5）从文学、艺术以及现象学、存在主义、批判理论中吸取观点，而不只是从哲学中生发出观点。

2. 新马克思主义取向

在课程领域中，新马克思主义取向关注的是学校课程在社会阶层结构的再生产过程中所起的作用。它是在 20 世纪 70 年代初出现的。它的产生至少有着两方面的思想根源。

一是 20 世纪 60 年代后期出现的新教育社会学。新教育社会学是作为对在教育社会学中占支配地位的范式——功能主义的输入 – 输出取向的反动而涌现出来的。新教育社会学家对功能主义持批判态度，认为它忽视了学校教育过程本身，尤其是无视课堂里所发生的事情。课堂生活的一个核心方面是传递知识的方式，因此，新教育社会学实际上成了一种课程社会学，其使用的观念来自知识社会学。"意识形态""再生产""抵抗"，是新教育社会学论述中起组织作用的术语[①]。在 20 世纪 70 年代，它很快成为教育社会学和课程领域中最有影响的一个派别。

二是新马克思主义者对学校和课程的经典陈述。例如，阿尔都塞（L. P. Althusser）在其《意识形态与意识形态的国家机器》等著作中，区分了两种国家机器：（1）镇压性的国家机器，如警察、军队等；（2）通过意识形

---

① 参见韦克斯勒的《教育的社会分析》第二章。

态（或布迪厄所说的"符号暴力"）隐蔽地起作用的意识形态的国家机器，如教堂、大众媒介、家庭、学校等。当然，其中最重要的是学校。他认为，有一种意识形态的国家机器无疑是起支配作用的，这就是学校。学校接受来自各种阶级的儿童，在他们最脆弱的时候，年复一年地向他们灌输隐含着统治阶级意识形态的知识。在这个过程中，为学生灌输他们在阶级社会中要扮演的角色。通过这种方式，资本主义社会中的生产关系，或者说，剥削与被剥削的关系得到了再生产。产生这种结果的机制，被学校的一种占支配地位的意识形态掩盖起来了。这些论述都成了新马克思主义取向的课程论者的重要理论支柱。

对于将哪些理论主张纳入新马克思主义取向，学界向来认识不一，但是对于下列三者应属新马克思主义之列，似乎并无太大的异议。

第一，经济再生产模式。

经济再生产模式是批判模式的雏形，它主要探究学校教育中的隐性课程问题。其代表人物鲍尔斯和金蒂斯借用马克思的再生产概念，指出学校教育的主要作用是再生产资本主义社会得以维持下去的劳动力分工，以及资产阶级统治思想、意识形态和文化价值。他们认为，只有通过对学校教育与国家政治、社会关系的认识，才能深刻地理解学校教育的功能。在其合著的《资本主义美国的学校教育》一书中，鲍尔斯和金蒂斯指出，在资本主义社会，资产阶级的权力地位并不是稳固的，它可能受工人联合的威胁。资本家为了保持自己的优势，就利用各种方式来维持和再生产社会关系。教育"是现代社会阶级结构再生产中一项不可或缺的因素"（鲍里斯 等，1989）[146]。他们考察了教育上存在的"符应原则"（correspondence principle），认为"学校教育主要通过学校与阶级结构之间的符应，而一直对再生产社会关系有所贡献"（鲍里斯 等，1989）[189]。教育的不同层次，实际上符应了职业结构的不同层次。在他们看来，课堂上的各种社会关系（隐性课程），使得维护资本主义逻辑和合理性的劳动观念、权威观念、社会规范和价值观念等，以潜移默化的方式浸透到学校中，使之合法化并对学生产生影响。他们要求改变教育赖以实施的社会制度和社会关系。

第二，文化再生产模式。

鲍尔斯和金蒂斯指出的教育与经济的简单的"符应原则"，在布迪厄那里得到了修正。布迪厄认为，在教育与政治、经济之间并不存在直接的关系，教育主要是传递文化，只有通过文化这一媒介，教育才能在社会再生产中成为重要的社会力量。他提出了"文化资本"（cultural capital）、"文化专断"（cultural arbitrary）和"符号暴力"（symbol violence）的概念。他认为教育制度有自己的文化专断，那就是支配阶级的文化，教育实际蕴含着将支配阶级的文化专断灌输到来自其他文化的儿童身上的过程，其结果是：（1）支配阶级的儿童一直被给予"文化资本"，会发现教育是容易理解的；（2）支配阶级的文化被显示是比较高级的；（3）"符号暴力"借着"霸权课程"（hegemony curriculum）被强加给其他阶层的儿童，使其达到社会化（布列克里局 等，1987）[212]。吉鲁在对布迪厄的理论进行分析时说，布迪厄不懂得"文化既是一种结构过程，也是一种改造过程"，他只看到了学校的文化性质和知识形式是统治阶级文化资本的无力反映，而没有看到这种统治和控制反映在学校教育过程内部是充满矛盾、冲突、斗争和阻抗的。

第三，国家再生产模式。

20 世纪 70 年代以来，一些批判教育理论家十分注意探讨国家干预教育的复杂作用，认为对学校教育性质和作用的考察不应限于经济和文化再生产过程。这种考察方式没有充分注意到西方发达国家中存在的不均衡现象，对国家干预教育的政治因素缺乏必要的了解。葛兰西（A. Gramsci）认为，资产阶级国家行使的霸权可以被解释为"暴力和同意的结合"。国家既有通过学校为资本主义劳动提供必需的劳动力、知识、技能和文化价值的任务，同时还有通过学校用经济的、意识形态的和心理的感染力赢得劳工阶级对既定国家政策表示"同意"的任务。阿普尔也认为资产阶级为了取得经济利润，实际上在力求使自己的文化为其他阶级接受，这是一种"文化霸权"（cultural hegemony），其核心是"意识形态"。通过国家对学校的干预作用，这种文化霸权得以有效运行。

3. 批判教育学取向

另外一些持批判教育学取向的课程论者对上述再生产理论进行了批判性思考，指出再生产理论仅仅考察了学校教育的社会制约性这一方面，把学校仅仅看作工厂甚至监狱，而教师和学生只受资本主义制度的限制，忽视了教育制度中人类自由和自我决定的重要性，忽视了人们创造历史的能力，从而也忽视了学校内部存在的矛盾和斗争。

正是基于上述考虑，一些批判教育理论家在 20 世纪 70 年代末开始向再生产理论发出挑战，并试图超越再生产理论。他们提出，由于人的能动作用的发挥，各种社会和文化的再生产根本不可能得到实现，因为它往往受到对立因素的"阻抗"；在分析学校与统治社会之间的复杂关系时，应把矛盾、冲突、斗争和阻抗等概念放在重要地位，建立和发展一种"抵抗理论"。

抵抗理论认为，统治阶级通过学校和其他机构一方面再生产自己的文化价值和意识形态，另一方面也再生产出与自己利益相悖的对立阶级和其他下层阶级的文化价值和意识形态。围绕抵抗理论展开的各项研究，是由威利斯（P. Willis）1977 年进行的一项经典研究引发的。他的《学会劳动：工人阶级子女是如何得到工人阶级的工作的》（*Learning to Labour: How Working Class Kids Get Working Class Jobs*），是一项对学校中和学校毕业后工作场所中工人阶级青少年进行的人种志研究成果。威利斯提出了"反学校文化"（anti-school culture）的概念，指出反学校文化是整个工人阶级文化的一个层面，是工人阶级价值和态度的一种表现。反学校文化最基本、最明显的层面，就是以个人化的形式坚定地、广泛地反对权威（Willis，1977）[11]。具有反学校文化的学生，因其未能很好地掌握学校中的"主流文化"，常常进入非技术性与半技术性的行业。如此，就促进了工人阶级文化在西方资本主义社会的再生产。这种研究表明，那些具有反学校文化的学生常常表现出一种奇特而又较为深刻的思想和行动逻辑，也就是说，他们最终走向确认而不是反对现存的资本主义社会关系。威利斯向抵抗理论家提出了下列任务：（1）识别并记录（主要通过人种志研究）学生抵抗学校教育，尤其是抵抗隐性课程的例子。（2）对失败的与建设性的（如可能导致政治变革）抵抗例子做出区别。（3）提出使各种抵抗现象朝向政治变革的途径。

批判教育学的代表人物吉鲁很欣赏抵抗理论，把自己的思想也归为抵抗理论的范畴。他认为，与简单的再生产理论相比，抵抗理论是一个更有价值、更深刻的理论，它有助于我们了解下层社会民众经受教育失败的复杂方式。但他不同意威利斯反学校文化的说法，认为威利斯把犯罪行为也作为反学校文化的主要形式是不严谨的、草率的。他指出，必须对"促进人类基本价值的抵抗行为"与"破坏人类基本价值的抵抗行为"加以区分，这样才能更好地说明抵抗实际上是什么。只有前者才应该被描述为"抵抗"，它意味着追求"自由与解放"以及"为反对支配与服从而进行的斗争"（Giroux，1983）。

吉鲁等人的批判教育学正是在抵抗理论中孕育发展起来的，是抵抗理论在后现代主义背景下的衍生和发展。吉鲁在其批判教育学中提出了两个紧密相关的术语：边缘教育学（border pedagogy）和差别教育学（difference pedagogy）。它们分别从两个不同的方面（文化的和政治的）勾勒出了批判教育学的基本特征，说明批判教育学既是一种文化实践，也是一种政治实践。（Giroux，1983）

现代主义把西方文化作为世界文化统一的"主轴"，忽视了其他民族文化的重要性及其所发挥的作用，由此所产生的现代主义的教育理论反对多元文化，主张"共同文化"，认为任何以文化差异为名对种族、阶层所做的分析和阐释，都有削弱西方文化的企图。吉鲁对"共同文化"观念进行了批判，认为它至少在两个方面是有害的。第一，它把西方文化非历史化和非政治化了，没有正确分析西方文化发展的历史，没有充分认识西方文化与意识形态的千丝万缕的联系。它提倡的西方文化是一种理想化了的东西，对其他民族始终是一种"误导"。第二，它没有注意到文化差异的观念实际上是与民主观念紧密联系的，两者的结合可以使公正、自由、平等原则扩展到更大的社会关系之中。

吉鲁指出，批判教育学就是要尊重文化差异，运用文化批判的观点在课程实践中创造一种跨越边缘——文化差异的新形式，形成边缘教育学。他说，边缘不是一个把我们从文化差异性中拯救出来的"深渊"，而是一个所谓差异性产生的地方，正是这种差异性造就了我们，因而我们完全可以理解这种差异（Giroux，1991）。运用边缘的概念，我们可以向一切既定的权威挑战，向业已存在的主导文化提出质疑。在课程实践中，要使学生成为边缘的跨越者，以便他们用自己的术语去理解文化差异，进而创造边缘地带。在这个地带，不同的文化可以在现有的权力结构中获得主体地位。换言之，就是要使教师和学生接触不同的文化，并对它们加以讨论和转换。

文化差异在课程实践中的分析和解构，会促进学生对其他文化的同情、忍耐，而不是厌嫌和憎恶。学生投身于不同文化的批判性讨论之中，也为自身探讨众多的有差别的文化符号、历史提供了机会。正是在这种背景下，作为学生跨越不同文化基础的差别教育学就尤为必要了。

差别教育学是批判教育学的另一种重要形式，它融入了边缘教育学中文化差异的观念，更多地是从政治角度透视教育和课程问题。在吉鲁看来，差别教育学是与差别政治学联系在一起的，它不仅提供给学生各种社会集团互相冲突的范式，促使学生就种族、阶级如何形成权力提出疑问，而且为学生提供批判的技能、方法及价值观念，以重新阐明权力与主体的关系。他认为，差别教育学提出了一些需要重新思考和批判的问题：统治集团与附属集团之间的关系是如何组织起来的？它们在课程中是如何被纳入主导文化并被建构的？两者之间的关系如何转换？通过对这些问题的审慎思考和辩驳，差别已不再是不平等、歧视的理由，"它开启了建构新课程实践的可能性，开启了形成文化民主形式的可能性"（Giroux，1991）。

批判教育学以后现代主义为基础，将教育置于宏大的文化与政治背景下进行考察，提出了一系列课程构建主张。

第二节　批判模式的一般原理

批判教育理论家各自关注的重点、范围及理论主张都颇为不同，如果说在他们之间有什么"共识"的话，除了都关心"解放"（emancipatory）和"改造"（reform）的观念（亦即将人从资本主义的社会意识形态的控制中解放出来进而进行社会重建）外，对已有课程进行批判，也是其中之一。

一、对传统课程理论的批判

批判教育理论家对传统课程的批判，与批判理论倡导的一系列主张在一定程度上是呼应的。比如，霍克海默就始终强调知识的暂时性及其有限的本质。他认为，没有任何事实的景象是客观的或完全的，所有思想和认知都是基于历史和人类的利益而形成的（吉普森，1988）[29-31]。在这种理论的引导下，一些批判教育理论家认为现在的学校不像它们在 19 世纪那样是创造救世式的共和文化的一种社会手段，也不像 20 世纪初那样是追求效率和进步的技术知识之信仰的载体，甚至也不像 20 世纪五六十年代那样被认为是达到社会平等的途径。学校教育已被资本主义所扭曲。其中，课程扮演着重要角色。

在当今持批判取向的课程研究者中影响最大的，是巴西的弗莱雷。弗莱雷的"批判教育学"以及所谓的"被压迫者的教育学"（pedagogy of the oppressed），对年轻的课程学者影响很大。弗莱雷用"银行储蓄"这一隐喻，抨击传统的学校教育。在他看来，教育成了一种储蓄行动，学生是储蓄所，教师是储蓄者。教师在学生那里储蓄越多，就越是个好教师；学生接受储蓄的能力越大，就越是个好学生。银行储蓄式教育的典型特征是（Freire，1972）[59]：

（1）教师执教，学生受教；

（2）教师有知，学生无知；

（3）教师思考，学生是思考的对象；

（4）教师演讲，学生听讲；

（5）教师执行纪律，学生服从约束；

（6）教师做出选择，学生依从选择；

（7）教师行动，学生通过教师的行动获得行动的假相；

（8）教师选择课程内容，学生顺应这些内容；

（9）教师把知识的权威性与他自己职业的权威性混淆在一起，使他处于学生自由的对立面；

（10）教师是学习过程的主体，学生仅仅是客体。

根据上述概念，其对课程设计的观点是：教育者的作用是要支配这个世界进入学生的方式；课程设计者的任务是要组织一个过程，通过储存构成真正知识的信息来填满学生。而批判教育理论家则要求对课程设计专家的权威性提出质疑，并敦促形成一种更民主的师生关系。

在对传统课程的批判中，批判教育理论家还把矛头直指泰勒的目标模式课程。在他们看来，泰勒的课程原理注重的是一种系统管理（systems management），它假设系统的有效性可以通过该系统的输出满足该系统存在之目的的程度予以评价。然而，探讨目的的政治过程，以及对目的的理解，实际上被忽略了。在现实教育世界里存在的谁来决定目的以及决定什么目的这类有难度的伦理学的、意识形态的问题，正是课程论者要探讨的。所以泰勒的课程原理只是表述了似乎在其他意识形态之上的占支配地位的制度化了的意识形态。也就是说，它源自被课程工作者认为理所当然的现实之一部分的一套基本思维规则。

他们认为，所有知识都有着社会偏见，知识的构建总是为某种社会目的服务的，所以，课程研究要揭示学校里所教的外显知识与内隐知识之间的关系、选择和组织知识的原理，以及评价的准则。针对泰勒目标模式的四个所谓经典问题，阿普尔提出了四个有代表性的问题，它们是（Apple, 1979）[1-11]：

（1）这是谁的知识？

（2）知识是由谁来选择的？

（3）为什么要这样组织知识，并以这种方式来教？

（4）这对这个特定的群体是否有利？

通过这种对传统课程的批判，批判教育理论家试图使人们认识到或至少是提醒人们注意：学校像其他社会机构一样，已经成为经济文化再生产的机构。传统教育论者通常都忽视了这样一个问题：学校教育在使资本主义意识形态合法化和再生产的同时，却又自相矛盾地试图使自身的语言非政治化。在一般人看来，学校只是教学的场所，而忽视了它们同时还是文化和政治的场所，是具有不同权力和文化的经济群体竞争和争夺的场所。

二、批判模式的原理

持批判取向的课程论者，提供了各种对传统教育意识形态提出挑战的分析模式。他们反对保守的观点，即认为学校传递客观的知识，形成了各种隐性课程理论和意识形态理论，以识别隐藏在具体知识形式背后的利益。学校知识是占支配地位的文化的特殊呈现。学校通过选择、组织特定的语言形式、推理方式、社会关系、文化形态、经验等，并赋予其中某些以特殊地位，来再生产支配文化。从这个观点来看，文化是与权力联系在一起的，是与把统治阶级的一套特定代码强加给学生联系在一起的。学校不仅通过肯定支配阶级的学生并给其特权，而且还通过排斥、贬低从属阶级的历史、经验、理想来发挥其功能。

批判教育理论的上述关切，可具体化为下列三个问题。

1. 知识是如何通过学校来生产的？

许多教育工作者理所当然地认为，知识就是知识，知识对所有的人都是一样的。学校也告诉来自社会中下阶层的学生，只要他们努力学习，掌握学校所传承的知识，注意行为举止，就有可能向上层社会流动。但是，批判理论家的探索已经揭示，这是一个没有根据的假设，它具有"谎言"的性质。

持批判取向的课程论者指出知识是文化资本的一部分，因此，个人拥有的知识，像所有其他资本一样，至少部分决定了个体在阶级结构中的位置。社会再生产阶级结构的机制之一，就是让不同社会阶级的儿童接受不同形式的知识；各种知识的地位，反映了拥有它们的人的社会地位。安杨对社会阶级与课程经验关系的研究表明，学校通过以各种不同方式教来自不同社会阶级的学生，或者说用不同的知识传授方式教不同的学生，再生产社会阶层和分工。威利斯、阿普尔、吉鲁等人也指出，社会各阶层中只有极少数人能体验到社会流动，社会各阶层的再生产在很大程度上是受学校传递给他们的知识经验影响的。

那么，知识经验是如何通过学校的运作为不同社会阶层的学生所掌握从而为社会再生产服务的呢？持批判取向的课程论者认为，这至少是通过三种方式来完成的：第一，不同的课程。具有不同社会背景的儿童进入不同的学校，学习不同的课程。第二，中产阶级对学科的偏见。所有儿童在学校里学习的高档学科的内容，较容易被中产阶级学生掌握，因为他们在家里已经习得了学校的语言和高档学科的内容。这并不是说，一门学科的内容优于另一门学科，而是说，工人阶级子女所熟悉的那种知识，是不包括在一般课程中的。第三，隐性课程。总体上来讲，学校里呈现信息的语言方式，一般是中产阶级的子女比较熟悉的。这并不是说，这种语言方式优于工人阶级的语言方式，使用它们只是为了维持现存的社会结构。

在这些学者看来，隐性课程是由传递给学生的不被公开承认的但又始终一致的信息构成的。隐性课程被认为是学校中现有的再生产阶级结构的最有力、最有效的手段。官方课程与学校行为规则规范中隐含的信息相比，其意义显得微不足道。官方课程的意义，并不在于其外显的学习目标，而在于它认定哪些知识合法、哪些不合法，其结果是把不同的知识分配给不同的学生。

持批判取向的课程论者揭示出，学校及教育者实际都共同存在着一种倾向：对来自不同社会经济阶层的学生抱有不同的期望。出身于工人阶级的学生为受他人支配的、被动的、惯例性的、机械的工作做好准备；与此相对照，另外一些人则根据他们的社会经济地位，相应地为要求创造性、自我管理的工作做好准备。鲍尔斯和金蒂斯通过调查分析，认为学校为了使不同社会阶层和社会集团的人获得相应的职业、地位，通过隐性课程提供能胜任工作的知识技能；注意养成适合于等级制劳动分工需要的个性品质；帮助形成各种身份区别，加强成层意识，从而使经济不平等合法化。激进主义的批判教育者伊利奇（I. Illich）在其《非学校化社会》一书中，深入探讨了隐性课程。他试图唤起人们注意这样一个事实："学校教育的这种隐性课程必然会使社会对其部分成员不仅存在不公，而且抱有偏见，犯有罪孽，同时也使那些享有特权者获得了以恩赐态度对大多数无特权者示以关心的一种新资本。"（伊利奇，1994）[47]伊利奇断言："无论在哪个国家，学校教育之隐性课程都诱引人们相信这样一个神话，即：以科学知识为指导的科层体制是高效率的、乐于助人的；无论在哪个国家，这种隐性课程都向学生灌输着这样一个神话，即：生产和发展将带来生活的改善；无论在哪个国家，这种隐性课程都助长着人们放弃自身努力、一味依赖于他人服务的习惯，助长着异化的生产活动，助长着人们对制度化依赖的迁就以及对制度性分等归类的认可。"（伊利奇，1994）[105]在他看来，无论教师如何努力防范，也不管学校受何种意识形态支配，隐性课程的上述影响都依然存在。只有取消学校，代之以非学校化、非制度化的学习网络，才能根除隐性课程的这些影响。

2. 学生在学校里获得的知识来源于何处？

在以批判为取向的课程论者看来，"什么知识最有价值"这一经典的课程问题，其理论价值有限。这不仅因为人们对应该教什么的看法冲突十分尖锐，而且还因为它不只是一个教育上的问题，同时也是意识形态上的和政治上的问题。无论我们是否认识到，课程问题始终是与阶级、种族、性别、宗教等冲突联系在一起的。不含阶级偏见、单纯客观的知识是没有的。所以，在他们看来，课程的最基本问题应该是"谁的知识最有价值"。因为，资本主义制度中所隐含的价值，在很大程度上决定了学生在学校里所接受的知识的种类和性质。学生的知识主要来自教科书、教师和学生自己。

教科书给学生传递一种包装好了的、同质化了的知识。相对于其他来源而言，教科书的影响更大些，因为教科书被广泛作为课程。教科书是符号化了的资本主义制度。阿普尔的《教师与教科书》一书对此做了详细分析。事实上，学校教育中占支配地位的技术专家取向，限制了学生思维和行动能力，从而阻碍了学生认知、道德和审美的发展。

教师无疑是学生知识的一个重要来源。大多数教师来自中产阶级，因此，他们所展示的和促进的价值观肯定是中产阶级的。知识被看作是教师已掌握的并要传递给学生的商品。学校教育不相信学生创造知识的能力。按照教师方式行事的学生被认为是"好学生"，他们被教导顺从规则，接受比他们懂得更多的人提供的知识。

学生也是学校中转化的知识的来源。他们来到学校时已有各种经验。作为个体，学生用这些经验来调节他们所听到的、看到的、读到的东西。而且，学生形成的群体，会在学校里或班级里形成一种亚文化。这些群体的规范、价值、习俗与教师传递的课程中隐含的和公开的信息相互作用，所以，实施的课程往往不同于事先规定的课程。

3. 学校要学生养成的世界观和技能是为谁的利益服务的？

麦克尼尔（L. McNeil）认为，教师在不加批判地使学校教育永存，即重视外在的认可，而不是个人的生长。她认为这是由"防御性教学"（defensive teaching）所造成的。防御性教学是指教师中流行的一种习惯。教师常常注意到学生有多忙，因此只给他们所必需的阅读和其他作业。他们不明智地认为，完成作业、学分、文凭比真正的学习和生长更重要。这样，外部控制占了支配地位。

当学校教育由那些无批判性的教育者设计和经营时，课程几乎始终是为社会支配阶级的利益服务的。如果立法者制定的规则被改编以适应资产阶级的利益，如果行政人员执行这些规则，那么社会的结构就会不断地延续下去。这样，那些因性别、种族、阶级而不适应当支配者的人，必然会受挫。布迪厄认为，那些不适应到权力位置而又努力这样做的人，要实现目标，必须通过三条途径：（1）结识有权势的人；（2）获取钱财；（3）获得当官的认可，如文凭等。当然，谁能当官主要取决于权力的看管者，即拥有财富的人。

在大多数批判理论家看来，通过学校教育激发公正的意识，比只需通过努力工作就可向社会上层流动这一神话的永久性要更好些。公正的意识，是所有人平等竞争的结果，这样就可消除阶级偏见。只有到这时，才有民主可言。

尽管课程研究者很容易把可观察到的行为作为成功或有效的标志，但课程真正的结果体现在不容易被观察到的人的意识领域。课程工作者很少能表明他们对学生世界观的影响，他们往往是在不了解自己努力的价值的情况下工作的。所以，对上述问题的思考，有助于课程工作者形成批判意识。

第三节　课程批判探究的过程

持批判取向的课程论者把"解放"作为教育最终要追求的目标，要求个人摆脱权力的控制，把自己从其他人的操纵中解放出来，充分发挥自己的能动性，自己掌握自己的命运，取得控制自己生活的权力。

基于这样一个目的，他们反对教育中一切的权力形式，如教材、教师等，反对课程的普遍性与统一性，要求在教学过程中始终贯穿批判性的思想，以建构教育的文化新形式。

弗莱雷在课程上就曾提出"解放"的取向，将其作为传统的课程设计模式（技术－生产取向）的替代。这种取向强调对具体情境的批判性反思。与银行储蓄模式相反，弗莱雷提出的"提问法"要求"对话"，在对话中教师和学生是批判的、合作的调查者。他强调要在对话中发展教师和学生批判性地觉察他们在这个世界上存在方式的能力，要使他们了解这个世界不是一种静止的实在，而是一种处于过程中、转化中的实在（Freire，1972）[52]。

课程决策的价值中立的意识形态伪装，在弗莱雷那里被抛弃了。一旦抛弃了这种伪装，也就危及课程编制只涉及技术决定这一假设。课程编制不再被认为是一个技术问题，而是一个政治的、意识形态的问题。其目的，是要使学生讨论对世界的看法和想法，感到自己是思考的主人。同样，最终的结果不是学习的成绩，而是批判性的反思和实际的行动。当然，作为学习结果，具有批判性反思的能力是理想的。而导向旨在使自己得到解放的政治行动，是最终目的。

弗莱雷的主要贡献是在第三世界进行成人扫盲工作。在从事这一工作时，他把批判理论转向批判实践，并取得了相当大的成就。西罗特尼克（K. A. Sirotnik）根据弗莱雷的思想，结合自己的研究，概括了批判课程研究所要经历的五个基本阶段。

第一，要识别和理解目前的问题。无论这些问题是什么，批判探究的参与者都必须认识到所存在的问题，并对问题形成共同的看法。这个阶段要回答的一个基本问题是："我们现在正在做什么？"也就是说，要澄清课程中的主要问题是哪些。

第二，所有问题都不是一夜之间产生的，而是有其历史的和现实的背景的。这一阶段的探究是围绕"它是怎么成为现在这个样子的"这个问题来展开的。通过历史地看待问题，参与者批判性地探讨这些问题的社会、政治和经济特征，并且明确这些特征。通过这种方式，参与者可以透过原来问题的表面触及实质。例如，对学生成绩评定的问题，可能反映了更深层次的问题——学校教育的目的。

第三，持批判取向的参与者必须面对重大教育问题所蕴含的政治现实，认识到其中体现的价值、信念和利益。这个阶段要探讨的主要问题是："现在这种方式是为谁的利益服务的？"例如，如果我们要调查某一课程问题，就要问：为什么要调查这个问题？这对谁有利，对谁不利？这种做法是否与我们所认为的好课程要求相一致？……

第四，对知识的批判需要具有批判的知识。批判探究要求参与者对探究有深入的了解，并把各类知识用于说明所探讨的问题。这个阶段要问的主要问题是："与这些问题有关的哪些信息和知识是我们已具有的（或需要获得的)？"这些信息和知识来自各个领域的研究，而不只是教育领域的研究，同时也包括参与者自己已有的经验。

第五，批判探究必须既指导行动又从行动中获取认识。批判探究强调"实践"这个概念，认为可以把批判的认识用于实践，同时实践又有助于促进批判的认识。尽管现在教育工作者对一些重大问题的讨论还不够充分，尤其是缺乏从历史和现实背景的角度来探讨问题，但与此同时，光是讨论是不行的，必须付诸行动。如果等待有了答案再行动，往往永远不会得到答案。教育者应该是参与变革的主体，而不是客体。

所以，批判探究反对研究者与实践者、理论与实践、主体与客体之间的两分法。批判探究的参与者本身就是认识者，他们必须在自己日常工作环境中不断地认识、再认识。因此，他们要不时地问自己："这是我们所要的吗？我们对此还准备做些什么？"由此可见，批判探究永远不会结束，它是一个不断循环反复的过程。

批判教育理论的另一个重要代表人物吉鲁也提出了与弗莱雷相近的观点。他的课程主张是从反文本（countertext）和反记忆（countermemory）观念出发的，对传统意义上的课程提出了挑战。文本是后现代主义和后结构主义常用的一个术语，概指一切文化符号。吉鲁认为，一切文本都有其历史的以及文化上的局限性，其"论述"或多或少都与一个社会的特定文化有关。学校文本的主要表现形式——教材，往往体现的是社会的主流文化，并忽视了其他文化。学校教育在推动学生所谓社会化的同时，也忽视了分析教材背后隐藏的意义和价值。而对历史上形成的东西也是如此，所以，学生在反文本的同时，还要反记忆。学生不能把文本（教材）单纯地作为继承下来的知识，而是既要批判地分析、读解过去是如何转向现在的，更要通过现在去读解、认识过去，也就是通过学生的"声音"（voice）来重构历史（Giroux et al., 1991）[72-77]。

这种反文本、反记忆的呼声转化为课程实践，就是反对忽视学生不同文化和历史背景的统一的课程，把与主流文化相异的价值、观念、思想（吉鲁称之为"附属文本"）引进课程领域，产生文本的"离心"

(decentre）现象；打破现有的学科界限，形成多种学科相结合的"后学科"
（postdisciplinary），从而使得学生超越教材的意义和价值，依靠自己的经验
重新建构知识，创造自己的"文本"。课程中的"表现符号"也要多样化，
不能只限于印刷出来的书籍，还应把图像、电影、电视等引进来，这样学
生可以接收到更多的文化信息。同时，课程还要与大众文化及学生生活紧
密结合，吉鲁说："课程与学生日常生活相结合无论怎么强调都不过分。"
（吉鲁，1995）他认为，随着后工业社会的来临，文化与工业生产及商品结
合得越来越密切，文化已完全大众化了。高雅文化与通俗文化之间的距离
已经消失了，文化已从那种特定的"文化圈"中扩展开来，进入了人们的
日常生活，所以，课程如果还是被"束之高阁"，与大众文化割裂开来，就
会被"阶级文化"所控制，影响学生对其他文化的接受和主体的建构。

在教学过程中，批判教育学要求将批判与质疑贯穿始终，讨论及
批判性的分析似乎是其最崇尚的方法。吉鲁反对那种传递式的教学
（transmission teaching），主张用"文本情景"（textuality）来取代这种教学方
式，并以语文教学为例说明了教学过程中应采用的方式方法。他提出教学
可分为三个步骤来进行：阅读、解释、批判。阅读使学生明了作者作品中
的文化符号，并进而明确他们自己如何运用这些符号。在这一阶段，学生
要有机会重述故事，对它加以概括和扩充。解释是在阅读的同时，对课文
进行评述，并帮助学生把该课文和其他课文联系起来进行分析，以使他们
形成对课文间联系的整体认识。在这一阶段，学生要摆正自己的主体地位，
充分地去阐释，更要去批判（Giroux et al., 1991）[72-77]。在第三个阶段，学
生要运用自己的经验去评判课文，分析其缺点与不足，不仅要确定作者在
意识形态上的真正利益，而且要考察现有的权力结构中促使该作品产生的
因素，以便形成独立批判思考的能力。教学的整个过程要体现出促使学生
超越意义、知识、社会关系及价值的意图，要求学生运用自己的特殊经验
对课文进行批判性的讨论和转换，充分发挥其能动作用。

在这种情况下，教师是否就要完全放弃自己的权威呢？批判教育学认
为答案是否定的。关键在于教师要把权威转换成一种解放实践，为学生的

批判提供条件，如帮助学生分析学校以外制约教材的力量，了解来自不同社会背景的学生在学习时为什么会有差异及有什么差异，等等。批判教育学还要求教师具有自我批判性，剖析自己的局限性以及政治价值观，并甄别这种局限性和价值观对学生的影响。他们认为，教师要同学生一样，理解并尊重其他文化，在教学中不仅对不同文化间的差异做出阐释，而且要使这种差异合法化，即把不同文化的思想、观念、价值集结在一起，创造一个文化边缘地带，引导学生去认识、分析、批判、重构。

第四节　批判模式之批判

批判教育理论家被认为是当代资本主义的反叛者，虽然人们对批判教育理论毁誉参半，但所有的人不得不承认，批判教育理论家们的理论主张是清晰的、有活力的，其批判精神和勇气是令人敬佩的。

批判教育理论家提出的一系列观点，的确给人以耳目一新的感觉，为我们了解教育过程和现象提供了一个新视野，为课程编制提供了一种新的选择的可能性。其一系列见解（特别是有关隐性课程的研究）对我们来说不无启迪，例如把教育置于政治与文化背景下进行考察，主张充分发挥学生的能动作用，把学生自己的经验融汇到课堂生活中；强调课程设计要考虑到文化差异，把不同的文化引进课程领域；批判教师权威，让学生批判性地思考一切权力结构；如此等等。这些都有助于深化我们对课程问题和课程研究的认识，促使我们对课程理论与实践进行再思考和再分析。

在当今国外课程研究领域，批判取向可以说是最有吸引力的。在批判取向的课程论者看来，课程编制不只是一个技术问题，还是一个政治问题。因为"教育不是一项中性的事业，……而是一种政治行动。无论教育工作者是否意识到这一点，他或她本身就是一个政治者（political being）"（Apple，1979）[10]。所以，课程探究必须对人们的利益和意识形态提出直接挑战，即要批判性地考察意识形态和政治经济对人的发展的影响。从某种意义上说，批判理论有助于扩展我们的理解力，使我们能够理性地判断教育活动。

批判模式反对一切权力形式，反对课程中的普遍性、统一性、整体性，倡导学生参与批判，这种观念与我们已有的课程观是相对立的。虽然它源于晚期资本主义后工业文化，与我们所处的文化背景有一定的差异，但我们也不得不问：这种理论可行吗？其实，即使在西方一些国家，批判模式也是不大受欢迎的。毕竟它是以一种反抗的姿态出现在文化与政治舞台上的。教育活动不同于文学、艺术、宗教、哲学等，在这些领域，后现代主义已纵横驰骋，开创了小说创作与评论的新形式（先锋派小说）、美学上的新情趣（如现象派绘画）、宗教上的新信仰、哲学上的新思想。但它要在教育中生根、发芽，以横扫一切之势消除以权力、权威为特征的旧有的教育形式，是难以圆梦的。教育终究是政治的一种工具和手段，是与意识形态紧密联系的，虽然批判教育学对此予以批驳、反对，但要把教育从意识形态的"牢笼"中解放出来，只能是一种异想。持批判取向的课程论者正确地认识到，权力与知识是一体的，知识是权力的象征，更是权力的附庸。如若课程摆脱不了与政治、权力的渊源，那么它也就无法摆脱与主流文化的干系，要想在教育领域大张旗鼓地宣扬"反文化""亚文化"也就不现实了。实际上，批判模式的倡导者对此并非一无所知，也许是后现代主义的批判精神鼓舞他们与现有社会抗衡，是后工业社会暴露出来的文化矛盾与危机促使他们振臂高呼，希望唤醒人们沉睡的文化批判意识。无论如何，我们在崇敬他们的这种批判精神和勇气的同时，却不得不对其理论的可行性提出质疑。

事实上，在西方，自批判模式产生以后，对它的批判声就不绝于耳了。有人指出，批判模式忽略了学生在学校中"反应的巨大差异性和复杂性"，认为仅用"抵抗"这一范畴来说明学生的行为是不全面的，主张批判模式把没有绝对地、乐意地服从教师要求的学生行为都归之于"抵抗"，是一种简单化了的做法（Hargreaves，1982）。也有人持与之类似的观点，提出不应对学生文化做"赞成"与"反对"的两分法。伍德斯（P. Woods）就曾分析了学生在学校活动中不同的反应方式，如迎合、顺从、退缩、不妥协、反叛等（Woods，1983）[90]。此外，也有人对批判模式注重文化差异，要求把其他文化特别是亚文化引进学校课程的做法提出了异议，认为这种见解如同社会学家经常认同劣势者的世界一样，在赞美、融合亚文化的同时，没有深刻考察它给学生带来的不良影响。

此外，批判模式本身还存在其他一些难以克服的问题：

第一，批判理论最早源自马克思的著作，又远离正统的马克思主义。

第二，批判模式所探讨的课程，其内涵已超出了通常所说的课程定义的范围。课程与学校教育几乎成了同义词。它强调批判与政治行动的结合，但在我们看来，要通过课程研究来改变资本主义社会中教育权力、教育机会、教育质量的不平等，以及种族、性别歧视等社会问题，似也难以圆梦。

第三，在批判模式发展初期，其代表人物在"科学技术也是意识形态"的理论引导下，认为意识形态充斥在学校教育的各个角落，在理性的神秘光圈下，课程成为现存社会制度的牺牲品，人的自由和解放被取消。这种批判对于我们认识资本主义学校教育制度及课程有着一定的意义，但其观点亦有过激之嫌。科学技术的确有一定的意识形态色彩，体现在课程上也有着一定的阶级特征，但如果一概而论，则不恰当。

第四，批判模式的理论主张，在一定程度上陷入了"二律背反"的怪圈。一方面，它们反对"结构"主张"解构"，反对"目的"主张"手段"，反对"中心"主张"去中心"，反对"普遍性"主张"特殊性"；另一方面，它们在课程中又不得不考虑两者相对的问题。这样就用了"无目的的目的性"和"无规律的规律性"来界定知识的普遍有效性，使其理论必然陷入理性的至上性和非理性的根源性的悖论之中。如此，它们的课程主张，如同人们对马尔库塞思想的评论一样，"表现为一种颠覆性的观念，而且表现为一种高度抽象的'理智的'乌托邦思想"（陈伟 等，1994）[77]。

第四编
课程理论与研究

前面三编主要是从课程理论体系的角度，分别阐述了课程的基础、课程编制的原理、课程探究的形式，本编着重探讨课程理论本身的构建，课程理论与实践中的一些基本问题，以及课程理论发展的趋向。

课程理论构建不是分析课程理论本身，而是探讨如何营造课程理论本身的体系，以及课程理论与教育科学中其他学科之间的关系。尽管课程在教育科学中是最发达的领域之一，而且有着悠久的历史，但人们对课程理论的认识各不相同，甚至存在着很大的差异。在我国，人们对课程理论与教学理论的关系有不同的看法，而且认识上的差距很大。通过对早期的课程理论、20 世纪中期的课程理论和当前各种课程理论取向的分析，我们可以把握以往和现在人们在课程理论构建方面已经做了些什么和正在做些什么；通过对课程理论与教学理论关系的分析，我们可以看清课程理论应当着重研究些什么；通过对课程理论发展的辨析，我们可以明了在课程理论构建方面还应做些什么。

第十二章"课程的基本问题"对课程领域中经常遇到的问题做了一些理论思考。尽管这些问题在前面各章节中多少有所论及，但考虑到它们几乎贯穿课程研究的始终，有些人甚至认为这些问题是在课程史上时隐时现的、无法摆脱的问题，所以我们将其独立出来专门予以讨论。这些基本问题是：隐性课程与显性课程、分科课程与活动课程、核心课程与外围课程、课程的价值辩护、课程的一元化与多元化、课程中的文理分科、普通教育与职业技术教育的课程设置。应该说，这些问题既有课程理论的基本问题，如隐性课程与课程价值问题，这些是需要课程理论工作者深入探讨的问题；又有课程实践的基本问题，如分科课程与活动课程、普通课程职业化与职业课程普通化问题，这些是始终缠绕着我们的实际问题。无论我们如何看待课程理论，这些问题都是我们将会面对的、必须以某种方式予以回答的。

从一定意义上讲，课程论者都是未来学家，因为我们不仅在培养现在的人才，更多的是在为将来培养人才。课程与社会发展是相互促进的，社会的发展决定着学校课程，但与此同时，课程的抉择也在某种程度上影响未来社会的发展进程，用静态的观点来看待课程与社会的关系是有害的。通过对未来各种挑战的分析，我们可以对"学什么"和"怎么学"的问题有较清晰的认识；通过了解各种预测未来的技术与方法，课程工作者可更好地规划和设计未来学校的课程。目前，已有不少学者提出课程的远景规划，并对未来课程将会面对的问题做了某种勾画。了解这些内容，有助于我们全面考虑课程问题。

第十一章　课程理论的构建

　　课程是一个相当复杂的问题。虽说课程工作者多少年来一直在该领域里不懈地努力，但到目前为止，对于课程理论是否有自己独特的研究领域，是否能够与其他学科研究领域彻底揖别，课程专家仍未达成一致。例如，麦克唐纳认为，课程理论还处于形成阶段，我们还没有普遍公认的、明确的准则可以把课程理论与其他教育理论区分开来（Gress et al.，1978）[44-56]。言下之意，是我们现在还没有课程理论。而克利巴特认为，我们确实已经有了课程理论（Kliebard，1972），而且这些课程理论已经在课程实践中起着指导作用。施瓦布则认为，课程理论不应是我们努力去追求的东西。目前课程领域的危机，不是因为我们缺乏课程理论的指导，而是因为过分依赖课程理论（Schwab，1970）。

　　在我们看来，课程理论工作者之所以对课程理论还无法达成共识，是由于大家看问题的视角不同。本章不探讨课程理论本身，而是通过对课程理论的历史和现状的分析，企求从历史的"原脉"和课程理论当今取向的考察中，把握以往和现在人们在课程理论构建上已经做了些什么；通过对课程理论与教学理论关系的分析，稍稍厘清课程理论应该着重研究些什么；通过对课程理论发展的辨析，明了我们在课程理论构建方面还应该再做些什么。

第一节　课程理论的历史与现状

课程理论已成为许多关心学校教育的人所探讨的课题和反思的焦点。尤其在我国，课程理论近年来重新引起人们的注意，成了一个新开发的领域。而事实上，即便在课程刚刚成为一个独立的研究领域时，我国学者就已关注这个问题了，早在 20 世纪二三十年代就出版过课程论专著。历史的线索有助于我们把握课程理论发展动向。

一、早期的课程理论

斯宾塞的《什么知识最有价值？》一文，是课程领域最著名的论文之一，在一定意义上也是最早系统阐释课程问题的、能称之为课程理论研究的著述。为了回答"什么知识最有价值"这一问题，斯宾塞区分了各种知识的相对价值或比较价值，并确定了一个衡量知识价值的尺度，这就是是否有利于完满的生活。斯宾塞依其重要性程度或者说价值大小确定了五类人类活动，并相应地设置了五类课程（详见第二章）。这一做法在当时意义重大，它有利于从科学的角度来探讨课程问题。

然而，在斯宾塞那里，课程理论还只是处于"萌芽"状态。虽然他注意了以课程为思维对象，分析当时课程的种种现象，提出了一些为后人一再论及、辩驳的问题，但囿于当时的社会文化条件和课程研究水平，这种论述不可能是完善的。正如结构课程论者和批判取向课程论者所注意到的，从现在来看，斯宾塞的论述还有两个问题值得考虑：首先，脱离了学科的结构来谈知识的相对价值是危险的，因为各门学科的知识都是相互联系的。学科知识的这种内在联系的性质表明，我们不能随心所欲地从学科结论中选出一些我们认为最有价值的知识。其次，知识并不是中立的，而始终是受社会政治、经济和意识形态的影响的。对这个阶级有价值的知识，对另一个阶级并不一定有价值。所以，应该问的问题是："谁的知识最有价值？"或许，斯宾塞在课程理论建构上最大的功绩也在于此，即提出了有待思考的问题。这个问题是任何课程论者都无法回避的。

博比特1918年出版的《课程》一书，也许可被视为课程理论构建的起点。它也可以被看作是科学的课程理论构建的早期代表著作之一。

正如本书"绪论"中所谈到的，博比特的课程理论实际上遵循这样一条主线，即把20世纪初工业领域科学管理原理运用于学校教育，继而又把它推广到课程领域。这样，课程理论从一开始就依据这个隐喻：学生是"原料"，是学校这架"机器"加工的对象。为了使加工过程具有"效率"，就需要系统的规定。

在博比特看来，教育是要使学生为成人生活做好准备，所以，首先要根据对成人活动的研究来确定课程目标。课程内容是达到目标的手段。为了使课程科学化，必须使目标具体化，因为"科学的时代要求精确性和具体性"。在博比特看来，课程是通过对人类活动的分析而被逐渐发现的东西，所以，课程发现者首先是对人性和人类事务的分析者，即要发现当代人类社会所需要的特定的能力、态度、习惯、鉴赏力和知识的形式。这种把人的活动分析成具体的和特定的行为单位的方法，即著名的"活动分析法"。

根据博比特1924年出版的《怎样编制课程》一书，课程编制的步骤可被归纳如下（施良方，1992）：

（1）分析人类的经验，即把广泛的人类经验分成一些主要的领域，通过对整个人类经验领域的审视，了解学校教育经验与其他经验的联系。

（2）工作分析，即把人类经验的主要领域再进一步分解成一些更为具体的活动，以便一一列举需要从事哪些活动。

（3）推导目标。目标是对进行各种具体活动所需要的能力的陈述，同时也旨在帮助课程编制者确定要达到哪些具体的教育结果。

（4）选择目标，即要从由上述步骤得出的众多目标中选择与学校教育相关的而且能达到的目标，以此作为课程计划的基础和行动方针。

（5）制订详细计划，即要设计为达到目标而提供的各种活动、经验和机会。

博比特的种种课程主张，如活动分析法，今天看来在一定程度上已不足称道，但在课程理论构建上仍占据着重要地位。他在所倡导的课程科学化运动中提出了这样一个至为重要的思想：课程编制过程本身就是一个研究领域。可以说，这是将课程从其他领域中分化出来的有益尝试，是将课程作为一个独立的研究领域进行分析探讨的开端。他以科学主义为取向，强调目标的具体化、标准化，孕育出了以目标为中心的课程编制模式，使得课程研究具有了体系化的倾向，从而使课程理论初具雏形。

当时，在课程科学化运动中聚集了一批信奉者，查特斯是其中的杰出代表之一。他们认为，科学理论具有客观性，科学理论可以增进对课程的理解。而20世纪初在测验和统计方面的许多新发现，又为他们提供了进行较为仔细的调查、更精确地加工收集来的信息的工具。他们对课程目标模式的构建，一方面在课程编制方面做出了贡献，另一方面从课程研究上讲实质上是独立的课程理论的"先声"。

杜威事实上也在从事课程理论构建。虽说杜威并不关注他的著作是不是课程理论作品，但他1902年出版的《儿童与课程》以及1929年出版的《教育科学的资源》，对课程论者影响很大。他试图表明学校、社会、经验和教育之间的关系，敦促把课程中的知识与和学生有关的人类经验结合在一起，让学生通过各种活动来体验知识。尽管经验中心课程的理论依据主要来自杜威，但杜威毕竟不是课程论专家，也没有尝试构建课程理论。杜威的课程思想只是他整个教育哲学的一个组成部分。

二、20世纪中期的课程理论

早期关于课程问题的许多讨论，并不关注课程理论本身。但从20世纪40年代开始，课程专著逐步有意识地讨论课程理论的问题。

最早关于课程研究与理论问题的重大讨论是在1947年芝加哥的一次会议上开展的，与会者递交的论文中许多是有关课程理论的。泰勒的《课程与教学的基本原理》一书是这一时期研究成果的杰出代表。

众所周知，泰勒的课程原理是围绕四个基本问题展开的（泰勒,1994）[2]：

（1）学校应该达到哪些教育目标？

（2）提供哪些教育经验才能实现这些目标？

（3）怎样才能有效地组织这些教育经验？

（4）怎样才能确定这些目标正在得到实现？

这四个问题都属于课程编制的范畴，如果仅就此而论，课程研究发展到泰勒那里，还没能涵盖课程的整个研究领域，课程理论尚未自立。

但我们还应注意到，从课程理论构建来讲，泰勒的理论虽然主要是从课程编制这一基本问题出发的，但是他围绕这一问题所阐发的关于课程的种种认识，却是范围广袤的，几乎包罗了当今课程的各个方面。例如，泰勒提出，如果要系统地研究课程，首先必须确定所要达到的目标。若要对目标做出明智的抉择，必须有三方面的信息：（1）对学生的研究；（2）对当代社会生活的研究；（3）学科专家的建议。任何单一的信息来源都不足以为目标提供理性的基础。这些论述显然不同于博比特那种仅从当代社会活动出发所做的分析，而是对课程的选择与设计等有了更深入、全面的认识。

作为一门学科理论，其陈述须同时存在于三个维度和一条轴线上。其一是心理学的维度，表现为研究者个人的品性，也就是应具备的职业科学家的素质，如诚实等；其二是社会学的维度或者说公共的、社会的维度，即这种理论是写给科学共同体看的，能与他人彼此交流的；其三是哲学的维度或者说知识的维度，即要传递科学的信息，形成一定体系化了的理论（见图11-1）。

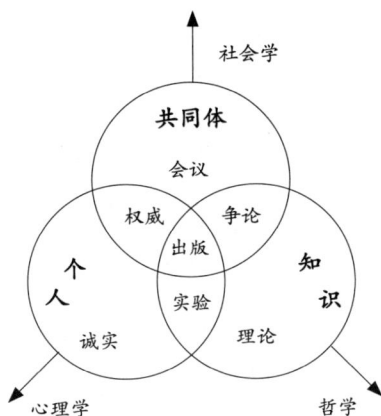

图 11-1　科学论述的三个维度

　　这三个维度实际上囊括了我们通常所讲的学科出现的一些标志，如有该领域的研究共同体或代表人物，有自己的研究领域，等等。就这些维度来看，泰勒的《课程与教学的基本原理》一书的确已使得课程领域自立于教育科学的"地平线"了：它对课程问题的论述相当系统，提出的见解相当深刻；既有较为严密的体系，同时所阐释的观点直至今天仍令人印象至深。如果说在西方研究教育理论，不可能不通过杜威的话（西方有学者认为，我们在教育理论研究上可能会超过杜威，但在研究中不可能不通过杜威），那么，在课程理论研究上，则不可能不通过泰勒。此外，泰勒的目标模式并非臆造的，而是大规模实验的产物，是泰勒及其同事共同协作的结果。泰勒本人也不止一次地提及："我只不过是把大家所做的事情组合在一起罢了。"（施良方，1994a）

　　学科理论的构建除上述三个维度外，还有着历史的轴线，即它是借助着相互联系的研究成果，沿着这一条轴线不断向前进化的。正如齐曼自己所讲的："如果不去探求科学家在他们的科学研究过程中，彼此是如何发生联系的，那么就无法理解科学理论的地位，无法理解这些理论当初是怎样被提出来的。"泰勒的理论中也的确存在着这样一个前后相续的时间链条。他的理论主张综合了一些课程专家如博比特、查特斯、拉格、吉尔斯和塔巴等人的思想；就课程编制的基本因素或来源而言，一些教育家如杜

威、拉格、波特、吉尔斯和塔巴等人在泰勒之前也有过论述（Tanner et al.,
1988）。我们通过表 11-1 和表 11-2 可以更清楚地认识这一点。

表 11-1　课程编制的过程或阶段

博比特	拉格	吉尔斯等人	塔巴	泰勒
1. 分析人类的经验 2. 工作分析 3. 推导目标 4. 选择目标 5. 制订详细计划	1. 确定基本的目标 2. 选择活动和教学材料 3. 发现最有效的组织方式	1. 确定目标 2. 选择达到目标的手段 3. 组织这些手段 4. 评价结果	1. 需要诊断 2. 阐述目标 3. 选择内容 4. 组织内容 5. 选择学习经验 6. 组织学习经验 7. 评价	1. 确定目标 2. 选择经验 3. 组织经验 4. 评价结果

表 11-2　课程编制的基本因素或来源

杜威	拉格	波特	吉尔斯等人	塔巴	泰勒
学生 社会 教材	学生 成人生活 课程	学生 实践工作者 教材专家	青少年的需要 社会的要求 教材	学生 社会 教材	学生 社会生活 学科专家

　　由此可见，泰勒的课程原理确实反映了 20 世纪中期课程理论研究的主
要成果。课程理论自泰勒起，就在一定程度上满足了"自立"的条件，成
为一个相对独立的研究领域了。

　　至 20 世纪 60 年代，有意识地构建课程理论的尝试已明显地反映在一
些有关课程的论述当中，这是由于一些研究者认识到："在科学领域发展的
早期，对指导行动而言，典型的民间习俗所提供的根据比科学的理论还要
好。可是，历史表明，一旦做出极大的努力去研究一门知识领域，那么，
预言和管理的科学方法所提供的东西很快就会超过传统。"（Gordon，1968）
如比彻姆（G. A. Beauchamp）在 1961 年出版的《课程理论》在课程理论界
具有一定的影响。在比彻姆看来，课程理论是教育理论的下位理论，是设

计理论和工程理论的上位理论。设计理论探讨的是课程编制过程，工程理论探讨的是课程实施过程。因此，该书的框架是从教育理论探讨开始，然后分析课程理论，接着阐述设计理论和工程理论。在他看来，这样会有助于使课程研究从单纯的技术操作转向行为科学。[①]

在 20 世纪中期以前的课程理论中，编制课程方案的努力似乎多于理论的构建，或者说，课程理论上的种种构建，是作为课程编制的"附生物"出现的。研究者并未着力去探讨课程理论的一些基本范畴，就是对课程这一基本概念也缺乏深入的探究，由此导致的就是研究者在"研究对象不明"的情况下，各自制定自己的方案，并难免出现"你之所谓课程，非我之所谓课程"的现象。至 60 年代，课程理论的构建才被明确纳入研究者的"意识域"之中，研究者开始用审慎的、带有反思性的眼光来构造课程理论本身。这种努力在 80 年代变得更为突出。

三、现在的尝试

历史发展到 20 世纪 80 年代，现代课程理论的出现如果从泰勒的《课程与教学的基本原理》出版算起的话，也有了近 40 年的历史。但是课程工作者注意到，集 40 年之功，课程研究并没有能形成一种公认的课程理论，就连能为大家所接受的课程概念也不存在。他们一方面对继续从事课程理论构建工作持存疑态度，另一方面却又在努力探求课程理论的构建之路。

之所以存在这样一种奇怪的运行逻辑，是因为课程工作者认识到，无论自己的理论多么圆满，体系多么完整，但在活生生的课程实践面前总会显得苍白无力，诚如歌德所讲的"理论是灰色的，而生命之树常青"，这一点在课程领域表现得尤为充分。但这只是事情的一个方面。另外，课程工作者也深深认识到，如果课程研究未能推进对课程的理解，课程实践没有适当的课程理论指导的话，就会像拉格在 20 世纪 20 年代所指出的那样：

---

① 参见比彻姆的《课程理论》第一章。

"课程工作者毫无批判地致力于各种方案——吸收当前的各种方式，最后又像当初采用它们时一样，不加思索地抛弃它们。这种做法是极为有害的。"（施良方，1992）

可以预料，鉴于课程理论者对课程及课程理论的理解不同，对课程理论与实践关系的认识不同，哲学及心理学的理论基础、所处的研究共同体不同，对课程理论构建提出的见解也不可能是相同的。下列见解就反映出了这些分歧。

1. 依靠多种学科构建课程理论

麦卡琴（G. McCutcheon）认为，只有极少的课程理论真正把对各种课程现象的分析、解释和理解整合起来。要构建对课程工作者有明显价值的理论，把各种课程问题整合起来，就需要从多种学科如心理学和社会学中得出课程理论。多学科对课程理论的贡献，应成为当今一些课程理论工作者注意的焦点（McCutcheon，1982）。

2. 在与社会科学理论的紧密联系中构建课程理论

在安杨看来，一种统一的课程理论会识别学校知识、学校过程、当代社会与历史变迁之间的相互联结。这种理论应该识别我们社会和学校中压迫与痛苦产生的原因，然后提供消除这些压迫和痛苦的指导（Anyon，1982）。这种理论必须被纳入较大的社会科学理论之中，成为社会科学理论的一部分。这样，各种课程理论与课程编制者的社会理想才不会发生冲突。显而易见，这是一种批判教育理论家的观点。

3. 从对实际使用的课程分析中得出课程理论

沃克（D. Walker）认为必须从对实际使用的课程分析中得出课程理论。他批评许多人过于关注编制课程的程序，以至于对课程是如何编制的或制定出来的课程方案之性质没有予以充分注意。他认为，课程理论应该有助于课程工作者从不同的视角来看待课程，从而能形成对课程的新的解释。他建议，可以把种种理论视为一个家庭，每一种理论都有不同的目的，也许还有不同的形式，但所有理论都要把焦点放在对实践的理性化、概念化和解释上。他注意到一些理论毫无疑问地适应现在社会，而另一些理论则是为一种新的尚未出现的社会而准备的。在他看来，弗莱雷是把课程理论与需要形成的一个更好的社会联系起来的典范（Walker，1982）。

4. 从学生与教育者的经验和相互作用的性质的分析中得出课程理论

巴龙（T. Barone）认为，课程理论并不是要报告各种复杂现象之间的关系，而是要描绘它们在这种复杂性中的关系，这类理论是对现实的反映，其意义是与特定的情境联系在一起的。"理论的陈述"更像是一个故事，读者在阅读过程中演绎出与其他情境相关的概括。"理论的陈述"报告在某种特定情境里所发生的事情，所以，它提供的是在类似情境里可能会发生什么情况的一种想法。我们能提供的只是可能性，而不是精确的预测（Barone，1982）。从这一课程理论与实践关系的基本认识出发，巴龙提出，课程理论应该可以直接帮助实践工作者计划和使用实际的课程，课程理论应从对学生所体验的课程意义的考察中产生出来。这种课程理论，注意的是学生对课程的看法，以及课程与他们的生活是如何联系在一起的。

5. 课程理论产生于现实情境

瓦兰斯（E. Vallance）认为，课程理论是一种实践的理论，它总是基于现实的情境。所以，课程领域的理论构建离不开每所具体的学校。根据这一立场，她认为要鼓励课程工作者调查、分析、综合和检验课程方面的知识。他们应该寻找现有的数据，并试图发现其中的意义。但她同时提醒课程工作者注意，由于现实情境的复杂性、多样性，理论工作者认为重要的数据，教师并不一定这样看待，理论构建工作也是这样（Vallance，1982）。

从 20 世纪初至今，对于课程理论的运行轨迹，我们似乎可以借用克利巴特从课程文献和实践分析中归纳的三个隐喻来说明：加工、生长、旅游。"加工"提供一种工业模式，它把学生想象为原料，由熟练工匠根据严格的规定，把他们加工成产品。"生长"的隐喻把教师比作园丁，他们清楚了解各种花木（学生）的特性，并给"它们"所需的养料。"旅游"的隐喻把教师比作导游，引导学生去领略各种风景（知识、技能、能力和态度等）。每个游客看到些什么，或对什么感兴趣，取决于他们自己的背景（Kliebard，1972）。

　　具体说来，博比特、泰勒以目标模式为核心的课程理论，体现的是"加工"的特性，此时的理论还不完备。课程的理论形态虽已形成，但尚不严谨，课程工作者还缺乏建构理论的自主意识，对理论本身的效用缺乏分析，对理论之性质也缺乏反思和批判。以过程模式等为核心的课程理论，体现的是"生长"的特性。在这类关于课程的种种论述中，对学生的机械"加工"，已让渡给对学生的深切关注，课程理论本身也在这种转变中"生长"着。20世纪60年代以后的课程理论流派纷呈，不同的研究共同体分立，课程论述的理论色彩浓郁，从课程实践出发建构课程理论成为课程研究者的"时尚"。凡此种种，都标志着课程理论正在向"成熟"迈进，它的的确确是在不断地"生长"着的。以实践模式、批判模式为核心的课程理论，体现的则是"旅游"的特性。把学生作为"原料"加工也好，在了解学生的基础上再行设置课程也好，学生终究是处于被动状态，在一定程度上是在外力的压迫下从事学习的。批判模式等则不然，它们虽然不致完全取消教师的作用，但对教师的地位、角色做了极大的调整。位尊一方的教师形象已经不存在了，取而代之的是旅游队伍中的"导游"——一个始终深刻批判反思自身行为、剔除了教师传统"权威"的参与者。

　　从上面介绍的20世纪80年代后几种构建课程理论的方式中，我们不难看出，课程理论正在消泯着与课程实践间的差距，理论与实践之间的"鸿沟"正随着理论的"下嫁"——从具体实践情境中产生理论——而得到弥合。课程的理论形态有了新的转变。换句话说，随着课程理论的发展，课程理论不再是课程理论家们专有的东西，每个课程实践工作者或者说教师都可以在学校具体情境中形成自己的理论。

第二节　课程理论的构建方式

　　关于课程理论构建主张上的种种差异，就其直接原因来讲，实际上是源于研究者构建课程理论基本取向的不同。也就是说，在研究课程、编制课程等方面，课程理论工作者的出发点或者说旨趣是不尽一致的。课程理论构建上的取向众多，自 20 世纪 60 年代后期以来，许多人就尝试对其进行归类。下面择其要者予以简介。

一、关于课程理论的分类

1. 三分法

派纳沿着历史发展的线索确定了三类课程编制理论取向：（1）传统论者；（2）概念经验论者；（3）概念重建论者（Pinar，1975）。在吉鲁与派纳主编的《课程与教学》中（Giroux et al.，1981），每一派都有代表性文章。在他们看来，传统论者沉浸在学校环境里，他们要做的工作是满足制度上的技术统治论的需要，因此，很难形成课程的新的意象。概念经验论者是在 20 世纪 50 年代末课程改革运动中涌现出来的，包括一些社会科学家和行为科学家，他们赞同新实证主义的课程探究和设计取向。概念重建论是通过对文学理论、新马克思主义、存在主义、现象学、激进的精神分析学派的各种兴趣的组合而产生的。这类课程学者感兴趣的是个人意义和社会公正。

舒伯特则把各种课程理论流派分为理智传统论者（intellectual traditionalist）、社会行为论者（social behaviorist）和经验论者（experientialist）。理智传统论者认为课程应该遵循自由艺术传统，学生应该阅读历史上最有影响的伟大著作，因为这些著作有助于开发学生的心智。社会行为论者强调课程应该由可操作的知识和技能所组成，这些知识和技能是经科学方法研究证明对社会有用的。经验论者主张课程要关注每一个学生自己的经验，因为课程不是靠教师教会的，而是通过学生自己学会的（Schubert，1986）[14-17]。

2. 四分法

这也是依历史演进顺序对课程理论取向所做的划分，但类别不一。克利巴特识别出历史上的四种类别：（1）人文主义者；（2）社会效用拥护者；（3）发展论者；（4）社会改良论者。社会改良论者编制课程旨在使社会变得更好；社会效用拥护者试图使现存的官僚制度更加永久化；人文主义者把课程的质量与通过自由艺术和科学获得理智联结在一起；而发展论者认为，只有建立在对儿童生长过程研究基础上的课程才能使儿童获得理智的发展（Kliebard，1986）。克利巴特认为可以通过三个隐喻来说明课程思想：加工、生长和导游。显然，人文主义者对应的是"导游"，社会效用拥护者对应的是"加工"，社会改良论者和发展论者对应的是"生长"。

麦克尼尔从心理学和哲学的角度，认为可以把各种课程理论有效地分为四个主要派别：人本主义的、社会改造主义的、技术学的和学术性的。人本主义者认为，课程应该为每个学生提供他们感到满意的经验，他们把课程看作是满足学生生长和个性整合需要的促进学生自由解放的过程。社会改造主义者强调社会需要甚于个人兴趣，课程的主要职责在于影响社会的改革、为社会谋求更美好的未来。技术学论者把课程编制看作是一种达到决策者所指定的目的的技术过程。技术学派不是中立的，因为技术学论者相信对课程目的和内容有影响的方法。学术性定向者把课程看作是向学生介绍学科内容和有组织的学习领域的媒介物，认为学术性课程是开发心智的最佳途径（麦克尼尔，1990）[1-2]。

3. 五分法

艾斯纳描绘了课程的五种基本取向：（1）认知过程发展取向，这种课程把焦点放在认知学习和智力开发上；（2）学术理性主义取向，这种课程强调通过知识的学习促进理智的发展；（3）个人相关取向，这种课程强调以个人意义为中心，这种个人意义是在教师与学生合作产生的课程经验中派生出来的；（4）社会适应与社会改造取向，这种课程把焦点放在满足社会需要这一目的上；（5）课程即技术取向，它把课程设计视为一种方法技术，认为课程具有实现任何实质目的的潜力（Eisner，1979）。

对于上述分类确当与否，见解不一。有人认为这些分类因过于简单化而损害了课程探究的复杂性。但也有人认为，分类系统对不同课程流派论述的各种不同观点做了正确的区分。

在我们看来，既然课程理论取向存在着种种差异，相互之间观点径庭之处甚多，对其进行分类是必要的。正如恩格斯所讲的，分类是科学研究的第一步。只不过这种分类须依循一定的标准，遵守分类的一般逻辑准则，如子项间不能相容，即各类别间尽可能避免重复等，这样的分类才是有效的，较能区分不同课程理论取向所具有的不同认识。我们认为，课程理论总是根植于认识论（知识论）、学习论、社会学的，它所关注的是了解知识的性质、学与教的性质、促进学与教的条件以及这些内容的整合，可以说，这是任何一种课程理论的核心内容。根据课程理论在这些内容上的差异，我们至少可以区分出当今课程理论的下列各种取向。

二、科学的课程理论

科学的课程理论（scientific curriculum theory）又称理性的课程理论（rational curriculum theory）。在崇尚科学或理性的课程论者看来，我们仿佛已经了解了人类行为或人类的历史，因此可以为每一特定阶段的学校教育规定某种课程。

科学的课程理论以一种非常简单的模式为基础，这个模式由三个要素构成：（1）确定目标；（2）创设必要的学习情境；（3）评价目标达到的程度。每一个要素都可以用一种非常明确的方式予以规定。

第一，确定教育目标。目标被用来作为选择课程内容和评价课程结果的准则。通常说来，目标要以行为的方式来陈述。目标要清楚表明要求学生能够做些什么。布卢姆等人的教育目标分类学是这方面的例子。他们试图以科学的方式对教育目标加以归类。

第二，为了达到所规定的教育目标，必须选择学科内容和教与学的条件。重点放在创设有效的学习情境上，即创设最有可能达到目标的情境。掌握学习的思想是这种课程发展的一个结果。同时，要澄清学科内容的来源。这种课程只关注知识的确定性和可靠性，至于学生对这些知识可能会有什么样的理解，不在考虑的范围内。

第三，在澄清教育目标和确定有可能达到理想目标的学习情境的性质之后，还要评价达到目标的程度：决定采用哪种测验方法来检验教与学的效用。这种课程评价观目前在教育界还相当有市场。

这种理论构建实质上是处方性的：它规定了设计和实施课程时要遵循的规则。它的隐喻是"蓝图"或"处方"，只要遵循它，就会导致理想的结果。比彻姆把课程理论作为一种工程理论，就是一个例子。在他看来，课程理论实际上就是把各种组成部分组合在一起以达到理想的结果。泰勒的《课程与教学的基本原理》可以说是这种理论取向的典型代表。

三、自然主义的课程理论

自然主义的课程理论（naturalistic curriculum theory）不只试图决定应该教什么学科内容，然后参照一种认识论来为这种选择辩护；也不只关注课程要达到什么理想的目标，以及最佳的教与学的条件；它也不试图确立原理，然后根据原理来决定教什么、怎样教、在什么条件下教；相反，自然主义的课程理论同时探讨目的与手段，认为目的与手段是我们在处理人类复杂事务时同时涉及的。有关教学内容的决定，不只是处理教什么这一基本问题，而且还涉及可利用的资源、教师及其能力、学生（作为个体的学生和作为群体的学生）的特征、教学的类型，以及其他许多实践问题。

施瓦布可以说是这种课程理论取向的主要代表。他对理论在课程领域中的价值，基本上持否定态度。他认为，理论研究的对象是一般的、普遍的；而实践的内容总是具体的、特定的，并且是受具体环境影响的。所以，他提出：课程领域复兴的希望在于，把主要精力从用于追求理论，转向顺应实践。施瓦布的意思是，课程的问题很自然地是一体的：教什么、怎样教、教给谁、在什么条件下教、教的目的是什么，都是相互依赖的，都是与特定的情境联系在一起的。因此，不要事先把某种"普遍的原理"硬套在课程实践上。

四、激进的课程理论

激进的课程理论（radical curriculum theory）是建立在对现有课程的"理所当然的"特征怀疑的基础上的。它怀疑这样一种说法：学校知识是客观的或"正确的"。它认为，知识是"社会地构成"的，其中隐含着特定的意图。它强调，课程所起的作用是维持社会秩序，尤其是权力的分配。与传统的课程理论关注教育目标、内容选择、课程组织、结果评价不同，激进的课程理论家更关注：这是谁的知识？这些知识是由谁来选择的？为什么要这样组织知识？为什么要以这种方式来教？这样做对哪些群体有利？……在他们看来，个体在社会中的位置，不是个体自由选择的结果，而是控制社会经济的利益集团所采取的行动的结果。在高度发达的资本主义社会里，个体是受奴役的。例如，学生读书是为了获得文凭寻找工作，而不是为了开发心智，他们关注的是通过考试，而不是获取知识。激进的课程论者期望通过课程编制使学生摆脱这种状况。

激进的课程理论家试图把学生从课程隐蔽内容的束缚中解放出来。为了达到这一目的，必须对教育和社会进行改造，必须进一步意识到课程是如何发挥阶级和权力的代理人作用的。激进的课程理论家的理论根基是西方马克思主义者对课程的批判，同时他们也从许多当代现象学社会学家的著作中寻找支持。所以，他们关心的是从更广泛的社会背景来考虑教什么、怎么教以及教学目的的问题。因为这些都是与社会问题联系在一起的，是无法割裂的。他们在对课程问题进行分析时强调历史、社会背景和行动理论。本书第十章中提及的课程论者大多可归入这一流派。

五、解释学的课程理论

解释学的课程理论（hermeneutic curriculum theory）关注的不是行动，而是对事物的理解。在文学和历史中，解释学针对的是宗教文本。在课程理论中，文本就是指课程。解释学取向的课程论者强调把学生作为知识的积极创造者，重视对交流的理解，并把现实视为由主观构成的，是建立在历史和政治语境基础上的。他们试图寻找隐含在日常生活结构背后的意义，并敏锐地把焦点放在通过语言传递的意义上。在他们看来，每个人都是社会文化的创造者。

解释学的课程理论不那么关注行动和改造，而是关注新的意义；它不关注解决课程问题，而是关注达到对课程问题的更好的理解；它的实际功能是对它们进行概念重组。这种理论关注的是人的方面，而不是科学的方面；是整体，而不是片断。它拒绝给予"处方"，而是要唤起对各种可能性的新的想象。因此，个体的教育传记是关注的焦点。它把课程等同于个人的经验。

解释学课程理论的重要性体现在，它强调个人和个人对事物独特的认识。但事实上，正规教育是在学校和课堂里进行的，学生对课程的理解和认识是受公众影响和限制的，过于强调学生个人主观的认识是不现实的。

六、审美的课程理论

审美的课程理论（aesthetic curriculum theory）重视课程互动的具体性和特殊性——它们的独特性，并把焦点放在这些互动的形式上，就像一个人要考察戏剧的性质，就得从剧本、表演到观众的反应等方方面面进行考察一样。

在奥拉姆（R. Oram）看来，科学与艺术是两种完全不同的形式，科学取向与艺术取向会导致对课程的两种截然不同的看法。他用戏剧的隐喻来说明课程。课程有三种形式：第一种是剧作家撰写的剧本，这是想象的课程（curriculum envisioned）；第二种是导演和演员排练的形式，这是制作的课程（curriculum produced）；第三种是演员和观众所获得的东西，这是实施的课程（curriculum enacted）。由此可见，学校课程具有不同的形态，不同形态的课程具有很微妙的区别，很难用自然科学的方法予以解释和说明。

戏剧只是课程的一种审美的类推。文学和艺术是其他形式的类推。艾斯纳认为课程是艺术的领域，主张用文艺评论的方式来设计和评价课程。这一观点集中反映在他的代表作《教育的想象：论学校课程计划的设计与评价》一书中。而威利斯和曼认为课程是文学的领域。他们三人在不同程度上都关注课程在教育事业中分享的意义，特定的课程环境和它们的具体性，课程互动的即时性，以及课程经验的性质（Taylor et al., 1985）[176-189]。

第三节　课程理论与教学理论

在论及课程理论的构建时，我们无法回避课程理论与教学理论之间的关系问题，这直接涉及课程理论是否存在独特的研究领域问题。

18—19世纪欧洲的教育家，诸如卢梭、斯宾塞和赫尔巴特等，最早系统论述了教育学原理。他们关注的重点不是课程，而是教学，因为当时课程还没有成为一个独立的研究领域，他们是把内容与教学方法合在一起探讨的，而且侧重点都放在教学上。因为要在实际情境中明确区分课程与教学确实是很困难的。虽说课程作为独立的研究领域已有近百年，但直到现在，仍然有一些著作对这两者不加区分，将两者合而为一或混为一谈。我国的一些教育学乃至教学论和课程论著作，对此的区分也甚不明了。到目前为止，课程理论与教学理论的关系并未完全厘清，我们所得到的常常是一些模糊不清、相互矛盾的信息。这里，我们将关于课程理论与教学理论关系的种种认识做一提示，并在此基础上稍加评析。

一、将课程作为教学内容，将课程理论作为教学理论的一部分

这种认识的突出代表，大概要算苏联的一些教育学著作了。在俄文中，"课程"一词极为少见，倒是"教学内容"或"教养内容"司空见惯。凯洛夫任总主编的《教育学》提出，教养内容是学生在教学过程中所要掌握的系统的知识、技能和技巧，它可以分为三部分：教学计划、教学大纲和教

科书（凯洛夫，1957）[96]。自凯洛夫时代至 20 世纪 80 年代，苏联的教育学
著作几乎一直是将课程作为教学内容来谈的，教学论也就"责无旁贷"地
承接了课程研究的地盘。巴拉诺夫主编的《教育学》中明确指出，教学论
作为教育科学的一个相对独立的部分，主要研究下列基本问题：教育过程
的概念和本质、教学原则、学校教育的内容、教学的方法和组织（巴拉诺
夫 等，1979）[96]。

　　我国许多研究者长期以来也持这种见解，并且至今余绪未绝。其缘由
除了人所共知的受苏联教育理论的影响之外，似乎还有另外一个因素，那
就是古有经验的影响。在论述课程时，人们惯常引用朱熹的"宽着期限，
紧着课程"等语，并以此来说明"课程"一词并非舶来品，而是我国自古
就有的。但若仔细考察就可以看出，朱熹所讲的"课程"，与西方人所讲的
课程（跑道）意义相去甚远。我国改革开放以后出版的"似曾相识"的近
200 种教育学著作，其中有所谓的"四大块"——教育概论、教学论、德育
论、教育管理，差不多都是将课程论置于教学论之中的；而诸多版本的教
学论著作又几乎无一不用一两章或几章的篇幅论述课程问题。除了在理论
阐述上无法规避的学科间的交叉融合之外，不少人实际上是在有意无意之
间认同了课程论是教学论之一部分的观点。对此，西方学者似乎有着不同
的认识。

二、教学是课程的一部分，对教学的研究是课程理论的重要组成部分

　　这种认识源于英美教育文献对"课程"与"教学"的交互使用。在一
些人看来，"真正的"课程，只有在与教学紧密联系的学习活动中才能看
到。泰勒的"课程与教学的基本原理"被简称为"课程原理"也是一个证
明，因为泰勒是把教学作为课程的一部分来对待的。在欧洲一些国家里，
有的学者也是把课程与教学结合在一起来论述课程理论的。例如英国的斯
滕豪斯的过程模式，就强调课程与教学的一系列相互作用。瑞典的伦德格
伦（U. Lundgren）也是从课程与教学之间的系统化联系的角度来界定课程

理论的。在他们看来，对教学过程的研究是课程理论的一个重要方面。

　　事实上，苏联流行把课程作为教学一部分的"大教学论"，英美国家把教学作为课程一部分的"大课程论"，是与国家政治体制与教育制度联系在一起的。在苏联，教学计划和教学大纲是作为国家教育行政部门指导性文件下发的，教科书也是统一编制的。在这种情况下，课程不是探讨的对象，学校和教师要做的工作是实施，即组织教学以达到规定的要求。而在英美国家，政府只是规定学校要达到的课程目标或课程最低标准，至于如何达到目标，则是学校和教师要考虑的事情。学校可以自主决定开设哪些课程、选择什么教材、采用何种方式来达到目标。所以，课程研究成了教育工作者必须进入的领域。相比之下，课程是目的，教学是达到目的的手段。在这种情况下，重课程、轻教学的现象是一种必然。但近年来，这种情况在俄罗斯和欧美国家都发生了变化。

三、课程理论与教学理论是目的与手段的关系

　　1957年，美国因苏联第一颗人造地球卫星上天而启动的课程改革运动，使得一批著名科学家、学者和教育家为课程改革做了种种努力。在这一过程中，大家日益感到，需要系统阐述课程理论与教学理论。一些教育工作者意识到，若要构建和发展教学理论，首先必须对课程与教学做出区分。波姆（W. J. Popham）和贝克（E. L. Baker）在1970年出版的《制定教学目的》（*Establishing Instructional Goals*）一书中，专门探讨了课程与教学之间的区别。他们认为，课程是指学校的意图，教学则是指学校的实践；课程是为有目的的学习而设计的内容，教学则是达到教育目的的手段。相应地，课程理论主要探讨教育的目标和内容，教学理论主要关注达到这些目标的手段。尽管目标与达到目标的手段之间有千丝万缕的关系，甚至还存在着某些重叠部分，但这两者毕竟侧重于不同的方面。

　　也有人认为，课程与教学是学校教育的两种手段。教学是为适应课程而产生的。如图11-2所示，从学校教育目标制定到目标的达成，必然涉

及"学校应该教什么"（课程理论）与"我们应该如何教"（教学理论）的问题。他同时还强调，不能把课程与教学混同起来，而且，在这两者中，课程处于首要地位。课程理论工作者必须注意课程与教学两者之间的关系（比彻姆，1989）[101-102]。

图 11-2　学校教育动态

关于课程与教学的问题，奥苏贝尔曾做过有益的尝试，他用图 11-3 来说明课程理论与教学理论所关注的问题（Ausubel et al., 1978）[367]：

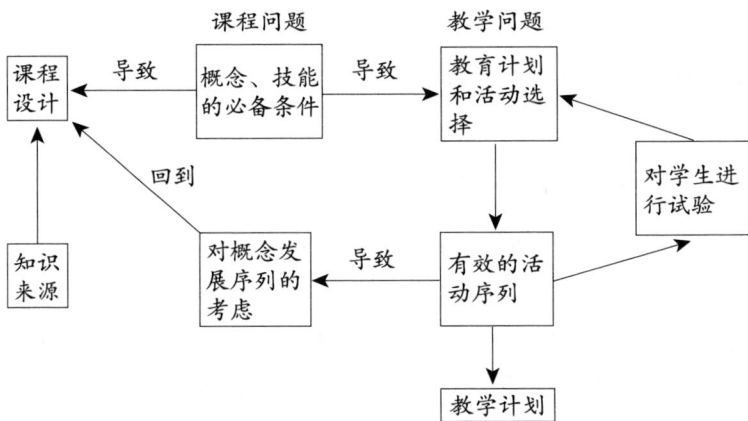

图 11-3　课程理论与教学理论所关注的问题

在我们看来，随着课程理论的发展及科学的分化，将课程理论与教学理论区分开来已呈不可遏制之势。而要有所区分，各自就应有自己的研究领域，这是一个前提性、根本性的问题。我们认同课程理论与教学理论的目的与手段关系论，两者从哲学上讲是内容与形式的关系。课程一经实施，也就进入了教学的领域，属于教学研究的范围了。当然，这种区分也只能是相对的，交叉重叠几乎是不可避免的：课程理论必然会考虑到课程实施的问题，而教学理论则肯定会涉及与教学方法紧密相关的教学内容问题。在这里，目的与手段是紧密联系在一起的。况且，目的是分多个层次的，目的与手段有时也是相互转化的，此一时之手段也许即彼一时之目的。对此，我们只能从相对的意义上加以把握。

我国教育理论界在课程理论的构建上走过了一条曲折的道路。我国20世纪二三十年代出版的一些课程理论方面的专著，基本上沿袭了西方的研究道路；50年代后则效仿苏联，课程研究成了教育学和教学论著作中的"有机"组成部分；及至今日，又逐渐从以往的教学理论中分化出课程理论（与西方相反，它们是从已有的课程理论中分化出教学理论）。这种回归，是一种理论发展的必然，是我们打破原有"大教学论"体系的必然。这种回归，不是对20世纪二三十年代课程理论的简单恢复，而是吸纳国内外各种课程思想，总结我国课程改革实践的经验，综合看待课程问题的结果。这种回归，孕育了课程理论发展的契机，它使得研究者在思维上把课程论与教学论加以区分的同时，更为深入地探究我国课程面临的种种问题，去揭示课程理论与实践的关联。

在我们看来，课程理论与教学理论是教育学科中两门并列的学科。课程理论不是教学理论的分支学科，我们可以从对教学过程的分析中看出这一点。教师的教、学生的学以及作为教师的教与学生的学的中介的课程，是整个教学过程中三个最基本的要素。教育目的和学校培养目标是通过所设置的课程而进入教学过程的，教育目的或目标本身并不是教学过程的一个要素。课程是教育目的和培养目标的基本体现，教学则是以课程为依据而展开的。作为教与学的内容，课程是教与学活动的中介，并制约着教与学的方法。正是这三者的相互作用，构成了一个完整的教学过程。其中的关系如图11-4所示。也是由于这方面的考虑，我们尝试构建了相应的学习理论、课程理论、教学理论这一框架体系，以供大家进一步探讨。

教育目的

↓

学校培养目标

↓

课程

↙　　　　↘

学生（学）　　⟷　　教师（教）

↓　　　　　　　　　　↓

教育目的和
培养目标在
学生身上成
为现实

教师在教学
过程中得到
提高

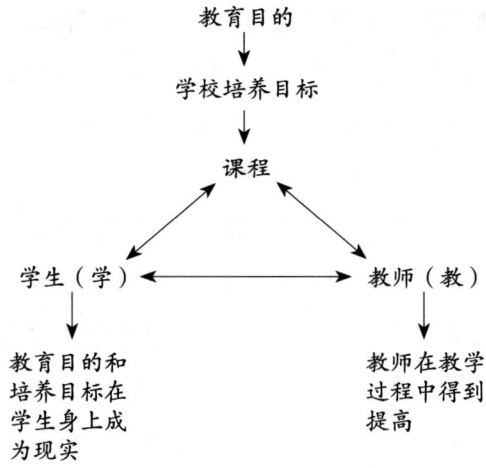

图 11-4　教学过程结构

第十二章　课程的基本问题

　　前面各章从课程理论体系的角度，分别阐述了课程的基础、课程的编制过程、课程探究方式，以及课程理论的构建，本章将对课程领域中一些经常遇到的问题做一些理论思考。这些问题在各章节中都多少有所论及，相互之间也并没有什么逻辑关系，但考虑到它们几乎贯穿于课程编制及课程研究的始终，渗透在课程的各个方面，在一定程度上是课程认识及研究的基础，所以将其独立出来专门加以探讨。这些基本问题包括：隐性课程与显性课程、分科课程与活动课程、核心课程与外围课程、课程与价值、课程的一元化与多元化、课程中的文理分科、普通教育与职业技术教育的课程设置。

第一节　隐性课程与显性课程

　　隐性课程（也称为潜在课程、隐蔽课程、无形课程、自发课程等）的概念产生于 20 世纪六七十年代。关于隐性课程概念的起源，一说是由杰克逊（P. Jackson）1968 年在其《课堂中的生活》（*Life in Classroom*）一书中提出的；另一说是 1970 年由奥弗利（N. V. Overly）在其所编的《自发课程及其对儿童的影响》（*The Unstudied Curriculum: Its Impact on Children*）一书中提出的。其实，隐性课程在杜威所讲的"附带学习"（collateral learning）、克伯屈（W. H. Kilpatrick）的"附学习"（concomitant learning）和"副学习"（associate learning）中就已有所提及，概指学习过程中自发的或自然而然产生的态度、情感、价值等。

隐性课程自被提出后，引起了课程研究者的极大兴趣，并迅速为人们所接受。这一概念自被批判教育理论纳入其分析框架后，就成了他们抨击资本主义学校教育的"利器"。前文提到的伊利奇、鲍尔斯和金蒂斯等人都是通过对学校中隐性课程的分析，揭示出学校的社会意识形态特性的。在西方，关于隐性课程的研究已形成了一定的理论派别，除社会批判理论外，还存在现象诠释学派和结构功能学派。现象诠释学派从"人是有意义的诠释者和创造者"这样一个命题出发，重视学生学习的主观能动性，强调自我意识在知识建构中的作用，认为所有的隐性课程都是学生所创设的，学生在与教师的人际互动中将隐性课程隐含的意义和符号进行交换和重构。在这个过程中，学生不仅了解到隐性课程的内容，而且会对其主动进行意义和价值的解析，进而扩展其生活经验（陈伯璋，1985）[7]。结构功能学派的代表人物德里本（R. Dreeben）、阿普尔等人把学校看作是一个社会化的场所，认为不仅应从宏观上注意到学习者身心特征之外影响学习成效的因素，如学校组织特征、学校文化、师生关系等，而且要从微观上注意到学生学习的动机、态度和技能，以及学习目标对学习效果的影响。在他们看来，只要将这些因素加以"显性化"，或是将学生意识不到的学习经验加以适当的控制和安排，就可以达到预期的教学目的。

就目前来看，西方研究隐性课程已形成了多种视角：

（1）隐性课程的社会化研究。一些研究者认为，学校的不同组织特征，潜移默化地使学生接受社会的价值，并使其成为学生固有的品质和个性的一部分。他们一般强调学校气氛和班级气氛的重要性，认为不同的气氛可能会造就不同的学生。显性课程与学术性要求联系在一起，而隐性课程则与非学术性要求联系在一起，两者构成了学校课程的整体。

（2）隐性课程的知识社会学研究。一些研究者认为，学校并不是一个观念开放的市场，而总是会选择特定种类的知识，并把它们组织进课程之中。他们试图通过对知识的剖析来揭示权力分配与社会控制的现象。他们一般认为，知识是社会组织的产物，课程总是带有意识形态方面的内容。

（3）对隐性课程的其他看法。道德教育专家柯尔伯格认为，隐性课程可以作为促进学生道德成长的手段。精神病学家斯奈德认为，没有哪一所学校的师生不受隐性课程的影响，隐性课程在很大程度上决定了所有参与者的价值感和自尊感，这是正式课程所不及的。沃尔夫与西蒙认为，隐性课程是消除种族隔离的一个决定性因素，只有通过有意识地、善意地培养学生之间的相互作用的关系，才有可能消除种族隔离。麦圭尔与克什认为，学校设置的许多课程，与其说是为学生服务的，不如说是为校外特殊利益集团服务的。例如，中学里开设驾驶课，并没有减少事故的发生，而是使汽车制造业受益。

不同背景的学者从不同的视角探究隐性课程，见解也各不相同。如何看待隐性课程的性质和效应，的确是一个很有实际意义的课题（金哲 等，1994）[1835]。

我国有意识地研究隐性课程是从 20 世纪 80 年代中期开始的，至今隐性课程不仅成了课程理论探讨的一个重要课题，而且在教育实践中也引起了广泛的注意。但直到现在，在隐性课程的概念、构成、设计等方面，人们远未达成一致认识。从我们目前所能触及的材料来看，至少有下列关于隐性课程的界说。

隐性课程是非计划的学习活动，"是学生在教学计划所规定的课程外所受的教育"（陈玉琨，1988）。

隐性课程是学生在学校教学情境中无意识获得的经验（郑金洲，1989）。西方也有人认为，隐性课程之所以为隐性课程，就是因其常常是以学生没有意识到的方式来施教的（Gordon，1983）。

隐性课程指的是课内外间接的、内隐的、通过受教育者无意识的非特定的心理反应发生作用的教育影响因素，是指对学生在学校情境中无意识地获得的经验间接地起着影响作用的那些隐蔽的、非正式的因素。

隐性课程是指"学校（含班级）社会关系结构以及学校正规课程有意或无意地传递给学生的价值、态度、信仰等非学术性的学识"（唐晓杰，1988）。

隐性课程指"学校通过教育环境（包括物质的、文化的和社会关系结构的）有意或无意地传递给学生的非公开性教育经验（包括学术的与非学术的）"（靳玉乐，1993）。

如果对这些定义稍加检视，我们就可以发现，人们对下列问题的认识是不一致的：第一，学生在隐性课程的活动中是有意识的还是无意识的？第二，隐性课程属计划的课程还是非计划的课程？第三，校外机构中是否存在隐性课程？第四，隐性课程是一种教育活动还是一种学生自发的学习活动？

这些问题涉及对隐性课程的基本理解，直接关涉隐性课程研究的进展和发展道路。在此简要地提示一下我们对这四个问题的基本认识。

第一，学生在隐性课程的活动中既可能是有意识的，也可能是无意识的。

实际上，我们在说隐性课程时，主要是就其两种含义而言的：一是这部分课程被某些人或机构有意识地隐蔽，这些人或机构知道这种被隐蔽起来的课程是什么样的和藏于何处；二是这部分课程是被无意识地隐藏起来的，没有人有意地去隐藏它。在这两层含义或者说两个维度上，教师和学生会构成几种不同的关系。例如：虽然学生获得了隐性课程包含的经验，但师生双方都没有意识到这种课程的存在；教师没有认识到这部分课程，而学生认识到了；教师虽然没有认识到隐性课程，但在无意之间将它反映出来了，学生也无意中获得了隐含于其中的经验；虽然教师有意识地隐藏了这部分课程，但学生却察觉到了（Portelli，1993）。

显然，在上述情形中，学生既可能是在无意识的心理活动中习得知识经验的，也可能是有明确意识的。情形不同，学生的心理反应也就不同。

第二，隐性课程既可能是计划的课程，也可能是非计划的课程。

虽然西方一些学者对隐性课程能否被有效地加以设计认识不一，但他们的研究似乎都表明，隐性课程含有消极的效果，有时甚至与学校及社会的期望不一，与教育目标相悖。在教育和教学实践中，这些非预期的效果时常会影响教学的进展，影响教育者的行为，因而也会引起社会、家庭对此的关注，所以，教师会逐步认识到这些非预期效果的存在，并自觉不自觉地对产生这些效果的影响因素予以剖析，使之向有利于实现教育目的的方向转化。对于教师来说，他们有责任分析自身的所作所为给学生带来的影响，如行为举止、期望、态度、教学风格等。如果其中有些影响属于非期望的，那么教师一是要在未来课程和规划中考虑到这种隐性课程所可能产生的结果，二是要将之明确地显现出来（Portelli，1993）。一旦隐性课程围绕一定的目的被纳入整个课程序列之中，成为课程计划的一个有机组成部分，不仅教师而且学生也会意识到其存在，形成对该部分隐性课程效果的认识，对其有更深刻的洞见。他们还会注意改变和削弱其消极影响，依据一定的价值和规范，建构起有利于学习的社会关系结构（Giroux，1988）[51]。

第三，校外教育机构中存在的类似现象不能称为隐性课程。

在我们看来，隐性课程终究是课程的一个组成部分，它有着课程的属性，是课程的一种形态。较为常见的广义的课程界定是学生在学校情境中获得的全部经验，或学习者在学校的指导下所学得的全部经验（江山野，1991）[64-65]。依此定义，隐性课程当属学校情境中的事物，校外机构中的类似现象不属于课程之列。但在西方课程研究中，也有更为广义的、不太为人们所接受的课程界定——课程是儿童所具有的全部经验（Oliver，1977）[7]。如果这样来认识课程，校外机构连同电视、电影、报纸杂志等都成了隐性课程了。这样的课程定义的宽泛程度是一目了然的，它不仅超出了教育的范围，而且在很大程度上与学习这一概念相近。凡有学习，就有经验的获得，也就有了课程；学习无处不在，课程也就无处不在。若以此为基础去建构课程理论的话，那么课程理论就几乎无所不包了。这样一来，隐性课程就涉及社会生活的各个方面，含义恢宏，范围广阔，实难确定和把握。

此外，若把隐性课程涵盖范围推至家庭、社会，虽然在一定意义上有助于我们认识各方面对学生的影响，但会引起一系列逻辑上的错误，不仅不能很好地解释隐性课程这种现象，而且会把隐性课程与家庭、社会上的一些影响混为一谈。从另外一个角度来讲，如果我们将校外影响也称为"隐性课程"，此时的隐性课程已不再是一个概念，而是成了一个隐喻。这种建立在事物相似性基础上的隐喻，对于思考、认识事物及其联系是有一定帮助的，但它毕竟不是隐性课程本身。

第四，隐性课程既可能是一种教育活动，也可能是一种学生自发的学习活动。

从前面的分析中可以看出，学生在通过隐性课程获取经验的过程中，含有有意识与无意识两种心理活动，是有意识与无意识的统一。在这期间会产生这样几种情形：一是隐性课程经过学校预先有意图的设计，学生有意识地参与其中进行学习；二是隐性课程经过了预先的规划，学生无意识地习得了其中隐含的经验；三是隐性课程没有经过规划、设计，学生却意识到了它的存在，从中有意识地获得了经验；四是隐性课程没有经过规划、设计，学生虽没有认识到其存在，却无意识地学得了一些经验。这四种情形体现的教育性是由高到低的。换言之，第一种情形和第四种情形分别是教育活动和自发学习活动的典型体现，中间是两种过渡形式。可见，隐性课程有时表现为一种教育活动，有时也会表现为一种自发的学习活动。

在对隐性课程概念有了上述种种认识以后，我们再来看看隐性课程与显性课程的关系问题。在这个问题上，认识颇为混乱。有人把隐性课程与正规课程相对，认为课程由这两者构成，并且在此基础上认为隐性课程属于非正规教育范畴；而另外一些人虽然把隐性课程与显性课程作为一对范畴，但对两者的界定欠清晰明了，给人以显性课程即正规课程、隐性课程即非正规课程的印象。认真探讨隐性课程与显性课程、正规课程、非正规课程的关系，确定其分野、疆界，是课程理论建构所必需的。

其一，隐性课程并非与正规课程相对，也不属于非正规课程的范畴。

正规课程主要指学校有目的、有计划传授的课程，或者说，是学校课程表内列入的所有有组织的活动（Page et al., 1977）[138]。其显要特征之一就是计划性，可以说，计划性是区分正规课程与非正规课程的主要标志。而通过上面的分析，我们可以看出，隐性课程并非是不可计划的。对于其中的某些因素，是可以通过分析、整理，将其纳入课程规划之中的。目前，无论是国内还是国外，在教育教学改革中，大家都注意到了隐性课程的设计问题，这实际上就是隐性课程具有可计划性、可纳入课程计划之列的明证。如果我们把隐性课程与正规课程对立起来，将之作为课程的两种基本形态，就不仅抹杀了人们控制隐性课程、进行隐性课程设计的可能性，而且在逻辑学上犯了"子项相容"的错误。

其二，隐性课程与显性课程、正规课程与非正规课程是依据课程的不同属性对课程所做的分类，它们之间不是对应关系，而是交叉关系。

在科学研究上，分类是常用的一种明确概念的逻辑方法，它可以使人们明确概念所涉及的对象范围。隐性课程与显性课程是依据课程表现形式对课程所做的划分，正规课程与非正规课程是依据课程的组织程度所做的划分。它们都是人们抓住课程某一方面的突出特征对课程进行的分类，用来表明课程的某一形式在课程体系中所处的地位。在实际运用中，由于课程实践者的视角不同，选择的分类形式也就有所差异。因为正规课程与非正规课程、隐性课程与显性课程都属课程的不同形式，属课程的类别，所以，它们具有一定的联系。这种联系是交叉的，而不是对应的。不然的话，隐性课程与显性课程的分类就没有了实际意义，隐性课程概念也就失去了其成立的依据。不认识到这一点，隐性课程在整个课程体系中的地位就不能很好地确立起来，其功能和性质也就得不到充分认识。

其三，隐性课程与显性课程区分的关键点是课程的呈现方式。

对隐性课程与显性课程的区分，西方学者曾做过一些思考。他们从三个方面注意到了隐性课程与显性课程的界限：一是在学生学习的结果上，认为学生在隐性课程中得到的主要是非学术性知识，而在显性课程中获得的主要是学术性知识；二是在计划性上，认为隐性课程是无计划的学习活动，学生在学习过程中大多是无意识地接受隐含于其中的经验的，而显性课程则是有计划、有组织的学习活动，学生有意识参与的成分很大；三是在学习环境上，认为隐性课程是通过学校的自然环境和社会环境实施的，而显性课程则主要是通过课堂教学中的知识传递实施的。这些认识无疑与研究者对隐性课程的理解有关。对隐性课程的界定不同，对隐性课程与其他课程形态之间关系的认识不同，区分隐性课程与显性课程的标准也就不同。但就隐性课程这一术语所包含的意蕴及其发挥作用的机制来看，似乎从课程的表现形式或者说影响学生的方式上进行区分更为合理。只有这样，才能真正体现隐性课程与显性课程的对立，不仅不会在逻辑上出现概念相容之类的过失，而且有利于我们在实践中认识、把握这两种现象。

鉴于这种认识，我们把隐性课程界定为学校情境中以间接的、内隐的方式呈现的课程，把显性课程界定为学校情境中以直接的、明显的方式呈现的课程。

这一定义具有三个特点：（1）依循种差加属概念的定义法则，注意把握课程表现形式这一基本特征。（2）把学生在学校情境中获取的经验分为两部分，一部分经验是教育者直接地表现出来的，如课程表中的学科；另一部分经验则是间接的，如学生团体交往、校园文化等，这些活动并不直接传授经验，但经验隐于其中。这样的区分使得两者的外延之和等于课程概念（学生在学校情境中获得的全部经验）的外延。（3）无论是从受教育者的角度抑或是从课程编制者、教育者的角度出发，都不能把隐性课程与显性课程严格区分开来（例如在学生有意识参与还是无意识参与、课程有无计划性方面，隐性课程与显性课程都存在交叉成分），而从课程或者说学校自身活动出发，依据课程中包含经验的方式来区分隐性课程与显性课程，就从根本上体现了两者的对立。

第二节　分科课程与活动课程

分科课程，通常又被称为科目课程（subject curriculum），不少人把它称为学科课程。其实这是不确切的。现代课程理论中所讲的"学科课程"的英文是"discipline curriculum"，它含有学科综合的意思，如数学学科、社会学科；而"科目课程"强调的是分科，如代数、几何、三角等。两者之间的区别应该说是明确的。

分科课程是根据各级各类学校培养目标和科学发展水平，从各门科学中选择出适合一定年龄阶段学生发展水平的知识，组成的各种不同的教学科目。这种课程是预先安排的。

从学校产生与发展的历史来看，分科课程在所有的课程类型中，历史是最为长久的。若追溯其根源的话，分科课程从学校教育产生始即已存在。孔子"删诗书，定礼乐"，从而定"礼、乐、射、御、书、数"六门功课以教学生，这可以被看作是分科课程的雏形。古希腊智者学派创文法、修辞、辩证法，柏拉图将其与算术、几何、天文学、音乐并称，成为"七艺"，及至亚里士多德在吕克昂学园，以"逍遥学派"之风，教学生以政治学、物理、天文、生物、历史等课程，这是西方分科课程之原始形态。分科课程到文艺复兴后，随科学的发展而日益精细化，至夸美纽斯，几成"百科全书式"的课程。依夸美纽斯之见："我们希望，把一切知识领域中的精粹的总和灌输给他们的头脑。这就是说，要使在天空中、在地上、在水中、在地层深处，一切存在过的事物，无论是在人的身体上和精神中、在圣经里、在手艺方面、在经济方面、在政治生活方面、在教会方面，最后对生和死以及永恒本身，没有什么是年轻的智慧接班人所不能切实地理解的。"（张焕庭，1979）[43] 以这种思想为指导，在夸美纽斯那里，科学的各个门类，如语言、哲学、历史等，都无一遗漏地反映在教学科目之中了。

夸美纽斯"百科全书式"的分科课程，是以培根对科学的分类为基础的，可以说，培根给了分科课程以科学发展及分类上的证明，实际上亦即知识论上的证明（详见第三章）。其后，赫尔巴特与斯宾塞分别给了分科课程以心理学和社会学的说明。赫尔巴特是从培养学生多方面的兴趣出发来安排各学科的，他认为教育的主要任务之一，就是引起儿童多方面的兴趣，通过学习不同学科，让儿童形成各种各样的观点。斯宾塞是以其社会有机体理论为基点的，他在区分了人类社会生活所需要的各种活动的同时，也安排了相应的课程，如要直接保全自己，就要学习解剖学、生理学、卫生学；要间接保全自己，就要学习伦理学、算术、几何、物理学；如此等等。这些论证虽不充分，也失之偏颇，但为分科课程的确定提供了新的视角和做出了新的说明。

由此可见，分科课程既是学校的产物，也是科技发展的产物，是以传授知识为己任的学校与知识类别相互作用的结果。它之所以在学校教育中始终受人青睐，既源于学校特定的要求，也源于人们长久以来形成的知识观，同时也源于它的便利与简单，而这些正是活动课程倡导者提出的非议之处。

活动课程（activity curriculum）与分科课程相对，它是打破学科逻辑组织的界限，以学生的兴趣、需要和能力为基础，通过学生自己组织的一系列活动而实施的课程。它也常常被称为"儿童中心课程""经验课程"[①]。

一般地说，活动课程起源于 19 世纪末 20 世纪初欧美的"新教育运动"和"进步主义教育运动"，其发展历史较分科课程要迟上千年。如果我们再溯其根源，也只不过是卢梭的"自然教育"思想、裴斯泰洛齐（J. H. Pestalozzi）的教育适应自然的原则和福禄贝尔（F. Fröbel）的儿童自动发展的思想，尤以卢梭影响最甚。在活动课程的发展历史中，杜威常被认为是其主要的倡导者。

卢梭的思想较为明确地体现了活动课程的萌芽。他倡导自然教育，强调教育必须适应儿童自然发展的过程，服从儿童发展的"永恒法则"，以儿童的"内在自然"或者说"天性"为中心。他主张将儿童放归大自然，精心组织一系列活动使儿童在活动中学习。他说："不要对你的学生进行任何种类的口头教训，应该使他们从经验中去取得教训"（卢梭，1978）[94]，"我们只主张我们的学生从实践中去学习"（卢梭，1978）[111]，"不要教他这样那

---

① 关于活动课程的定义，可参见：王策三的《教学论稿》第 179 页，人民教育出版社 1985 年版；廖哲勋的《课程学》第 156 页，华中师范大学出版社 1991 年版；刘克兰的《教学论》第 124—125 页，西南师范大学出版社 1988 年版；杨金玉的《活动课程简论》，载《课程·教材·教法》1994 年第 8 期；钱巨波的《活动课程简论》，载《教育理论与实践》1995 年第 2 期。

样的学问，而要由他们自己去发现那些学问"（卢梭，1978）[217]，"教育都应该是行动多于口训"（卢梭，1978）[107]。由此，卢梭反对向儿童传授现成的书本知识，他的爱弥儿到了 15 岁还不知道课本是什么。他认为，适合儿童的知识首先是儿童在现实事物中寻求的知识，这些知识包括自然事物的知识和社会的知识；其次是"有用"的知识，即符合儿童现实需要的知识。卢梭的这些主张已彰显出活动课程的萌芽，他强调的自然教育的手段就是经历实践，让儿童从生活和实践的切身体验中通过感官的感受去获得自己所需要的知识。他的"世界之外无书籍，事实之外无教材"的主张都为后来的杜威所承接。

杜威指斥传统的学校是"静听的学校"，认为这些学校的教育与广阔的社会生活相脱离，显得抽象、教条。他反对以往的课程观念，建议"抛弃把教材当作某些固定的和现成的东西，当作在儿童的经验之外的东西的见解；不再把儿童的经验当作是一成不变的东西；而把它当作某些变化的、在形成中的、有生命力的东西"（杜威，1981）[81]。他主张开展有利于儿童生活的各种类型的活动，在这些活动中，儿童是主体，是活动形式和活动内容的决定因素。他说："学校科目相互联系的真正中心，不是科学，不是文学，不是历史，不是地理，而是儿童本身的社会活动。"（杜威，1981）[6]这种活动给儿童一片广阔的生活天地。儿童在其中，或从事艺术活动，或从事制作，或从事语言社交活动，或进行研究与探求活动，但均是从其兴趣与动机出发。他为儿童从事这些活动设计了一种学习方式——"从做中学"，让儿童通过主动的活动与探究获取经验。杜威的上述主张，到了进步主义教育那里，成为彻底抛弃分科课程的依据。

杜威对课程的种种论述，常被统括为活动课程理论。但对活动课程的提法，在西方并非没有异议。有人指出，"活动课程这一术语糟糕得简直无用，令人费解，有的定义与课程本身的定义几乎没有区别"（李臣，1995）[27]。因此有人提出用"经验课程"（experience curriculum）或"儿童中心课程"（child-centered curriculum）来取代之。

活动课程在 20 世纪二三十年代风行一时，克伯屈的设计教学法实际上是实施活动课程的一种方式。依克伯屈自己所言：“我采用设计这个术语，专指自愿的活动，并且特别注重‘自愿’这个词。这个词不是我发明的，也不是我最先用在教育上的。”1921年克伯屈为“设计”确定了一个定义：“任何自愿的经验单元，任何自愿活动的事例，其占支配地位的自愿是一种内在的驱策，（1）确定行动的目的，（2）指导行动的过程，以及（3）提供行动的动力、行动的内在动机。”他简要地定义为“设计是自愿的活动——以自愿决定目的，指导动作，并供给动机的活动”。（瞿葆奎 等，1988）[335-336] 由此可见，在克伯屈那里，“设计”是指学生自己计划，运用自己已有知识与经验，通过实际操作，在实际情境中解决实际问题。这与活动课程是一脉相承的，只不过走得比杜威更远一些罢了。

我们可以通过1930年美国加利福尼亚州课程委员会所颁布的一天（星期一）的活动课程安排，更好地认识活动课程。

9：00　非正式的问候、报告活动、诗歌活动、音乐活动、时事活动，这些是用以创造新情境，让儿童获得愉快有益的一天的非正式活动。

9：15　小商店活动、银行活动、学校用品处理等。通过团体及个别活动，培养儿童的积极性、责任感和合作精神。

10：00　健康活动，包括体育、自由游戏、营养教学、适当地放松，使儿童知晓健康活动至关重要，并提供情境以培养儿童的社会及公民态度。

10：50　语言活动，即通过有表达的活动，如编写剧本、表演、学校新闻编辑等，发展儿童的口头表达、书面写作能力。这段时间安排较长，便于儿童集中精力按自身兴趣与需要开展活动。

12：00　午餐、休息及有指导的操场活动。

13：00　业余活动，如合唱、演奏口琴、音乐欣赏、节奏练习、管弦乐队活动等。

13：50　娱乐活动及休息。

14：00　小组阅读、图书馆活动。按儿童的阅读能力分组，给阅读困难的儿童提供补救机会，为阅读能力强的儿童提供图书馆使用指导。通过这段时间静静的阅读，拓展与课堂活动相关的社会科学、健康或其他方面的知识。

　　14：50　娱乐活动及休息。

　　15：00　社会研究活动。（杨亮功，1970）[137]

　　分科课程与活动课程是学校教育中两种基本的课程类型，我们认为两者是一种相互补充而非相互替代的关系。分科课程将科学知识加以系统组织，使教材内容依一定的逻辑顺序排列，学生在学习中可以掌握一定的基础知识、基本技能，但是，由于分科过细，只关注学科的逻辑体系，容易脱离学生生活实际，不易调动学生学习的积极性；而活动课程则可以在一定程度上补救这一缺失。但与此同时，由于活动课程往往依学生兴趣、需要而定，缺乏严格的计划，不易使学生系统掌握科学知识。两者一正一反，利弊兼具。任何一者在张扬其特长的同时，也就将其短处暴露无遗。所以，两类课程在学校教育中都不可缺少。至于进步主义教育以活动课程牺牲分科课程，传统教育注重分科课程而忽视活动课程，都已被证明是有问题的。

　　关于分科课程与活动课程的分歧，有学者从下面六个方面进行了分析：（1）知识本位、社会本位与儿童本位；（2）"教育为生活做准备"与"教育即生活"；（3）理论与实践、间接经验与直接经验；（4）逻辑顺序与心理顺序；（5）分化（分析）与综合；（6）学习的结果与学习的过程。（王策三，1985）[183-185] 不言而喻，分科课程注重的是前者，而活动课程偏重的是后者。

　　近来亦有论者对活动课程进行了深入研究，在分科课程与活动课程之间做了如下区分。第一，分科课程所传递的主要是人类长期积淀的经验，这种经验对学生来说是一种间接经验；活动课程的主要目的是让学生获得直接经验及即时的信息。第二，分科课程是以学科逻辑体系来安排和组织的，常被批评把学生本身的生活和认识世界的过程割裂了；而活动课程则强调一种综合性学习，它跨越了各门学科，与社会生活密切联系且易训练学生的综合能力，学生的认知倾向、社会态度、思维方式、价值观念、行为习惯等均可受到锻炼和培养。第三，分科课程的教学组织形式主要是班级授课制，教学内容和学习方式具有较大的同一性；活动课程的教学方式灵活多样，可照顾学生的个别差异。第四，分科课程的教学侧重于让学生掌握现成的知识，过多地关注教学结果；活动课程则侧重于学习的过程，注重学生的发现。（李臣，1995）[63-64]

通过汇总有关的研究，我们可以用表 12-1 来表示分科课程与活动课程的差异。

表 12-1　分科课程与活动课程的差异

项　目	分　科　课　程	活　动　课　程
认识论	知识本位	经验本位
方法论	分析	综合
教育观念	社会本位论"教育为生活做准备"	个人本位论"教育即生活"
知识的传递方式	间接经验	直接经验
知识的性质	学术性知识	现实有用的经验性知识
课程的排列	逻辑顺序	心理顺序
课程的实施	重学习结果	重学习过程
教学组织形式	班级授课制	灵活多样
学习的结果	掌握"双基"	培养社会生活能力、态度等

表 12-1 在一定程度上将分科课程与活动课程极端化了，这是就各自实质而言的。实际上，两者并非水火不容的。例如，分科课程虽以社会为其本位，但也并非就不关注个人的发展及个别差异；反过来，活动课程虽以学生兴趣、需要为基础，也并非就毫不理会社会的需求。其他也是如此。不过，两者相较，的确是有所偏重、主张不一的。它提示我们，无论是分科课程，还是活动课程，都不是完美无缺的，分科课程的缺陷可以在活动课程中获得一定程度的克服，活动课程的优点正是分科课程所必须吸取的；反之亦然。只有将两者有机地结合起来，才能取长补短，获相得益彰之效。

第三节　核心课程与外围课程

核心课程（core curriculum）可以被看作是对分科课程的反动，它一反分科课程将各门学科进行切分的做法，选择若干重要的学科合并起来，构成一个范围广阔的科目，并规定其为每一个学生所必修，同时尽量使其他学科与之配合。核心课程在一定程度上也可被看作是对儿童中心课程的反动，它在产生之初，尤其反对课程只从学生个人兴趣、需要、动机出发的做法。它提醒教育者注意，儿童并非生活在真空里，而是在一个特定的时间、地点和特定的社会环境里成长的，课程需要反映儿童所赖以生活的社会的需求。因此，核心课程在产生之初，其显要特征就是注重社会需求以及以生活为中心。及至后来，核心课程在立场上稍有改变，也吸纳了活动课程的一些成分。

除了学科间的综合并构成一个"核心"之外，核心课程还有另一个显著特征，即这种课程是要每个学生都掌握的，是所有学生需要共同学习的。这样就带来一些问题：一是社会生活的需要是多种多样的，哪部分内容需纳入核心课程存在争议；二是随着新学科的不断涌现，这些学科的拥护者都极力希望将其纳入核心课程，并且有的学科也的确需要在核心课程中得到反映。这就又使得课程选择与设计中的古老问题——时间和可利用资源——凸显了出来。在这种情况下，如同分科课程自身的缺失造就了活动课程一样，与核心课程互补的外围课程也就应运而生了。

外围课程（peripheral curriculum）是为不同的学习者准备的，它不同于照顾大多数学生、面向所有学生的核心课程，而是以学生存在的差异为出发点的；它也不似核心课程那样稳定，而是随着环境条件的改变、年代的不同及其他差异而做出相应的变化。核心课程与外围课程的差异，如同一般与特殊、抽象与具体的对立，两者是相辅相成的。

核心课程产生于 20 世纪二三十年代的社会动荡时期，改造主义在其中功不可没。改造主义自称是"危机时代的哲学"（陈友松，1982）[95]，它宣称社会文明已面临着被毁灭的可能，必须改造社会使人们能够共同生活；

这种改造不只通过政治行动，更基本的是通过对社会成员的教育去实现人们共同生活的远景。因此，在改造主义者看来，教育必须专心致志于创造一种新的社会秩序，必须在人的心灵中引起一场意义深远的变革。他们倡导一种"以未来为中心"的教育纲领，其目的是通过说服而不是强制的办法来实现"社会改造"（梅逊，1984）[105-106]。以这种社会思想与教育思想为指导，他们大力倡导以"社会改造"为核心来构建核心课程，打破原有分科课程的界限。改造主义的代表人物布拉梅尔德（T. Brameld），就曾以"我们拥有一个什么样的社会"以及"我们能拥有一个什么样的社会"为核心，构建了健康、社会生活等包含其间的庞大的核心课程体系。所以，在有些人看来，"核心课程之真正特点乃是注重社会需要及以生活为中心"（杨亮功，1970）[135]。

核心课程在第二次世界大战以后运用范围颇广，美国中学曾较大范围地推行过此类课程，小学也曾施行过，不过两者的内容稍有差别。在中学，核心课程常围绕生活中的一些重要方面展开，如婚姻与家庭、饮食起居、意外事件的预防及技术、宣传、失业、个人自由等；在小学，常以生命与健康、家庭生活的改善、资源保护、协作、谋生、宗教、审美、娱乐等为核心内容。一般地说，核心课程在低年级比高年级更宜实行，因为年级越低，其核心或共同学习的领域越大；年级越高，其核心或共同学习的领域越小。

在核心课程的实施中，编班并不十分固定，必要时，学生可进入另一班级上课。其教材或教科书乃是以社会为中心编排组织的，仍有着一定的年级序列，在教学中仍具一席之地。核心课程对教师的要求要高于分科课程，教师不仅要对核心课程、外围课程、学生心理、团体之间协作等有较多的研究，而且对社会情况也要有较多的了解。

自核心课程被提出后，学界就一直有着激烈的争论。这些争论，既涉及核心课程本身，也涉及核心课程与外围课程的关系。可以说，这种争论从 20 世纪二三十年代至今就没有停止过。目前看来，这种争论还会持续下去，其中除了核心课程与外围课程两者各执一端的特性使然之外，至少还有以下几个因素影响着或者说延续着这场争论。

第一个因素是新学科在不断发展或学科内的分支在不断生长，同时，各种社会问题层出不穷，哪些内容应置于核心课程，哪些应置于外围课程，难有统一的意见。例如，有的在19世纪初被作为大学课程的，当今已置于中学核心课程。而另外一些学科，虽也在19世纪即已形成，如社会学，或其他新学科和分支学科，如语言学、分子生物学、遗传学和政治科学，仍被排除在中学核心课程之外。此外，为解决新的社会问题，如预防艾滋病、吸毒等，相关内容是否应该放在中小学核心课程之中，存在着争议。由于各方面的压力，这些内容仍在核心课程与外围课程之间徘徊。

第二个因素是核心课程并不能界定所教的内容。人们发现，不同的内容实际上可以用同一核心课程的名称来表示；有些归属于某一核心课程的内容，同时也可归属于另一核心课程；反过来，核心课程与其涵盖的内容名不符实的情况也是存在的。例如，现代欧洲史常常教一系列要学生记忆的战争与战役、国王继位和政党执政内容，而对欧洲从农业社会向工业社会的转化，以及人们职业和生活方式的变化却很少论及。

第三个因素是核心课程只能满足一部分学生的需要，而不能兼顾所有学生，来自家长及社会的压力也使核心课程摇摆不定。当学生相信课程能够使他们学会对他们来说重要的东西时，他们会试图学习教师所教的东西。当他们感到课程内容与他们的兴趣无关时，他们可能只是为了通过考试而学，接着很快就遗忘了。在许多家长看来，学校课程仅仅是他们的小孩获得更好职业的手段，当他们发觉两者之间没有联系时，就会失去对课程的兴趣。在一些教育工作者看来，解决的办法是：为想就业的学生安排职业教育的核心课程，为想升学的学生安排学术性核心课程。而在另一些教育工作者看来，解决办法是要编制这两部分学生都需要的核心课程。当然，还有其他变式，如合作教育，即学生在学校学习一段时间后，工作一段时间。对核心课程的这些不同设想还会继续下去。

第四个因素是核心课程是围绕社会问题而组织的。这看起来似乎通过学校教育就能够解决大多数社会问题，其实不然。一些社会问题或社会问题的某些方面，是可以通过学校教育成功地加以解决的，如学生的激进态度，经由核心课程会有所改变。而且，学生在学校中形成的态度还会影响他们的家长，进而影响社区内的其他成人。但这种影响毕竟是有限的。成人的信念和做法，一般很少受学校课程计划的影响，至于社会的意识形态、权力运作等更是学校教育所无法触及的。

第四节　课程与价值

　　课程牵涉各种价值取向。如果说课程是学校教育的核心，那么价值取向就是学校课程的关键。关于课程价值问题的探讨由来已久，课程理论实际上就发端于对备择学习领域价值的比较研究。

　　在近代课程形成过程中，西方学者沿着斯宾塞开辟的课程研究的哲学思路，围绕各种备择学习领域的比较价值做过多方面的探索，提出了各种观点，目的在于为课程抉择提供合乎理性的价值论基础。随着近代课程日趋成熟，学校生活逐渐成了一个较为稳定的活动领域，其基本格局至今尚未发生实质性变化。人们在学习领域的抉择上遇到的价值难题，一般只要诉诸传统或权威，就可以得到解决，课程抉择似乎不再是一个重要问题。相形之下，课程的组织和安排反而成了压倒性的问题。课程专家因而沿着泰勒开辟的课程研究的科学思路，热衷于课程编制的方法和技术，热衷于课程目标和课程评价标准的分解、细化和操作，至于目标和标准本身是否合理，则很少予以论证。

　　课程研究的重心由课程的价值比较和辩护转向课程编制，主要是外部压力使然，其中一股压力来自科学主义思潮。泰勒的课程原理其实也是从探讨选择学习经验的依据入手的[1]，但在科学主义思潮的推波助澜下，他的课程编制模式日趋形式化。不少追随者有意回避课程编制中必然涉及的价

---

[1]　参见泰勒的《课程与教学的基本原理》第一章。

值问题。另一股外部压力来源于价值多元化。现代社会价值相对主义和伦理怀疑论盛行，对课程价值的比较研究和伦理辩护提出严峻挑战。逻辑实证主义甚至以价值命题的真实性既不能在经验上又不能在逻辑上得到检验为由，把价值论题打入冷宫，以致几乎无人问津。

几十年来，课程理论在科学－技术研究方面取得了长足的进步，从而在教育理论和实践中获得了很高声誉。但是，在社会急剧变化的现时代，这种科学化和技术化研究又逐渐显得片面和狭隘。20 世纪 60 年代以后，越来越多的教育哲学家，如费尼克斯（Phenix，1964）、彼得斯（Peters，1966）、怀特（White，1973）、巴罗（Barrow，1975）、布劳迪（布劳迪，1993）等，回到学校课程价值的重建和辩护问题上来。经过十多年的探索，到 70 年代形成了四个较具影响的课程价值论流派，即以彼得斯为代表的"内在价值论"，以威尔逊为代表的"兴趣价值论"，以怀特为代表的"主观价值论"，以巴罗为代表的"功用主义价值论"。[①] 这些理论成就，影响到现代课程改革的方方面面。

随着课程研究哲学传统的恢复，课程价值理论在课程理论和教育哲学中的地位迅速提高。有人甚至认为整个课程理论就是教学内容的规范哲学（Brezinka，1991）[206]，或者说是教学内容的价值理论，即所谓的规范教学论（Brezinka，1991）[194]，并对课程研究的科学取向以及现代课程理论的伪科学性提出严厉批评："近年来，那种把课程理论转变为准科学理论的愿望，导致人们编造出种种教育学陈述体系，其内容贫乏、冗长拖沓、夸夸其谈，比之于以往用自夸的教育学方式所写的每样东西，有过之而无不及。课程理论那种令人生畏的、貌似科学的唠叨，显然导致了一些作者及许多读者忽视了如下简单的事实：教学计划的制定和辩护是规范教育哲学的一个分支，不应当把这种研究的成果冒充为经验教育科学的成果。"（Brezinka，1991）[206]

---

① 　以上概括参考了劳顿等著的《课程研究的理论与实践》第十三章"证明课程合理的一些问题"，人民教育出版社 1985 年版。

这种论点也许可加商榷，对课程进行科学研究，不但可能，而且必要。但它提出课程抉择和辩护属于规范教育哲学的任务，也不无道理。在课程价值冲突剧烈的现时代，强调课程价值研究的哲学属性，以防这种研究被淹没在科学研究的浪潮中，是有必要的。

就我国而言，改革开放正在引起全社会各个领域和各个层面的剧烈变动。在课程实践上，学习内容的选择和组织已不再像从前那样简便——只要诉诸传统或权威，就足以解决课程活动中的价值难题。社会上各种不同的价值取向已经开始对学校课程活动产生实际的影响，造成教师工作上的迷惘。教育者若要在价值日渐多元的社会形势下担负起价值整合和理想重建的使命，就必须成为理性的行动者。课程价值的比较和辩护工作，可以增强我们对课程价值问题的敏感性，帮助我们养成反思课程活动的习惯和能力。我国学校的课程并不是我国教育自然发展的产物，而是晚清以来由西方引进的。其之所以融入我国教育之中，成为学校教育不可或缺的部分，不可否认是因为其中饱含了我国数代教育工作者艰辛而富于创造性的吸收和改造。也就是说，那些当年被移植进来的西学课程，如今已在很大程度上中国化了。很显然，我们接受了西方近代以来的课程设置。可是，我们并不完全认同西方提出近代课程的理由。我们以某种独特的方式和理由实现了课程的近代化，问题是：我们的理由是什么？这方面的实际调查尚待开展，而这个方面的伦理反思和伦理辩护更是几近空白。

课程价值的论证或辩护是一项复杂而艰辛的哲学工作。我们或许可以从了解和研究西方在这一方面业已取得的一些重要研究成果入手，改变我国在课程价值问题上的研究状况。西方课程价值理论主要讨论如下问题：

（1）哪些学习领域最有价值或较有价值？

（2）这些学习领域有什么价值？

（3）它们对谁有价值？

（4）它们为什么有价值？

第一个和第二个问题涉及课程价值的客体或对象，第三个问题涉及课程价值的主体，第四个问题则属于课程价值的论证或辩护。

一、课程价值取向的演变：从知识本位到学习经验本位

古代社会生活相对来说比较简单和稳定，为学童选择学习内容不会成为一个十分困难的问题。只是到了近代，社会对学校教育提出了与工业化有关的种种要求，学校教育才成为国家和国民真正关注的事业。知识的分化和学科门类的增多，给学校课程的抉择提供了多种可能性。加之学校教育时间上的限制，自然就产生了学习内容的选择问题。所以，直到近代，知识价值的比较和论证才成为一个专门的教育理论课题。

课程意义上的知识价值比较，通常暗含着一种假设：把人的一生划分成两个不同的阶段，第一阶段为学习阶段，第二阶段为生活阶段。学习阶段是生活阶段的预备。为了生活的完满，人们需要在预备阶段以尽可能少的时间学到尽可能多的有用知识。学校课程的价值问题由此表现为"什么知识最有价值"的问题（斯宾塞，1962）。

另一种观点则将人生视为一个人不断生长的连续过程，生活按其本来意义贯穿于每个人的一生，其中学校教育是生活的一部分，而不是作为生活的预备独立于或游离于生活之外。在儿童不断生长之中，经验不断地得到改造和重组。学校课程的价值问题因此表现为"什么经验最有价值"的问题（杜威，1990）。

"知识授受"至今被许多人认为是学校教育的主要目标（埃贝尔，1993），甚至是教育学的逻辑起点。但很显然，"知识"从来都无法用以指称学校的全部学习内容。特别是在现代教育理论界，关于"知"与"行"、"德"与"才"、"知识"与"信念"、"知识"与"能力"的争论，使得课程的抉择问题显得异常复杂。从"什么知识最有价值"的角度来讨论课程的价值问题，显得过于狭隘。所以有的学者改从"什么活动最有价值"这一角度来探讨课程的伦理价值问题（Peters，1966）。

其实，在信息急剧增长的现代社会，知识的总量以及知识增长的速度，迫使每个社会成员唯有终身学习或终身接受教育，才能生存和发展。知识的增长已使社会逐渐演变成一种学习化社会（联合国教科文组织国际教育

发展委员会，1979）。在这种背景下，学校教育成了终身学习或终身教育的准备，它要使个体养成终身学习的态度和习惯，掌握各种学习方法和策略，具备利用各种教育资源的能力。所以，面对现在及未来的课程抉择，与其考虑"什么知识最有价值"，不如探讨"什么学习经验最有价值"。

课程的价值论证或价值辩护，通常是在"什么知识最有价值""什么活动最有价值""什么学习经验最有价值"等论题下展开的。这些问题反映出提问者不同的课程取向。提问方式的变化从一个侧面反映了课程价值取向演变的路线：从知识本位到经验本位、活动本位，直至体现未来取向的学习经验本位。

二、课程价值的工具性与内在性

西方对课程价值始终有两种截然不同的观点：一种把课程视为手段，其价值由某个外在的目的赋予；一种认为课程本身就是目的，因而具有内在的善或价值。前者以杜威等人为代表，后者则以彼得斯等人为代表。

杜威认为，课程的价值在于其社会工具性，即在于阐明儿童生活着的社会之情境，在于向儿童提供社会进步的手段并使儿童掌握这种手段。课程本身并没有自在的目的，只有把课程当作一种工具去引导儿童了解社会生活的情境和社会进步，其才有真实的意义。课程分类并不是出于其自身的理由，而是出于人类特殊的社会目标或兴趣。课程分类仅在代表社会生活的典型目标或典型兴趣的意义上才有价值。只有从特殊的社会目标或兴趣出发，才能理解各门课程提出的理由，才能理解学校课程的伦理原则。各门课程并不存在那种出于自身原因的所谓"内在价值"，课程的全部价值都在于它对儿童的社会生活的工具性。学校的各种课程如果没有与儿童的现实社会生活发生关联，就难以达到其伦理效果（Dewey，1897）（杜威，1994）[9]。

彼得斯承认人们确实可以从工具意义上去看待学校课程中的大部分活动，但否认人们是从工具意义上去考虑课程的教育价值的。在课程方面，人们之所以选择科学、数学、文学、历史、哲学和艺术那样的理论或探究活动，而不选择扑克、高尔夫球那样的游戏或运动，是出于某种课程活动的功用价值或职业价值之外的别的理由，即出于课程活动自身的理由——课程活动内在的或固有的价值。如果提出课程活动的固有价值之外的某种理由的话，课程活动当然会有很大的用途，但它们不是课程的价值。

在彼得斯看来，课程活动即理论活动，其内在价值首先在于它们具备一切有内在价值的活动所具有的特征（"快乐"特征以及与之有关的其他附属特征）。这类特征必定使人意识到，可以出于理论活动固有的标准而不是出于它们引起的结果去从事这类活动，并为这类活动辩护。理论活动比其他具有内在价值的活动更有价值，是因为它们具有优异的认知特征（严肃的认知关注和广泛的认知内容）。此外，理论活动本身并不具有竞争性，它们可以为这类活动的参与者运用其力量技能、判断力、敏感性、分寸感等提供无穷的机会。而且，各种理论活动之间具有相容性和一致性。因此，一个严肃地或理性地思考其行动理由的人必定要选择理论活动。课程活动的价值是内在于活动本身的（Peters，1966）。

三、课程价值的永恒性与流变性

上述分歧在逻辑上必然延伸出对课程价值的暂时性确认与永恒性确认的分歧。如果课程具有内在的或固有的价值，这种价值就不会以教育的情境或人的意志为转移，因而是不变的、永恒的；如果课程的价值仅是工具性的，这种价值势必因人因时因地而宜，因而是变化的、不确定的。

杜威对学校课程社会性质的考察表明，学校中各门学科要么具有内容上的伦理价值，要么具有形式上的伦理价值，要么兼而有之。杜威肯定的是这些学科的道德可能性，但并未肯定这些学科的道德必然性。一门学科能否获得其社会价值，达到其伦理标准，取决于教与学的具体情境。历史教学可能的伦理价值在于它可以不断地扩展和深化儿童对他生活的那个世界所包含的社会关系、社会理想和社会手段的想象意识。但是，如果把历史看成对业已消逝的事件的记录，把它仅仅当作往事，儿童就没有关注它的动机，历史便成了机械的东西，从而丧失其全部的伦理价值。同样，数学和自然科学可能的伦理价值在于它们可以成为道德探究的工具。但是，如果以为它们具有自在的目的，而不是达到某种社会目的的手段，要求儿童为真理本身而追求真理、为知识本身而追求知识，那么数学或自然科学将变成十分抽象和空洞的东西，便无伦理价值可言（Dewey，1897；杜威，1990）。因此，在杜威那里，学科的伦理性存在于具体的道德情境之中，它是独特的，因而也是暂时的、流动的、变化的。

彼得斯也论及活动价值的不确定性。他指出，一种活动在多大程度上给人以快乐或满足，或在多大程度上有价值，取决于活动者的能力、倾向以及活动本身的特点（Peters，1966）[78-79]。但是，倘若彼得斯果真坚持这种观点的话，他就无法得出理论活动比游戏更有价值的结论，从而无法对学校课程做出合理性论证。正如威尔逊所指出的，我们同样可以用彼得斯的这种观点为游戏辩护，因为事实上游戏常常比学校正式课程更容易令儿童着迷。因此，即使不说彼得斯这个观点与他要得出的结论相矛盾，至少也可以说，这个观点在他整个课程价值理论中是不值得注意的。彼得斯真正要说明和辩护的是理论活动永恒的价值性。这种永恒的价值性，不仅出于课程价值的内在性，而且，正如下面将要指出的，还出于其先验辩护的自足要求，因为辩护本身就是一种理论活动，就是一种探究。

四、课程的价值主体

课程价值的探讨，大多是围绕"什么学习领域最有价值"展开的，研究的重心是课程价值的客体。与上述问题同等重要的是：这些学习领域对谁有价值？对社会还是对个人有价值？或者说，对教师还是对学生有价值？抑或对两者都有价值？抑或将社会和个人对立起来的这种提问方式本身就存在问题？这方面的讨论涉及的是课程价值主体的问题。

课程价值研究之所以要考虑课程价值的主体和客体，是因为价值并不是课程的一种纯粹客观的属性，而是反映着课程的属性与人的需要之间的一种对应关系，其中包含着人们对学校教育的一种主观要求和主观评价。

对于课程内在价值论者来说，似乎没有必要分别从课程的价值主体和客体两个方面来论证课程的价值。因为内在价值论不从课程所造成的外在结果方面考虑课程的价值，课程的内在价值必然是对课程参与者即学生而言的。但是，课程的工具价值论者不得不面对课程价值主体的问题。因为课程的工具价值是就课程所造成的外在结果而言的，其中就存在这种结果对谁有价值的问题。正因为如此，杜威既讨论课程伦理价值的社会标准，又讨论课程伦理价值的心理或个人标准。他认为："儿童为实现学校的道德理想提供了唯一可以使用的手段或工具。课程的学科内容无论有多么重要，无论做了多么审慎的选择，倘若不按照个体自身的活动、习惯和愿望加以改造的话，就没有确定的道德内容。我们必须弄清历史、地理和数学在心理学上意味着什么，也就是说，在我们从中发掘种种道德可能性之前，它们都是个人经验的方式。"（Dewey，1897）[78]

不过，对于"个人本位"的课程工具价值论来说，课程的价值主体依然比较清楚，因为"个人本位"意味着课程的工具性价值是对个人即学生而言的。但是，对于"社会本位"的课程工具价值论来说，课程社会工具性价值主体的问题就成了一个复杂的问题。如果把课程的价值主体与客体联系起来表征和论证课程价值的话，问题会变得更加复杂和棘手。

"社会本位"课程的工具性是课程的社会性，课程的价值标准是社会标准，课程的伦理原则是揭示社会现实生活的情景和社会进步的方式。因此，"社会本位"课程的价值主体是社会。但是课程的社会工具性只是一种潜在的可能性，这种可能性必须通过教师并最终通过学生来实现，这就产生了教师和学生对课程的社会工具价值的态度问题，以及学生实现这种工具价值的个人条件问题。从理想的状态来说，课程的社会价值应当具有普遍适应性，它既反映社会的要求，又与学生个人发展相一致，而且要得到教育者理智和情感上的认同，激励教育者的教育行为。从这个意义上说，课程的社会价值主体牵涉社会与个人、教师与学生及其家长等方面。

因此，课程价值的社会工具论不但要以社会需要为依据说明并论证课程可能具有的社会意义，而且要阐明实现这种可能的个人条件，也就是要论证教育者和受教育者的价值取向与社会或国家的价值取向的一致性。坦率地说，我们迄今为止对课程的思考基本还停留在从社会需要出发来界定学校课程价值的水平上，关于实现课程社会价值的个人条件的探讨还有待于人们的重视。如果要从学生这个价值主体方面说明课程的价值，杜威的思维方式是值得借鉴的。杜威根据课程价值的社会标准（社会的力量标准、理智标准、兴趣标准）确立课程的社会工具性，同时强调儿童是实现课程社会工具价值的手段，进而提出课程价值的个人标准（儿童的性格力量标准、判断力标准、敏感性标准）。正是在这个意义上，我们可以认为杜威关于课程价值的辩护所依据的是课程"经由儿童实现的社会性"。所以说，杜威的工具主义课程价值观虽然有强烈的社会本位取向，却又不同于一般的社会本位课程价值观。

但是，杜威并未从教师方面进一步论证课程的社会工具性。他可能已经假定教师是社会价值取向的代言人，教师角色不存在不认同社会价值取向的问题。这几乎是所有课程价值论共有的一种现象。人们通过各种不同的方式取消了教师在课程价值上的主体地位：要么规定教师对有益于受教育者或有益于社会的价值必须有"内在的感受"（大河内一男 等，1984）[173]，要么规定教师对公立学校的课程计划必须保持"价值中立"。从"课程"的规范性含义上说，一种在价值上没有得到教师自觉认同的学习内容，对于教师来说算不上是课程。如果教师认为自己被迫向学生实施的东西不是课程，这些东西的价值就难以得到保证。在价值多元的时代，我们似乎应当承认教师在课程价值中的主体地位，尽管这样做可能会造成课程价值主体的取向不一。但是课程的抉择和价值辩护必须正视这个现实，只有这样才有可能真正确立课程合乎理性的伦理基础，才有可能激励和启发教师对这种伦理基础的自觉意识。

由此可见，"个人本位"的课程价值论（无论是内在价值论还是外在工具论）也存在课程价值主体的问题。就是说，即使从受教育者方面来确认课程的价值标准，也需要教师理智和情感上的认同。而且，无条件地认为课程的价值就是对受教育者的价值，是不合乎健全常识的。假如课程的抉择完全根据受教育者的价值取向的话，学校的课程就不会是现在的模样。个人本位的课程价值取向必须有超越受教育者的价值观的另一面。

　　不同的个人本位课程价值论采用了不同的超越方式。譬如，斯宾塞在课程价值取向上并不承认课程对儿童现实生活的意义或价值，他只从科学对儿童成年之后过完满生活所具有的功用来为科学课程辩护，他重视的是课程价值的未来性。又如，彼得斯在课程价值取向上不承认作为儿童活动之主要部分的游戏或运动的内在价值，他以人对理性的运用为出发点来为理论活动进行先验的辩护，他重视的是课程价值的内在性和永恒性。这样一来，课程价值的个人本位论出现了一个论证上的难题：一方面它们承认受教育者在课程上是唯一的或主要的价值主体，强调课程的价值是对受教育者的价值；另一方面，它们无不提出超越受教育者自身价值取向的课程和课程价值观，这种超越在某种意义上说就是否认受教育者在课程价值上的主体地位。事实上，个人本位论者（如斯宾塞）未必比社会本位论者（如杜威）更重视儿童在课程价值上的主体地位。因此，我们在为我国课程价值观的社会本位传统辩护时，未必非得忽视或否定学生在课程价值上的主体地位。无论是个人本位的课程价值论，还是社会本位的课程价值论，都存在忽视课程价值主体的个人因素的可能性，也都存在突出课程价值主体的个人因素的可能性。

　　与课程价值主体有关的另一个问题是课程抉择者的问题。现代学校课程的抉择者基本上是社会或者代表社会意志的教师或专家。这个事实对于社会本位论的课程辩护来说是一件非常自然的事情，因为在社会本位的框架下，课程的价值主体与课程的抉择者是一致的，都是社会。然而，这个事实给个人本位论的课程辩护带来了新的问题或课题。个人本位论者在课程辩护中需要说明：在由社会、教师或学生家长来确定学校课程的前提下，学生在课程价值上的主体地位何以可能？

五、课程价值的自然主义辩护论与先验辩护论

通过对课程陈述的语言和逻辑分析，我们可以看到课程与伦理之间这种逻辑上的必然联系。然而，这并不意味着课程中某种实质性的价值取向具有逻辑的必然性。一种课程抉择所包含的价值取向只有得到有效的辩护，才有可能获得牢固的伦理基础。

对课程的外在价值或工具价值的辩护，关键在于阐明课程合乎社会或个人某种目的或需要，或论证课程在为社会或个人某种目的或需要服务中的有效性。而这种目的或需要又被还原为某种自然属性，作为衡量课程价值的标准或依据。因此，课程工具价值论通常采用自然主义的辩护方式。

相对来说，对课程内在价值的辩护要困难得多。内在价值论者必须合理地证明，课程是一种自在的善或目的。如彼得斯从人的理性运用出发对课程活动的价值做了先验辩护。所谓从人的理性运用出发对课程活动的先验辩护，关键在于查明这种辩护活动本身所预设的前提。对于活动价值的辩护，本身也是一种活动。既然一切活动的价值都需要得到合理性上的辩护，那么辩护活动本身的合理性又由什么来保证呢？解决这个逻辑难题的唯一出路也许就是以人的理性运用为出发点，也即首先要预设辩护活动本身是合乎理性的、有价值的，也即预设与人类行动理由之理性探究有关的活动是有价值的。这就意味着科学、数学、历史、文学、哲学、艺术这类理论或探究活动是有价值的，而这些正是学校课程活动的基本内容。反过来说，如果课程活动有价值，那就意味着科学和哲学那类理论或探究活动有价值，而这些活动在根本上是与人的行动理由之探究相关联的，因此关于人的各种活动的合理性辩护是有价值的，关于课程活动的辩护自然也是有价值的。

由于对课程活动的辩护实质上就是哲学、科学、数学、历史、艺术、文学的探究活动，也就是说，与课程活动是一回事，课程活动的辩护与课程活动本身在合理性或价值性上是可以相互保证的，因此，课程活动之价值的先验辩护在逻辑上几乎是无懈可击的。一个有理性的人，如果要反对

对课程活动的这种先验辩护的话，就会陷入一个无法排除的逻辑悖论之中。因为，他竭尽全力反对课程价值的先验论证，所依赖的理性资源却不可避免地全部来自哲学、科学、数学、历史、艺术、文学。也就是说，他要论证的是哲学、科学、数学、历史、艺术、文学之探究的不合理性或无价值性，而这项论证工作本身就在致力于哲学、科学、数学、历史、艺术、文学的探究。退而言之，一个人如果运用理性去论证扑克、台球、高尔夫球等游戏或运动的价值优先于哲学、科学、数学、历史、艺术、文学等探究活动，就会发生逻辑上的不一致，因为他的论证本身已经肯定哲学、科学、数学、历史、艺术、文学等探究活动的价值是首先需要得到保证的。

六、课程价值的基础主义辩护论与连贯主义辩护论

课程的价值辩护问题，归根结底，是信念的辩护问题。从直观上说，信念只能用信念来辩护。如果一个信念靠另一个信念来辩护，辩护者就会遇到一个无限退循问题：信念 1 靠信念 2 来辩护，信念 2 靠信念 3 来辩护，如此等等，无限退循下去，形成一个永无终结的辩护链。[①] 在解决辩护的这个退循问题时，杜威和彼得斯采取了不同的思路。

杜威的基本思路是，在课程的价值辩护中设置一个基本的信念——"个人与社会的一致性"，或者更加具体地说，是"经由儿童本人实现的社会性"。就杜威的课程价值论中的信念体系而言，这个基本信念是不证自明的，或者说是自我辩护的信念。它既不可被非基本信念所辩护，也不可被非基本信念所拒斥；相反，它是非基本信念得以辩护或遭到拒斥的基础。也就是说，课程的价值性在于课程具有"经由儿童本人实现的社会性"。这样一来，退循问题由于在辩护链上设置了一个作为终点的基本信念而得到

---

① 关于辩护中的退循问题，可参见邢新力的《知识辩护论》第 29—33 页，山东人民出版社 1992 年版。

解决。这种辩护方式可以被称为"基础主义辩护方式"。①

　　然而，基本信念本身可能是一个有争议的信念。譬如，假使"个人与社会的一致性"或者"经由儿童本人实现的社会性"这个信念本身受到怀疑，以此为据的课程辩护就是不可信的。因此，杜威对学校课程所做的基础主义辩护在逻辑上并不令人满意。为了克服基础主义辩护论这个逻辑缺陷，彼得斯试图在解决课程辩护的无限退循问题上另辟蹊径。

　　彼得斯不去寻求一个特殊的辩护环节作为辩护链的终点，从而解决退循的无限性问题。他的基本思路是：通过辩护活动与被辩护活动的一致性认定，从而使辩护链在其末端折回，与辩护的第一环连接起来，也就是使辩护的终点与辩护的起点一致起来。这样就形成了一个自我保证的辩护圈，辩护上的无限退循问题也就迎刃而解了。这种辩护方式可以被称作"连贯主义辩护论"。在连贯主义辩护论中，同一信念体系中的各种信念并无基本与非基本之分，其中的任何一个信念是否得到辩护以及在何种程度上得到辩护，取决于它在保持信念体系的连贯性上所起的作用。也就是说，一个信念的合理性是根据它与其所属信念体系里其他信念的相容性或一致性来加以辩护或检验的。

　　就彼得斯的课程活动辩护论中的信念体系而言，这种检验过程可以表述为：由于理论活动的辩护本身也是理论活动，所以，辩护活动的合理性意味着理论活动的合理性；同样地，理论活动的合理性意味着辩护活动的合理性。因此，辩护活动的合理性与被辩护活动的合理性在逻辑上是一致的。如果要论证理论活动不合理或没有价值，那就意味着这种同样是理论活动的论证或辩护是不合理或没有价值的。显然，企图从理论上论证理论活动不合理或没有价值是不可思议的，或者说是自相矛盾的。所以，课程活动或理论活动的合理性或价值性在连贯主义的框架中是可以得到辩护的。

　　课程活动的连贯主义辩护论比较圆满地解决了辩护链无限延伸的问题。

---

① 　关于基础主义辩护论和连贯主义辩护论的一般讨论，可参见邢新力的《知识辩护论》第三、四章。

然而，如果一切信念都通过包含它本身在内的辩护圈来加以辩护的话，势必陷入辩护圈无限循环的困境之中，因此纯粹的连贯主义辩护在逻辑上依然是无效的。所以威尔逊以一种略带调侃的口吻将彼得斯的课程价值观总结为："什么是有价值的活动？对于我（或其他任何人）来说，有助于我（或其他任何人）回答'什么是有价值的活动？'这个问题的任何活动，就是有价值的活动。它为什么有价值？因为，除非回答这个问题有价值，否则去问为什么就不是一个严肃的问题。"

课程的价值辩护始于对"什么知识最有价值"的探讨，人们把作为课程备择对象的知识领域当作一种客体来对待，通过对各种知识价值的比较，从中优选出一批"最有价值的知识"，形成课程基本领域。因此，课程辩护是对被确认为课程的知识客体之价值的论证。随着价值辩护的论题由"什么知识最有价值"转换为"什么活动最有价值"和"什么学习经验最有价值"，课程辩护不再仅仅限于课程的价值客体方面。所谓"经验"或"活动"，包含了经验或活动的主体和客体（对象）两个方面。这就意味着需要从课程的价值主体和课程的价值客体进而把这两个方面联系起来以论证课程的价值性。价值客体方面的课程辩护，所确认的是课程可能的价值；价值主体方面的课程辩护，所立足的是实现了的课程价值。课程的价值客体问题是带有一般性的哲学问题，而课程的价值主体涉及社会、教育者和受教育者，课程的价值主体问题是带有一定特殊性的教育问题。因此，基于课程价值主体的课程辩护是更加切合教育情境的伦理思考。今后课程价值辩护工作的重心，似乎有必要从价值客体比较问题转向价值主体取向问题。

以上分析表明对学校课程的辩护存在着多种可能性：一种被选定的课程可以用不同的理由和方式加以辩护，用同样的理由或方式也可以为不同的课程价值取向辩护。认识课程抉择与课程辩护之间的这种复杂关系，是把握课程现实与课程理论关系的关键。对当代课程略加考察不难发现，世界各地为在校学生选定的学习领域大同小异，课程实施却又各具特点，表现出极大的差异。可见，在课程问题上，关键不在于选择了什么，而在于为什么选择。

第五节　课程的一元化与多元化

进入 20 世纪 70 年代以来，随着一些西方国家少数族群地位的提高，各族群文化再度活跃，现代社会日益呈现出多元化的趋势。多元文化（multiculture）和文化多元论（cultural pluralism，又称文化多元主义）随之产生并逐步推广开来。课程中如何体现文化间的差异，在尊重各少数族群文化、各社会阶层的同时，将主流文化与少数族群的文化整合起来，成为课程面临的一个实际问题。在这种情况下，一些主张课程多元化的人对以往"一元化"或"一体化"的课程提出了批评。

在他们看来，一元化课程是一种"主流中心的课程"（mainstream-centric curriculum）。他们认为这是以占主导地位的族群（优势族群）的经验、文化、历史、观点等为中心设置的课程，忽略了其他族群的经验、文化、历史和观点。这不仅对于主流族群的学生产生负面影响，使他们错误地形成自身的优越感，对其他族群形成误解，也排除了他们从其他族群的知识、观点等中获益的机会，不利于他们对自身文化观念的反省与发展；而且对于主流族群以外的学生而言，由于学校课程未反映他们的文化，他们易产生疏离感和自卑感，学习动机削弱，造成人格内部的文化冲突，形成家庭文化与社区文化、学校文化之间的断层（Banks et al., 1989）[26]。

他们还指出，主流中心的课程是"男性界定的课程"（male-defined curriculum），把男性的经验当作普遍的可以类推到全人类的经验，排除了女性的传统、历史、文化、价值和观点。这是男性支配的一种表现，应加以改变。

在他们看来，实施多元文化课程是社会发展及教育发展的一种必然趋势。倡导多元文化课程的代表人物班克斯（J. A. Banks）曾指出多元文化课程发展的三个阶段：

第一阶段：单一族群的学程。在这一阶段，学程仅提供给某一特定的族群。设置这些特殊学程（如黑人发展的历史、西班牙语）的目的，是消除对这些族群的同化影响。

　　第二阶段：多族群课程。众多不同的族群要求把他们的历史和文化纳入学校的课程。他们认为，自己的文化与历史应该像主流族群的一样被纳入课程中，不仅让本族群的子弟学习，而且让所有的孩子都有所了解。

　　第三阶段：多元文化课程。这是在多族群课程的基础上发展起来的，是对前一阶段课程的推进。它是从多元文化教育不能局限于族群这一立场出发的。这种课程以教育生活于多元文化社会中的每一个体为己任，试图提供给学生适应多元文化社会的技能。（Husén et al.，1983）[60]

　　在他们看来，要实施多元文化教育，首先就要对课堂教学中所使用的材料进行批判性思考，认识到存在于这些材料中的偏见，以便形成一定的教学策略来消除这些偏见。[①] 有学者指出了教学材料中六种形式的偏见：（1）忽略不计（invisibility），即某些微型文化没有在教学内容中表现出来，这隐含着这些群体在社会中不重要、价值较小、意义不大的认识，忽略的对象常常是女性、少数群体、残疾个体和年长者；（2）成见（stereotype）[②]，即用传统的、僵化的眼光审视一个群体，不承认个体间的差异及文化的多样性；（3）选择与失衡（selectivity and imbalance），指只从一种视角（常常是主要群体的视角）去解释问题和选择材料，而忽略了其他群体，这就使得广大学生不能充分认识到历史及当代问题的复杂性；（4）失实（unreality），指教科书中常有对历史和当代生活经验的不真实的描述，常把有争议的问题和关于种族歧视、偏见等问题的讨论剔除在外，使学生不能很好地适应存在着种种矛盾、冲突的社会；（5）片断与孤立（fragmentation and isolation），指教科书中仅包括微型文化中的部分内容，关于不同群体的材料也被分割开来论述，且多属教材中的某一部分或某个章节；（6）语言（language）偏见，指教科书中出现较多的是男性姓名或某族群的人名，而女性姓名和少

---

①　偏见是与多元主义相悖的。在西方一些研究者看来，它是实施多元主义教育的主要障碍。因为多元主义重要的前提性假设，就是不同群体间虽有种种差异，但其文化信仰、习惯等在价值上是相等的，而偏见反映出的恰恰是群体间的不平等。

②　"stereotype"一词，台湾学者多译为"刻板印象"。"stereotyping"即为"形成刻板印象"。依据本尼特对"stereotype"所做的界定——"是以对某群人夸大了的和不准确的概括为基础所形成的大脑活动类型"，"用以说明对某群体所有成员的偏见"，我们在此译为"成见"。

数族群的人名甚少出现[①]。

那么，如何克服课程中存在的这些偏见呢？将所有的文化都纳入课程，虽然表面上看是最理想的，但这是行不通的，也是办不到的。因为如此一来，课程中需容纳的文化林林总总，必然导致课程容量过大，学生负担过重。而且，所有文化的价值并不是相等的，有些文化对于非同一文化群体的学生来讲，可能没必要接受。再者，文化在一定社会中具有调适的功能，它使社会群体有着共同的思想观念、行为方式，有时它只适合于特定群体，而对其他群体则是无效的。包容一切的课程设计无法使文化间相互沟通，也不能保障社会群体间的凝聚力。

由此可见，在多元文化社会中，课程面临着文化选择的问题。由于文化积累至今已比任何一个时代都丰富、复杂得多，因而对课程的文化选择要求更为严格：既要维持社会成员思想行为的一致性，又要增进各群体间的相互尊重和了解，这成了课程面临的"两难选择"。为此，多元文化教育论者从其特定的立场出发，提出在课程目标的拟定及课程设计上，需考虑到两个基本的方面：第一，必须尽力防止各族群间出现分歧，因此不能只是从多数族群的立场、根据多数族群的利益处理问题；第二，在表述各个族群及它们的文化、政治及社会状况时，应使学生感到它们处于同等重要的地位。这样，学校从一开始就有着"图画的气氛"（pictorial atmosphere），将交互的文化反应如同图画一样活生生地呈现出来了（Arora et al., 1986）[41]。

英国学者列奇（J. Lynch）具体地提出了消除偏见的方法：（1）在教材中呈现的少数族群成员，其承担的角色应是多样化的，而不只是象征性地呈现；（2）教师要注意成见及其造成的影响；（3）教师要注意到有时介绍国家的辉煌历史、宣称它是传统智慧的结晶，其实是种族主义在作怪；（4）教师要注意到不自觉地使用的语言、词汇，其中可能会隐含歧视的成分；（5）教师应以较为开放的方式处理有争议的问题；（6）教师要注意插

---

① 埃尔南德斯（H. Hernandez）在其《多元文化教育》一书中，提出最为普遍的偏见形式是：忽略和歪曲（omission and distortions）；不公正地使用语言（biased language），它是指在语言的运用中以一种微妙的非预期的方式传递偏见。

图有无讽刺性意味以及统计有无偏见；（7）教科书往往随时代而变迁，很快就不能适用，教师使用时应注意对它加以分析、批判，并要与当前的社会需要结合起来。（列奇，1994）[25-26]

随着多元文化教育的开展，在一些西方国家已逐渐形成了一套层层递进的课程设计模式或者说取向。其中主要有以下四种取向：（1）贡献取向（the contribution approach），这是最常见的一种取向，即在既有课程中，穿插一些少数族群的英雄人物及相关的不连贯的文化事件，但仍以主流文化中的人、事、物为核心，不改变主流课程的基本结构、目的和明显特征，将反主流文化的人、事、物皆排除在课程之外。（2）附加取向（the additive approach），即在不改变课程结构、目的、特征的情况下，以一本书、一个单元或一堂课的方式，添加有关族群的内容、观念、主题。这种课程设计模式较易实行，且深度较前一种有所增加。（3）转换取向（the transformation approach），它与前两种取向不同，在这种取向中，课程的基本目标、结构与观点均有所改变，开始能够帮助学生从不同族群的立场与观点出发，来探讨各种概念、主题。在这种情况下，主流观点只是各种观点中的一种。由于对每一个问题的讨论不可能采用所有族群的观点，所以教师可以先让学生以一种以上的观点来分析、看待问题。（4）社会行动取向（the social action approach），它是在第三种取向的基础上发展起来的，要求学生指出所有重要的社会问题和有争议的问题，进而收集资料，澄清自己对这些问题的态度与价值观，并做出决定、采取行动来解决这些问题。它强调的是学生的批判性思考和解决实际问题的能力。①

这四种取向是循序渐进的。在实际的教学情境中，它们也常混合运用。

---

① 列奇在《多元文化课程》中提出的模式大体与此相近。模式 A 是传统的模式，以主流文化为中心；模式 B 为民族附加模式（ethnic additive model），虽仍以主流文化为中心，但注意把各民族观点附加其上；模式 C 是多民族模式（multiethnic model），它以社会或历史事件为核心，以各民族的观点来加以解释；模式 D 是民族国家模式，为最终的课程模式，学生根据多个国家的观点学习社会或历史事件。他建议学校多元文化课程设计，应遵循由模式 A 到模式 B、模式 C 再到模式 D 的路径。

这些取向与学生多元文化观念发展的阶段在一定程度上是对应的。①

把多元文化课程从隐性课程提升为显性课程，进而对其加以设计、实施，是近年来多元文化课程发展的一个显著特点。在 20 世纪 80 年代以前，虽然多元文化特别是多元民族文化对课程的设计等方面产生着一定的影响，但出于意识形态的干扰及研究尚待深入等原因，它还没有被析离出来当作一个相对独立的领域，更未被"名正言顺"地归于显性课程之列。当时，多元文化对课程的影响还是非正式的，甚至是不被一些人所期望的。应该说，多元文化课程的设计，是课程研究领域中的一个重要事件，它有可能突破惯常的、一元的课程模式，使我们在注意到文化多样性的同时，在多元与一元当中寻找到恰切的结合点。② 至少这种课程设计模式提示我们，学校课程要尽可能反映各民族和群体的要求、历史和文化，还应把性别、社会阶层、宗教及其他文化群体的文化特性考虑在内。

当然，对把多元文化引入课程设计，也存在着一些不同的见解。有人批评说，所有多元文化课程的设计，都自以为可以使族群间相互理解，并因而可以使受教育者接受文化间的差异，但是，这一假设并未得到验证，所以它至多是一种猜测。而且，由于所设计的各种多元文化课程模式，都包含着诸多变量，各模式所依循的概念又模糊不清，因而对它们加以检验是极为困难的（Husén et al., 1983）[109]。

的确，在实施多元文化课程中，除上述批评所提示的问题外，我们还应当充分注意到它给已有教育带来的巨大震动：第一，它有可能导致与原

---

① 有研究者认为，多元文化观念的发展，有着一定的阶段性。奥尔森根据皮亚杰和柯尔伯格的理论，曾将文化的学习分为下列四个阶段：3—7 岁，儿童可意识到与自己所处文化不同的文化；8—10 岁，了解到不同文化的差异，并在此基础上形成一般的认识；11—14 岁，了解不同文化中的内在逻辑，对其进行社会学、人类学、历史学等方面的思考；15—18 岁，不再受种族中心的限制，能平等对待不同的文化。贝克尔将多元文化观的发展历程分为三个阶段：初级阶段，由对个别差异的认识发展到对不同家庭的认识；中级阶段，由对社区和地区的认识，进而发展到对各种族或民族间差异的认识；高级阶段，由各种文化差异，包括宗教和性别、民族和种族的差异，进而认识到文化的国际性、各种不同的文化及所有民族的文化。

② 与多元文化教育的含义相对应，多元文化课程也非只专注于课程的"多元""多样化"，它必须既着眼于所有儿童的"一般课程"的需要，同时也要着眼于某些儿童的特殊需要。

有学科课程的"决裂"，特别是在地理、历史、语文等人文学科中，会造成与原有观念、理论等方面的相悖；第二，它促使人们放弃原有民族文化的旧原则，了解、尊重、接受其他民族的文化，用文化相对主义的视野看待问题；第三，多元文化课程设计是以承认多元文化社会为先决条件的，这可能涉及意识形态和政治上的一系列问题。对这些问题，须慎重对待。

第六节　文理分科

中学（主要是高中）课程设置是否要采取文理分科的形式，历来是世界各国教育界争论不休的问题，而且现在还不时有人转到这个话题上来。

我国自 1977 年恢复高考制度以来，有些地区恢复了高中文理分科设置课程的做法。到了 1982 年，有的学校文理分科开始由高中转到初中，一时间重理轻文、偏科现象严重。与此同时，也是在 20 世纪 80 年代初，一些高等院校对学生进行通才教育，即要求文科学生学些理科方面的知识，要求理科学生学些文科方面的知识。于是，我国出现了一种奇特的现象：中学采取文理分科，大学实行文理交融。高中文理分科现象所产生的结果，已引起越来越多的关注，归纳起来，大致有以下两种观点。

一种观点是不赞成高中文理分科。因为普通中学应为学生提供完备的普通教育，既要为学生升学打好基础，也要为学生就业做好准备。现代自然科学知识与社会科学知识日益相互渗透、相互交织，事实上，不论高校文科还是理工科，都要求学生具备文理科的基础知识和基本技能。在一些人看来，文理分科往往会削弱学生的基础知识，不利于人才的培养。文科学生不懂物理、化学、生物，理科学生不谙历史、地理、文学，显然都不利于学生的全面发展，也不利于学生从升学考试所考的科目中解放出来。当然，不采取文理分科，并不意味着"一刀切"，而是可以通过设置文理科选修课程来满足学生的个性化需求。

另一种观点主张高中文理分科，但要考虑分科的方法、时间等一系列因素。他们认为，分科是打好基础、提高教育质量的主要途径。其理由是：（1）分科有利于学生发挥爱好、特长，符合因材施教的原则，也有利于高校择优录取新生；（2）分科只会加强不会削弱学生的基础知识，因为文理分科后，学理的只是适当降低文科的要求，而理科知识有所加强，学文的情况也是类似；（3）目前普通高中存在着高考考什么、学生学什么的倾向，与其如此，还不如实行合理分科加以引导（刘英杰，1981）。当然，他们也指出，合理的文理分科需要指导，不能绝对化。

这种情况不仅在大陆中学如此，在我国台湾地区中学里也是这样。这几十年来，台湾地区"高中文理分组，处于摇摆不定的状况"（杨亮功，1970）[135]。

我们认为，就一般而言，高中还是以不文理分科为好。第一，普通高中教育总的说来还是属于基础教育，唯有根深才能叶茂，学生的基础知识和基本技能掌握得越扎实，以后适应和应变的能力就越强。就目前我国一些开放地区人才市场需求来看，缺乏的不是专业人才，而是适应变化的通才。通才需要比较广博的基础。第二，近现代科学技术的发展表明，科学既有分化也有综合，但目前总的趋势是科学知识综合化明显加强。一些高等院校已经注意到这一趋势，因而强调学文的懂些理，学理的懂点文。这样，在中学阶段就分科显然是早了些。第三，高中文理分科，事实上是在学生的兴趣、爱好、能力和特长尚未充分显露时，就要他们过早地对专业化做出选择。这与一些工业发达国家大学一二年级不分专业、只开设基础课的状况反差太大了些。第四，高中文理分科，事实上加剧了片面追求升学率的倾向，因为高中阶段文理科的选择，已使学生别无退路，只有往前过高考关了。

有人以为，在高中文理分科，同时适当地辅之以选修课就可以避免上述弊病。但前景并不那么乐观。例如，美国中学开设了大量选修课，据报道，有13个州规定中学毕业需达到的学分中有一半以上属于选修课。结果，许多学生选修那些要求较低的个人服务性的课程。据统计，美国中学只有31%的毕业生学完中等代数这门课。虽然美国已经普及中等教育，但

"美国所有 17 岁的人中，约有 13%可被看作是半文盲"（国家教育优异委员会，1990）[591]。因此，美国教育质量委员会建议各州要对中学最后几年必修的基础课做出明确规定，以保证中学教育质量。

英国诺贝尔化学奖得主波特，对英国中学太早把学生文理分科也提出了批评。他指出，英国学生在 14 岁时便要决定念文科还是理科，这种制度虽然也能培养出优秀的科学家或在其他学科中有成就者，但它的不良后果在于学生知识片面。在 14 岁时便开始念文科的人，对科学一无所知当然不算奇怪。在波特看来，学生至少要在 17 岁之后才能分科（田龙翔，1988）[127-128]。

前车之辙，值得借鉴。我们很难设想一个学理科的中学生，在对高考还没有把握之前，能自由地选修文史哲方面的课程。事实上，这个问题已受到众多有识之士的关注。

第七节　普通教育与职业技术教育

作为一种共识，普通中学的培养目标，既不是单纯地为学生升学做准备，也不是单纯地为学生就业做准备，而是肩负双重任务。要完成这双重任务，唯有对学生进行基础教育。所谓"基础教育"，就是要对学生实施基本的普通文化知识、培养公民基本素质的教育，也是为学生继续升学或接受就业培训打好基础的教育。它是提高全民素质和造就各级各类人才的重要基础。其质量和水平，在很大程度上影响着社会未来的发展进程。

我国实施的是九年制义务教育，初中阶段属于义务教育性质，理应实施基础教育，这是不应该成为问题的。但在高中阶段情况就不同了。

有人认为，普通高中兼顾双重任务，容易导致顾此失彼，并造成普通高中规模过大。在他们看来，两种任务在普通高中里不能合流，而只有在普通高中与职业高中分流后才能分别完成。换言之，普通高中要以为高一级学校输送合格新生为己任，合格的劳动后备力量则应由职业技术学校来完成。这样会有利于加强普通高中的基础教育。

也有人认为，普通高中既要设置普通教育课程，也要设置职业技术教育课程，实施普通教育职业化和职业技术教育普通化。这是由普通高中的双重任务决定的，但在普通高中设置职业技术教育课程要注意两种课程的比例。他们对普通高中"单一任务论"提出质疑，认为"普通高中兼顾双重任务会导致顾此失彼"的观点实际上是把为高校输送合格新生与为社会培养合格劳动后备军对立起来了。

在我们看来，如果在高中阶段就普遍实行普通教育与职业技术教育全面分流，势必会造成这样两种情况：（1）高等院校几乎无选择生源的余地；（2）升学竞争会降低到初中阶段。这实际上是要初中毕业生在 15 岁左右就决定是升学还是就业。这多少带有一定的宿命论的色彩。正如联合国教科文组织报告所指出的那样："在学生充分开发其学习潜力之前就安排他们去学习那种会剥夺或减少下一级教育升学机会的教育课程可能是不公正的。"（联合国教科文组织，1992）[54]

在当今我国市场经济中，人们最关心的问题是学生毕业后的出路，这是理所当然的。高中毕业生除少量升入大学之外，大部分将走向社会就业。一些用人单位往往会批评毕业生没有掌握有关的职业技能，一些教育工作者也常常以此自责。但是普通中学是否应以"学生毕业后就能立即适应社会各行各业的工作"为目标？回答是否定的。以"学了就得马上能用"这种肤浅的功利主义为价值取向，如何提高整个民族的文化素质？据预测，一二十年以后75%的职业都是"新"的，也就是说，现在还没有人能详细了解他将来从事的职业需要哪些知识技能。因此，以往那种狭隘的职业训练已变得不那么重要了。狭窄的专业化只能适应静态社会，只有基础扎实、适应能力强，才能迎合动态社会的需要。由于职业流动是现代社会的一个特征，调换工作已不再是失败的标志，而是达到职业上自我发展的一种方式（施良方，1991）。马克思正是在"承认劳动的变化"是大工业"生死攸关的问题"的前提下，提出了综合技术教育的思想的。所以，要求普通中学的课程与未来职业直接相联系，是不恰当的。事实上，我国沿海地区已出现了一些用人单位要普通高中毕业生而不要中等职业技术学校的毕业生的现象，因为他们认为普通高中毕业生转向较快。

普通基础教育质量不上去，富国强兵就是一句空话。不论当年美国与苏联的冷战，还是后来美国与日本的智力战，美国政府都是以此为契机来抓基础教育的。例如，1957 年苏联人造地球卫星上天，导致美国制定《国防教育法》；20 世纪 80 年代日本经济腾飞，引出美国《国家在危急中：教育改革势在必行》的报告。美国的一份调查报告认为，日本生产率之所以高于美国，"是因为日本高质量的中小学教育"。一批研究人员在实地考察后发现，"日本中小学教育的巨大成就，不在于它培养了显赫的英才，而在于它使所有毕业生的平均能力水平达到了很高程度"（Lewis，1983）。这尽管有掩盖其政府决策失误的嫌疑，但确实也指出了基础教育的重要性。

普通基础教育的重要性正在日益为人们所认识。例如，在贵州省黔东南苗族侗族自治州，人们认识到，"经济贫困的根源主要是教育基础薄弱、文化落后、劳动力素质低"，因此大力普及九年制义务教育。为了使学生毕业后能适应社会，掌握谋生本领，他们在有条件的普通中学开办"3+1"班，即在初中三年之后加上一年，让学生学习一两门农村实用技术。升不了学的学生回家能劳动致富，很受群众欢迎。（中国教育学会，1991）[682] 这种在注重普通基础教育的基础上进行职业技术培训的做法是值得提倡的。相比之下，我国也有个别地方以强调教育为当地经济建设服务为名，在初中二年级，甚至在初中一年级就进行职业分流。这种做法对于一时调动农村地区办学积极性也许有一定的刺激作用，但从长远看来，是一种急功近利的做法。事实上，基础教育为社会服务主要是公益性的，尤其是对学生进行公民素质教育的九年制义务教育，不应完全受市场经济供求规律支配。初中阶段属于义务教育性质，以提高全民族素质为宗旨，不应成为一种职业培训。对此，我们应有清醒的认识。

第十三章　课程的未来

2000 年行将来临，促使人们把新世纪的教育与课程作为议论的热点。面对未来，教育与课程工作者抱有多种态度和观点：有充满希望的乐观主义者，有主张宿命论的悲观主义者，有认为危机接连不断的灾难论者，有抱有幻想的乌托邦者，有把未来看作是过去至现在发展趋势的延续的外推论者，有预知世代缓慢进行有意义交替的过渡论者，有预言世界将发生快速的、戏剧性的、破坏性的变迁的变革论者。这些人对教育与课程的未来提出了不同的见解，描绘了一幅幅不同的关于未来的图画。

本章所要表明的是，课程与社会发展是相互促进的，用静态的观点来看待社会是危险的。现在大多数人都认识到，我们不只是为现在，主要是为将来培养人才。未来在一定程度上取决于现在学校所设置的课程。本章在综合这些研究的基础上，分析未来对课程提出的挑战，提出研究未来课程的种种方法，探讨如何应对未来课程将会面临的问题，以便课程工作者能把握机遇，为培养跨世纪的人才而做出贡献。

第一节　未来的挑战

无论是过去、现在，还是未来，课程都受着两类因素的影响：外部因素，即社会经济和文化条件等；内部因素，即制约自身的活力。这两类因素之间存在着持续的相互作用：外部因素被内部活力所吸收，内部活力又决定着教育制度对外部影响的接受性。课程正是在这两者形成的张力中向前发展的。科学技术的发展、价值观念的更迭、人口的流动、经济形态的改变等外部因素，都在钳制着未来课程的运行；而来自教育制度的内部因素，则左右着课程的发展方向及变迁速度。

　　这两方面的因素决定着未来课程的形态，对它们的考察，有助于在一定程度上回答课程工作者所应考虑的问题。它们是：哪些问题可能会影响到明日之世界或是明日之世界将会面临的？这些问题如何影响学校教育的形式？又如何影响到教育与学习的性质？通过对未来问题的思考，我们对未来可能会形成怎样的预测或"想象"？当今课程计划将如何影响人们对未来的意识、以未来为定向的决策，以及学校与社会新的议事日程的安排？（比恩 等，1993）

一、科学技术的挑战

　　学校历来被看作是传授知识的场所，但这一观点现在受到了科技革命的挑战。据有人推算，从发明到普遍使用，摄影技术经历了 100 多年，电话经历了 50 多年，收音机经历了 35 年，电视机经历了 12 年，晶体管只用了 3 年，而激光则用了不到 2 年（Auakov，1978）。由于新技术从发明到在生产中应用这个过程越来越短暂，职业流动成为经常发生的事情。因此，传统的"一次性教育"将被多种多样的教育形式所取代。职业技术教育将成为一个终身的过程和需要。前文已经讲过，美国未来学家托夫勒预测，就知识增长的速度来讲，今天出生的小孩到大学毕业时，世界上的知识总量将增加 4 倍。当这个小孩 50 岁时，知识总量将是他出生时的 50 倍。而且，全世界 97% 的知识都是在他出生以后才研究出来的。虽说托夫勒这一预言既没有考虑到变化的速度，也没有考虑到变化的方向，但有一点是清楚的：由于当代社会信息日益激增，要指望学生吸收所需的全部信息已不再可能。我们必须使学生具备丰富自己知识的能力，以及在复杂的社会里明辨方向的应变能力。

科学知识变更速度的加快，使今后学生所从事的职业，有许多都是"新的"，也就是说，现在还没有人能详细了解他们将来从事的职业需要哪些知识技能。因此，以往那种狭隘的职业技术训练已变得不那么重要了。狭窄的专业化只能适应静态社会，只有基础扎实、适应力强，才能迎合动态社会的需要。"承认劳动的变换是一个生死攸关的问题。"马克思当年在《资本论》中对工艺学校和农业学校以及其他职业学校的论述，至今仍具指导意义。教育与生产劳动如何结合？普通教育与职业技术教育如何衔接？这些将是我们时时会碰到的问题（参见第十二章第七节）。近年来，一些工业发达国家流行各种工读交替课程计划和合作教育课程计划，学生一部分时间在校学习，一部分时间在企业劳动。企业与学校共同对学生负责，目的是把教育与劳动结合起来，用教育来弥补因科技进步而引起的知识、技能的不足。

科学技术的迅猛发展，把人们带入了信息时代。信息社会的特征之一是劳动日趋理智化。也就是说，劳动者不再只是直接处理劳动对象，而且要处理生产过程中不断变化着的信息。据统计，在美国，属于信息性的职业在 1950 年只占 15%，1980 年已超过 60%，到 2000 年将达到 80%。有人对工业时代与信息时代做了有趣的区别：（1）工业时代的核心是有动力装置的机器，而信息时代的核心是计算机；（2）工业时代生产出来的产品是可能被消耗掉的，而信息时代的产物——信息是不可能枯竭的；（3）工业时代的推动力是能量，而信息时代的推动力是教育。"教育在工业时代只是一种陪衬，而今却是信息时代的基础。"（Lewis，1983）在信息社会里，教育如何推动社会的发展，使学生的知识结构、解决问题的能力和学习方式有相应的变动，成为一个值得研究的问题。

有人提出，在信息时代里，让学生掌握知识是一个重要的方面，但同时也不能忘记其他同样重要的方面：第一，应该教给学生进行终身学习所必需的技能，获得技能和能力比掌握知识本身更为重要。为了达到掌握学习能力的目标，课程与其把重点放在学习的内容和材料上，还不如放在思维的发展上。第二，由于知识增长速度加快，已经掌握的有用信息很大部分很快就会过时，所以必须非常谨慎地选择课程内容，在记忆材料上不要花费过多的时间。第三，要引导学生学会改变信息和使用信息。第四，学生在掌握基础知识的基础上，应学会对形势做个人分析，学会做出正确的决定。第五，学生应该知道采取怎样的措施以解决可能出现的突发问题，学会描述将要出现的问题，学会分析问题，研究这些问题的各种可能的解决办法，以及学会从中选择最佳方案。第六，应该鼓励学生发展他们的创造性，最大可能地发展人的创造潜力。（勒图尔诺，1993）[392-393]

二、社会经济对课程的挑战

近年来，人们对教育与经济的相互作用有了较清楚的认识。人们注意到教育与经济两者在逻辑上的交叉只是局部的，一方面经济运行是许多因素的产物，而教育只是其中的一个因素；另一方面，教育发展的前景是受经济状况影响的。就未来的发展来看，经济与教育都在朝着相互依赖的方向发生变化。

对教育与经济这种关系的认识，自然地体现在人们对生产市场、劳动力市场、产品市场、资源配置模式、技术类型与教育之间关系的认识上，使得教育与课程随着经济方面的变革而变革。例如，联合国教科文组织在20世纪80年代末对世界范围内经济与教育的未来进行预测时就提出，由于全世界范围以及发达地区和发展中地区各大经济部门的劳动力的比例发生了重大变化，用于信息、知识传播和一般性服务的专业人员增多，且一些新技术如生物技术、新能源的发展等也带来了许多新的就业机会，教育扩展了新的资源，教育内容为适应劳动力市场的演变发生了变革，教育与生产劳动和经济发展结合得更为紧密了，如此等等。

要理解未来经济给教育和课程带来的挑战，我们了解一下贝尔（D. Bell）有关三种社会类型的划分，或许是有益的。贝尔把社会划分为三类：

前工业社会、工业社会、后工业社会。他从四个方面——资源、模式、技术和策略，考察了三类社会的主要特征（见表13-1）（范斯科特哈斯 等，1993）[74-77]。

在前工业社会，人类使用的主要资源是诸如矿物、树木以及各种各样的动物之类的原始材料。主要的"产业"是农业、矿业、渔业和林业，都是以原始的人力和畜力为动力的。采用的策略在于抵抗无情的自然力，目的是获得生存。

在工业社会，主要的资源是廉价的、丰富的能源——水力和石油，主要的产业模式是商品生产。技术产生于科学和发明，人类制造出适用于大规模生产的新机器，从而需要将大量的资本投入生产过程。这时的策略是利用原始的材料并把它们加工成新的产品。效率就是目的。

在后工业社会，信息技术随着工业机械技术的发展而问世，研究和发展变得同生产一样重要。电子计算机是后工业社会的象征，它的运用冲击着个人生活和社会生活的每一方面。计算机可以储存、检索、加工资料和数据。对于最大的资源——人类来说，计算机是最好的工具。程序 – 知识控制着计算机。其策略是人对人以及人对机器的策略。教育和知识生产是主要的产业。

表 13-1　贝尔提出的三种类型社会特征

项目	前工业社会	工业社会	后工业社会
资源	原始的资源	能源	信息
模式	采取	制造	加工
技术	劳动密集型	资本密集型	知识密集型
策略	人与自然的策略	人与人造自然的策略	人与人之间的策略、人与机器的策略

三、人口流动对课程的挑战

与社会经济密切相关的另一个影响课程的重要因素是人口（有人将其

纳入经济范畴），未来人口的变动对课程影响至深。它主要体现在以下几个方面。

1. 未来人均寿命的延长

联合国在 1980 年对世界人口做了展望和估计，提出全世界人均寿命将由 1980 年的 57.5 岁，至 2000 年升至 63.9 岁，而发达国家的人均寿命会由 71.9 岁升至 73.7 岁。即使是不发达的国家，人均寿命也会由 55.1 岁升至 62.5 岁。人均寿命的延长，要求课程强化卫生保健和闲暇教育的成分。

2. 未来人口的城市化倾向

随着经济的发展，越来越多的人涌入城市，并从事城市职业，城市急剧扩张。联合国在 1982 年公布了至 2000 年城市人口年增长率，全世界平均水平为 2.8%，不发达地区为 3.7%，发达地区为 1.1%。人口的城市化使教育费用越来越高，一些国家因用于扩展教育系统的经费减少，使扩展课程计划的打算落空；而且，城市化的加速也经常导致学校课程忽略对农村的关注，课程往往不适合农村人员的条件和需要。

3. 移民人口的增加

出于各种各样的原因，各国的移民人口会日益增多，如发达国家吸收不发达国家的劳动力，发达国家有技术的人员流向发展中国家，政治压迫、宗教迫害和其他类似原因引起人口迁移浪潮，发展中国家人员在外留学，等等。移民人口在短时期内势必面临各种各样的心理失衡危机（由于传统价值业已丧失，而新的伦理规则和生活方式尚未建立），这就给课程设置提出了复杂而又艰巨的任务：使移民们适应环境，同时又不脱离原有的文化基础。这突出地表现在应移民的要求，允许在移民子女的教育中使用他们的母语，与他们原来社会和文化有关的地理、历史和其他内容也需被纳入课程之中。

四、文化变迁给课程提出的挑战

在课程与外部诸因素的相互作用中，它与文化的关系要算是最为密切的了。课程本身就是文化发展到一定历史时期的产物，它是文化的载体，而文化借着课程而得到了传播、发展。反过来，文化上的变迁也对课程产生着重大的影响。

有人预见了文化领域长期存在的几种发展趋势：（1）科学技术知识不断积累；（2）出现以知识为中心的社会；（3）技术解决的办法和技术造成的问题均显著增加；（4）"知识精英"，即才干超人的精英将形成和发展，他们的升迁取决于其知识程度；（5）以自身发展（"自我实现"）为生活动机的人口比重增加；（6）工作、娱乐和学习之间的差别趋于消除。

一些研究总结了另外一些发展趋势：（1）新型的大众传播媒介在人们生活和娱乐中的地位提升，文化出现大众化的倾向；（2）青年人的生活方式出现超国界统一化倾向；（3）处于少数地位和受歧视团体的文化特性重新受到确认。（拉塞克 等，1996）[84] 这些趋势势必会在一定程度上诱发课程的相应变革。例如，针对文化大众化倾向，教师必须使学生对大众传播媒介的攻势有免疫力，增强他们的批判能力；课程实施中要使用一些新技术，如电子计算机、有线电视，以实现教学个体化；传播媒介会允诺让教育性内容占更大的比重，并更严格地控制商业和娱乐性内容。

在文化变迁当中，价值观念处于核心地位，它处在文化的深层，制约着文化的制度、组织等层面的发展变化。未来价值观念的变革，是造成课程更迭的根本原因之一。法国学者荣克（R. Jungk）归纳了处在上升和衰落两种状态的价值观（见表13-2）。

表 13-2　两种状态的价值观

衰落的价值观	上升的价值观
1. 不关心他人	1. 团体意识
2. 沙文主义	2. 对人类的积极态度
3. 唯唯诺诺	3. 注重创造性与智力流动性
4. 自我主义与自我满足	4. 寻求归属某一团体
5. 野心勃勃向上爬	5. 职业流动，追求生活新经验
6. 个人经济保险	6. 对整个社会繁荣的责任感
7. 私有财产	7. 社会正义和公共服务
8. 相信"进步"，自得其乐	8. 追求美的价值

　　显然，处在上升时期与衰落时期价值观的差异，会导致课程的一系列深层次的变化，如课程观念、课程设计和课程实施方法等。经济合作与发展组织 1979 年在《相互关联的未来》一书中提出：年青一代身上会逐渐出现后现代主义的价值观念。这些价值观念是：美化城市，保护自然，追求精神重于金钱的社会、人格化特征多一些的社会，保护言论自由，加强生活、劳动和政治方面的参与（拉塞克 等，1996）[93]。

五、教育系统内部的变革

　　教育系统内部的种种变革，是造成课程变革的直接原因。

　　从研究教育未来者对未来教育做出的种种结论来看，它们大体可划分为三类：第一类强调设定教育未来的各主要趋势；第二类重视教育必须面对的各种问题，并尽力去找出解决这些问题的方法；第三类突出未来教育的许诺和未来教育有可能实现的愿望。这三类可被分别称为"趋势论""问题论""希望论"。下面举例检视之，从中也可透视出未来教育对课程提出的种种要求。

　　美国学者哈曼（W. Harman）在对众多的教育展望研究进行归纳后，总结出教育发展的下列趋势：与教育有关的人口不断增加，用于教育的国民收入的比重不断增加；人们对教育在实现社会目标和缓解明显的社会问题方面的作用有了新认识；教育机构和其他具有教育功能的社会机构日趋结合；幼儿和成年人的受教育期延长，其方式为中等后教育、进修、终身教育、家长学校、家庭教育等；教育趋向于向工业部门、居留地和住所发展；随着社会逐步进入学习化社会，教育与劳动将不再按先后顺序进行而是同时进行；传统的教学方法被摒弃；随着课程设置因人而异，竞争会减少；教育费用在全国更广泛范围内分配；参与权和控制权扩展到新的团体，如教师、学生、少数族群；消除普通教育和职业技术教育的差别，以至也许在中小学就能消除任何仅以实用为目的的狭隘训练；负责组织学习活动的人员的作用日益多样化；抛弃命令主义态度，向教学相长、师生互敬和非

职业化演变。（拉塞克 等，1996）[71-72]

拉斯卡（S. Rassekh）提出："我们有理由认为，如果没有适当考虑到在不确定的未来中会出现的问题的重要性与严重性，那么所建议的解决办法就不会与需要解决的问题相称。"（拉斯卡，1993）[291] 从这一着眼点出发，他提出了未来教育将面临的下列主要问题：（1）尽管财政预算紧张，受教育的需求仍有很大增长；（2）知识发展迅速；（3）没有充足的工作给受过教育的年轻人；（4）机会不均等不仅表现在社会和就业市场，而且表现在学校；（5）结构和方法的科层化、集中制和僵化；（6）教育政治化；（7）国家援助教育的策略发生变化；（8）新技术更加重要。其中许多方面涉及课程的变革，主要有：不断更新教育的科学内容；采用全方位的、跨学科的、以问题为中心的方法；改进教学方法，更多地关注非正式的和非正规的教学方法；增进正规教育与非正规教育之间的协调；加强每个民族的文化同一性；改变教师的角色，学习者更多地参与教育过程；更加强调个别教学；如此等等。（拉斯卡，1993）[291-293]

关于未来教育的前景，有不少论者做过许多描述，如印度学者拉查（M. Raza）就曾提出以下几个方面：未来的教育将是一个延伸到人的整个一生——从母亲的怀抱到坟墓——的教育；未来的教育必须在更高质量水平的生态系统上恢复人与自然的原始统一性，并且重新植根于实在的一元论观点中；未来的教育必须既为社会全球化，又为社会分化做社会精神方面的准备；未来的教育必须有助于解决全球的一体化与分裂之间的矛盾；未来的教育将强调认知胜过强调已知，强调认知方法胜过强调认知内容，强调通用胜过强调特殊；未来的教育将更加强调知识组织的整体性原则；未来的教育将更加强调多学科或跨学科的方法必须牢固地植根于工作。（拉查，1993）[118-119]

未来教育的变迁涉及教育观念、教师地位、师生关系、学校管理等各方面。这些方面的变革与社会政治、经济、文化等因素是联系在一起的，在一定程度上是社会变革的反映。这些变革既涉及课程本身的问题，也涉及与课程息息相关的其他方面的问题。依据上述研究提供的信息，我们似乎有理由相信："面向过去"的课程，即传授历史上累积起来的文化遗产的课程将会发生很大的转变。因为在新的世纪里，信息将迅速增加，如果我们还仅仅"面向过去"，不久就将"淹没"在信息之中。既然我们要传递给学生的是十几年后生活所需要的信息，最好的办法是使学生具备处理信息的策略。课程与教师的作用，将从信息的来源、信息传播者，转变成学习的促进者。当然，未来的科学文化不是建立在真空中的，它有一个继承与发展的问题。因而，现在是从"面向过去的课程"转向"面向过去、现在、未来的课程"的时候了。

　　一些未来学家强调，未来十年教育最重要的，是要使年轻人更好地觉察未来的各种选择及其后果。未来的课程必须使学生意识到，未来确实是由我们自己的抉择造成的。课程涉及"学什么"和"怎么学"的问题，既包括学习内容，又包括学习过程。有人认为，现在的重点应该放在内容的意义、信息背后的问题、学科结构的层面，以及一个领域的特定内容是如何与另一个领域的特定内容联系的。同时，学生要探讨学习的方式，以及把学习内容运用于现实世界的方式。因此，对学习内容和学习过程都有重下定义的必要。

第二节　未来与课程研究

　　尽管教育工作者可能并不关注处理未来各种问题的技术，但他们确实需要掌握看待和创造未来的方法和手段。这些方法和手段部分构成了未来学领域。未来学包括预测的科学和想象的艺术。未来学不把技术的事件和社会的事件看作独立发生的东西，而是看作在一个系统里或过程中连在一起的两个密切联系的成分。未来学是把具有创造性的预测、规划和行动融合在一起的系统的尝试。预测不是告诉我们将会发生什么事情，而是告诉我们某些条件或某些事件如果发生或继续，可能会发生什么事情。预测的精确性取决于审议时所用的数据、所采用的决策系统，以及所使用的技术的多样性。

　　研究人员对未来规划的主要取向提供了一种有益的概述。这些预测或者是探索型预测（exploratory forecasting），或者是规范型预测（normative forecasting）。探索型预测是指加工数据以发现在未来很可能会出现的种种变化、机会和问题，假定某些事件会继续下去。这是以现有的科学理论和知识为基础，通过分析事物发展的趋势，类比、推导其可能发展方向的一种预测方法，其注意力放在识别可能出现的未来上。这类预测常常是已经识别出的各种趋势的延伸。它有两个基本假设：（1）事物的本质具有相对稳定性，它不但决定了事物的历史发展，而且也决定了事物的未来发展；（2）事物的发展一般呈渐变形式，表现为持续过程，且不改变过程的性质。它对事物发展的未来环境并不做具体规定，只是根据事物从过去到现在的历史发展状况，并把这种发展状况推向未来，提供事物未来可能的发展方向。（金哲 等，1994）[1431]

　　规范型预测应付的是在未来要实现的各种目标或规范，即根据社会需要，确定未来一定时期内应达到的目标，以此为限制条件，将预测对象分解为各个单元、层次、项目，并对其相互关系进行分析，研究实现目标的可能性。这里，预测者要"发明"他们所选择的未来。他们实际上是为未来制定规范，然后指出需要完成些什么以达到这些规范或目标。所以，其公式是：未来——现在（金哲 等，1994）[468]。

　　下面是几种主要的预测方法或技术。

一、模拟预测（simulation forecasting）

　　这种技术通过形成已知的物质、社会和环境规则的模型来预测未来，并决定它们怎样最有可能影响未来。设计用来预测未来各种可能性的模型，表示各组变量或实体，以及它们之间的相互关系。它们允许预测者去发现哪些是可以或应该予以控制的，哪些是可以或需要加以设计的，以及哪些是需要预测的。

例如，教育工作者可以形成一个未来学校系统的模型，以表明各种关键的变量，然后使用各种数学公式，设计一个能使它们投射出各种结果和可供选择的行动的计算机程序，最后做出特定的选择。使用这种技术，教育工作者能够精确地了解如果学校里所有学生学习了这门特定的课程，可能会产生什么结果。通过获得有关各种可能的结果的数据，教育工作者可以决定是否实施他们目前的计划。

二、趋势预测（trend forecasting）

教育工作者在使用这种方法时，根据事物发展与时间的对应关系，将事物从过去到现在的发展趋势外推到未来。这种预测假定，过去和现在变化的速度，将会延续到未来。例如，如果对一门学科将会发现的新知识数量感兴趣，可以把在这几年或几十年里所发现的知识数量标在图表上，拟合一条曲线。以这种方式安排信息，教育工作者能够看到，这个变量（即这门学科新发现的知识数量）随着时间推移是增加还是减少。之后再根据趋势外推，就可以了解这门课程今后可能会包括多少新的内容。事实上，我们平时所说的"知识爆炸"或"知识翻番"，就是采用这种方法预测的。

三、直觉型预测（intuitive forecasting）

这类预测每个人都能做。它是与人们对未来的想象和感受联系在一起的。它通过对预测对象的直观了解，运用经验、知识和创造性思维能力，推测事物发展趋势。人们对将会发生的事情的看法，会影响他们的抉择和行动。这样，他们的看法有许多会成为现实。例如，一些人根据社会技术性越来越强的趋势，预感到将来对科学和数学课程会有更大的需求。换言之，他们对技术性日益增强的直觉，实质上成了他们对教育未来的一种预测。

直觉型预测有一定的局限性。预测者需具有较强的直观判断能力和较高的科学文化水平。如果能充分发挥集体的智慧，则有利于提高预测的准确性。

四、德尔菲法预测 （Delphi procedure）

德尔菲法也许是一种最著名的未来预测法。这是一种运用问卷调查，反复征询专家意见来做出抉择的预测方法，即先从专家那里获得对未来的意见，然后为专家提供各种初步的结果，接着不断地重复这一过程，直到专家对未来的看法达成共识为止。德尔菲法是根据以下原理运作的：如果对未来做出主观想象，一些人比一个人会更好些；专家在理性判断基础上进行想象并共享信息，比只是猜测更好些。而且，在这个过程中专家会把希望与可能性分开。

教育工作者可以利用德尔菲法来了解教师对未来教育的想法，例如课程应包括哪些具体内容。教育工作者先给每个教师一份问卷，要他们列出未来教育需要的十个主要的内容领域。第一份问卷的结果被用来编制第二份问卷。第二份问卷还是发给同样这些教师，并告诉他们，根据第一次问卷调查结果，这些领域被认为是课程中必须包括的，要求教师在考虑"专家们"对第一份问卷的反应的基础上，对第二份问卷做出回答，并要求他们表明为什么会修正自己的回答——如果他们做出修正的话。然后再编制第三份问卷，概述前面的反应，并给出一些人修正自己回答的理由。像前面一样，要求教师考虑问卷的问题，修正他们的回答——如果他们认为有必要的话，并解释为什么这样做。通过这样几个来回，教师们可能会对如何看待未来教育达成相当好的共识。

这种方法的特点是：个人的反应不受资历、人数、权威、表达能力等因素的影响；对问卷结果的统计归纳，可以客观全面地反映大家的意见；通过不断沟通大家的意见，专家们可以修正自己的意见，做出新的判断。但对此得出的结果也不能过于迷信。例如，美国著名的未来学家沙恩（H.

G. Shane），曾采用这一方法对一些著名的思想家做过类似的调查，但事实表明，结果并不像他们预测的那样。

五、脚本法预测 (scenario writing)

该方法从事物的现状出发，用创造性想象和合乎逻辑的描述，把事物未来各种可能的状态用故事脚本的形式表现出来，以此来预测未来。故事情节必须依赖于现在正在发生的事情和可能发生的趋势。它注意的常常是人们怎样才能从目前的现实走向某种可能的未来。在脚本的创作中，研究者常用散文的形式来表现富有创造性、想象力和似乎真实的未来，以引起人们的思考。

虽说创作脚本没有什么固定的方法，但还是有一些基本程序的。通常说来，首先要确定情景描述的"主角"（即预测的对象）；然后要列举值得注意的方方面面，列举清单的范围取决于作者对预测对象的界定；接着要对未来发展的各种可能性做出具体而又形象的描述；最后要提出实现未来目标的方案。这里，最主要的是要在清单上提出具体的问题。例如，对课程做预测时，列举的问题可能包括：可能会产生哪些新内容？这些新内容将会如何组织？原来的内容是否会保留？这些原来的内容将会如何组织？是否将会对教师提出新要求？对这些问题的回答，实际上就形成了脚本的基础。

有人认为，为了使预测合理化，最好从不同角度同时提出几个脚本，用彼此交替的形式描绘各种未来的情景，以便人们通过评估它们做出抉择。

六、因素分析预测 (force analysis)

教育工作者使用这种方法时，要注意分析各种因素（各组事件、压力、问题等），以及它们对未来可能具有的影响。例如，我们可以从选择一个课程领域的问题开始，然后界定影响课程的各种事件、压力或技术等，这些因素对课程的影响力，会促使课程设计者对课程做出修正。接着要求对课程非常了解的人审视目前的情况，根据前面的界定，列出可能会影响课程的各种因素。诸如该领域知识的新发现，公众对某些内容日益增长的要求，国家的需求，以及学生正在变化着的特征，等等。

在这些因素被挑选出来之后，要对每一个因素加以描述。预测小组在记下这些描述之后，利用已搜集的资料，做出推断性概述，以描述每一个因素的性质，以及这些因素以前对课程曾有过的影响。最后，预测小组利用所搜集到的资料预测每一个因素的性质，以及它们在特定时间里将会如何影响课程。

虽说上述预测方法并不是全部，但它们已足以说明课程工作者可以有许多选择。奥恩斯坦（A. C. Ornstein）对这六种预测方法做了如下概括（见表 13-3）（Ornstein et al., 1988）[390-393]：

表 13-3　预测方法概览

方法	预测的类型	可能的用法	可能的好处
模拟预测	探索型、规范型	演示使用各种课程设计的结果	允许教育者对课程计划有更多的控制；把更多的创造性引入学校课程计划
趋势预测	探索型	标明在未来事件发生的趋势	使课程工作者明了未来课程计划的要求与需要
直觉型预测	探索型、规范型	感受未来对教育可能要求些什么	为教育工作者提供一种准备应对新事件、新要求的意识
德尔菲法预测	探索型、规范型	获得有关未来教育的猜测，或勾勒未来可能发生的事件	使教育工作者可以普查有识人士关于教育未来发展的观点
脚本法预测	探索型、规范型	勾勒未来课程看上去将是怎样的或应该是怎样的	给教育工作者一个有用的、课程设计所指向的关于未来的文献
因素分析预测	探索型	标明那些将会相互影响的事件	使课程工作者可以设计将会影响未来社会事件的课程计划

第三节　未来课程面临的问题

关于课程未来的变革，国外有不少学者提出了一些远景规划，对"课程应该是什么样子"做了勾画。如美国学者伯曼（P. Berman）与麦克洛克林（M. W. McLaughlin）就曾提出如下设想：提供与课程变化有关的具体的、广泛的和特定的师资培训；从学区那里得到对课堂教学的连续不断的帮助；教师要有机会观察其他课堂、学校或学区类似的设计；课程参与者经常开会集中讨论实践中的问题；在可能的范围内，由地方编制教材；强调让教师参与课程决策（阿普尔，1993）[426-427]。

在我们看来，要确定未来课程面临的问题，首先应对课程的目标予以澄清，只有在这一前提下考察未来课程，提出的问题才会是真问题，而不是伪问题。

美国最大的课程专家专业协会——教学督导和课程研究协会研究和理论组（Research and Theory Group of the Association for Supervision and Curriculum Development），对指导未来课程编制的学习结果进行了研究，并提出了一组要求所有学生都予以掌握的基本技能：自我概念化，理解别人，学习的技能，不断学习的能力，成为有责任心的社会成员，身体健康和心理健康，具有创造性，有见识地参与经济领域，运用累积的知识，应对变革（怀尔斯 等，1993）[451-452]。比恩（J. A. Beane）等人也在《面向未来的课程计划》中指出：要着眼于为未来设计课程，就需要对未来课程的性质予以考察，对未来课程设计的指向予以审视。他们认为，未来课程的安排应优先考虑以下几个方面（比恩 等，1993）[466-468]：

（1）明智地考虑影响我们日常社会生活的复杂问题；

（2）形成促使对个人及社会问题做出负责而又审慎反应的道德价值体系；

（3）获得归属感和自我价值感；

（4）培养在个人生活方式和生活水准方面的"知足感"；

（5）保持技术上的便利与人类需要之间的合理平衡；

（6）明智地组织和利用信息；

（7）形成全世界相互依存的意识；

（8）对生活和学习保持乐观的和具有创造性的态度；

（9）培养与民主生活有关的技能和品质；

（10）形成能指导个体社会行动的对未来的看法。

有关厘定课程目标的上述认识，是相互交叉的，而不是相左的，从中我们也可以透视出未来课程在目标上的大致走向。20世纪80年代以后，一些西方国家在安排课程时，打破了传统的教育目标的三级层次：（1）知识；（2）实用技术；（3）态度和技能。这种传统的三级层次优先重视获得知识，考试等手段仅是评价所得知识数量的依据。现在这三者的顺序已被颠倒了过来：（1）态度和技能；（2）实用技术；（3）知识。新的三级层次并不忽视知识的掌握，它是与科学的迅速发展相一致的，也是与科学对社会及个人生活产生的作用相协调的。人们认识到，具有坚实行为修养的人，亦即关心变化和革新、有批判精神和团结精神、富于责任感和思想自主的人，他们更适合于学习和更新自己的专业和文化知识。可以说，在课程中，态度和技能的掌握有越来越重要的发展趋势。

依我们看来，在未来的课程编制过程中需要注意以下几个问题。

一、加强课程研究者、决策者与教师的联系

正如我们所看到的，在以往甚至现在，课程研究、决策与教育实践之间虽然有一定的联系，但这种联系常常是零星的、不系统的，抑或是相互遏制的和冲突的。存在这种状况的原因，一是课程研究者、决策者和实践者三个群体看待革新的态度不同，有的关注变化，有的关注延续；二是三个群体对新的课程改革方针的解释不同，对待传统教学法和未来要求的态度不同；三是三者在文化和语言上存在着一定的差异，研究者提交的报告并没有能充分考虑到读者（主要是教师、决策者）之间的差异；四是研究成果缺乏传播渠道。此外，还存在研究者方法论薄弱的现象，如在研究的各个阶段研究者与教育实践者脱节等。在今后的一段时间里，怎样才能拥

有一种合适的机制或策略，以便使各项研究成果得到重视，进而把这种研究成果贯彻到与自身的特定资源相适应的课程改革的准备、分析和实施过程中去，会成为人们思考的焦点问题之一。在研究者与教育实践者或研究者与行政人员之间，尽可能地消除所存在的障碍，建立一种有效的交流机制，成为课程实践中要考虑的主要问题。

二、让教师、学生更多地参与课程决策、审议

课程问题是关于应该教什么和学什么的实践问题，由此，课程的实施离不开施教和受教的主体——教师与学生。以往的课程决策、审议等，主要是课程研究者与决策者的事情，教师和学生只有在课程实施中才显其主体"本色"，这不利于课程的制定和实施，也不利于课程预期目标的达成。既然课程是处理"教什么"和"学什么"的，在课程的各个环节上就应该有教师和学生的参与，不过这种参与在课程的不同阶段、不同方面会有所不同。从近来西方一些课程专家倡导的内容来看，教师与学生更多地参与课程决策、审议，已成为一个大致的趋向。例如，施瓦布在论及课程改革时就提到，课程决策体系应是一种自下而上的模式，而不是自上而下的模式，应"把教师的特殊知识和特殊认知方式纳入为学校教育作出更大贡献的轨道上来，并提供人们一种有关这种贡献的知识；把挑战、决策及合作的职能确立为教师作用的一部分；为教师提供一个认识的依据，使他们认识到自己就是拥有特殊学问和能力的人；增进学生对学校教育作用的理解，使学生成为学校规划的一部分；把单纯的课程'传播'转化成一种激励学校面对一个挑战的世界去设计并制定它们自己的课程和考试"（徐玉珍，1995）[103-104]。

三、注意学科之间日益明显的融合态势

面对社会经济、意识形态及文化的各种压力，面对教育领域因科学的

迅速发展而产生的种种新变化，在未来课程设置上，出现了三类不同的见解。第一类属于多少有些保守的主张，它们要求在课程中以传统的教学内容如数学、物理、历史等为基础，把新的教学内容以各种形式融入传统内容之中，使传统的学科内容现代化。第二类与之恰恰相反，属于激进的主张，它们毫不迟疑地抛弃传统的内容，提出一套全新的课程，认为以往的课程都是忽略现在和未来、面向过去的，这些课程无力分析在其周围或面前存在的东西。它们要求把"未来主义"作为课程改革的"秘密武器"加以提倡，力图打破传统的分科，将课程内容重新加以整合，把教育与生活真正结合起来。第三类介于第一类与第二类之间，属"中间道路"，它们尽管显得有些谨慎，但却无疑体现了某种现实主义精神。它们的目的是要取得在现存社会政治条件下可能取得的东西。根据这种取向，它们坚决提倡变革相对缓慢的体系，提出包括跨学科课程在内的新的替代方案，即在保留现有一些学术分科的同时，吸纳跨学科课程。

看来，跨学科课程作为原有分科课程的一种补充，已越来越被人们所重视。众多的研究者注意到，跨学科课程既在学科之间架起桥梁，又不排除具有各学科特性的学习内容；既符合现代科学发展的需要（由有待解决的各种具体问题提出的多学科性的需要），又符合学习者的主观需要；可以弥补学科之间独立分割的不足，超越单一学科所造成的各种不便；使各学科之间相互联系增多，突出了课程内容中的关键性概念，消除了某些无用的重复；增添了课程内容的灵活性，有利于新知识的引进和知识的应用等。

四、拓宽课程的来源，进一步扩展课程的内容

课程内容就其来源来讲，会随日后的社会发展、变化而拓宽。在课程中不仅会存在人们日益关心的、与世界总体状况有关的高度错综复杂的问题，而且会有社会生活的各种要求。一方面，一些新的教育，如环境教育、和平与民主教育、新经济秩序的教育等，作为教育体系对当代世界的挑战所做出的特殊反应，开始以各种途径进入课程计划；另一方面，又会出现

这样一些新教育，其目的是培养青年应对文化、政治和家庭生活复杂性的增长所需要的批判精神或本领，如面向大众媒介的教育、关于闲暇和旅游的教育、现代经济与家庭教育、精神和价值哲学的教育等。

五、协调正规教育、非正规教育和非正式教育的内容

正规教育是指学校教育或者说制度化教育。非正规教育包括"任何在正规教育系统以外所进行的，为人口中的特定类型、成人及儿童有选择地提供学习形式的有组织、有系统的教育活动。……例如：农业推广和农民培训计划，成人识字计划，在正规教育系统以外所进行的职业技能训练"（库姆斯，1990）[22—23]。非正式教育是指"每个人从日常经验和生活环境——家庭、工作、娱乐中，从家人和朋友的榜样和态度中，从旅游、读报和看书中，或通过收听广播、收看电视和电影，学习和积累知识、技能、态度和见识的终生过程。一般来说，非正式教育是无组织无系统的，甚至有时是无意识的，然而它却占了所有人，包括那些受过多年教育的人的整个生命中学习过程的很大部分"（库姆斯，1990）[23]。

在这些类型的教育内容之间，可能存在着若干矛盾和竞争状态：

第一，正规教育的内容是由学校当局确定的，学生必须掌握这些内容，其成绩受到系统的评价。这些内容是对达到教育目标和满足社会生活所必需的知识技能进行选择和综合的结果。学校学习是按部就班地进行的，是有系统、成体系的。

第二，非正规教育的内容包括各种有选择性的或随意性的活动，这些活动是由学校、青年组织、家长或学生自己组织的。它们或在学校进行，如各学科或多学科的学习小组活动、文化和体育竞赛、纪念仪式和节庆活动等；或在校外进行，如参观、远足等。这些活动的内容、方法和时间原则上由学生确定。在教师的帮助下，学生可以自己负责辩论、竞赛、远足等活动。

第三，非正式的教育内容是通过大众传播媒介在家庭生活等处获得的，

其信息量非常大，且极其多样，在每个学生那里都呈现着不同的形态。

三类教育内容的繁复多样，促使那些负责实施课程计划的专家探讨如何把这三种类型的教育更好地结合起来，学校怎样才能向平行式教育（非正规教育与非正式教育）开放，学生怎样才能利用在学校生活之外获得的或领会到的广泛而多样的信息。人们越来越多地注意到，运用终身教育的原则，明确地在教育的各个层次及各种类型之间进行综合、结合，建立联系并消除障碍，是课程编制时应考虑的头等大事。

六、进一步密切各阶段课程之间的衔接

在学习化社会这一发展趋向下，终身教育已不再仅仅是一种指导思想或原则，而越来越具体化为一种实际的教育体系。目前，终身教育的实践已在一些西方发达国家露其端倪，甚至初具雏形。终身教育的实施，使得学生在校学习已不能再构成一个明确的"整体"，它必须与学前教育、成人教育、继续教育、职业教育、老年教育等协调起来，"学习包括一个人的整个一生（既指它的时间长度，也指它的各个方面），而且也包括全部的社会（既指它的教育资源，也包括它的社会和经济资源）"（联合国教科文组织国际教育发展委员会，1979）[18]。在这种情况下，整个教育体系必须全部重新加以考虑，教育不能再限于那种必须吸取的固定的内容，而应被视为一种人类进程。全部教育内容应围绕"人通过各种经验学会如何表现他自己，如何和别人进行交往，如何探索世界，而且学会如何继续不断地——自始至终地——完善他自己"（联合国教科文组织国际教育发展委员会，1979）[196]而组织起来，并以此为基点，构成纵横交错的有序格局。

七、加强课程的世界性、现实性、开放性

未来的课程意识形态的色彩会进一步淡化，为适应国际交往及科学技术发展的共同需要，各国课程的共同性会日益增加；一些自然科学学科会

率先与国际主旋律"接轨"，即使是社会科学学科也会在传递人类共同文明上不遗余力。当然这种世界性色彩的日益浓厚并不与民族性相悖。一方面本民族的东西会成为世界文化宝库的一个组成部分，另一方面大部分世界共同文化也能为本民族文化所兼容。这样的课程必定是一种开放的课程，它注意吸收科学发展的新成就，吸取课程改革的新经验，不断将教育研究的成果及世界性的经验纳入自身；这样的课程也必定是一种现实性很强的课程，它直面社会及个人生活中存在的各种各样的问题及有待克服的障碍，还会引导学生根据未来明显的或可预见的要求处理当前的问题。

八、进一步发挥隐性课程的作用

从 20 世纪 60 年代课程理论研究者提出隐性课程的概念后，30 年来隐性课程的研究一直呈方兴未艾之势，它在教育实践中也成为通行的词语。目前有关隐性课程的研究，主要得益于批判教育理论的一些倡导者（详见第十二章第一节）。我们也已经看到隐性课程对社会成层及个人发展所发挥的巨大作用。可以预期，随着众多的课程研究者卷入隐性课程研究的"热潮"，随着诸多不同学科的专家对隐性课程的关注，随着课程实际工作者对自身隐性课程成分的发掘，隐性课程的功能会得到人们的进一步认识。隐性课程的方方面面我们虽不能一一辨别，但是对于其中的一些内容，却可以逐步将它们"显露"出来，加以规划、设计，使课程的各个侧面都为达成预期的教育目标而服务。

参考文献

阿普尔，1993. 2000 年的课程：张力与可能性 [M]// 瞿葆奎. 教育学文集：国际教育展望. 北京：人民教育出版社：413-429.

埃贝尔，1993. 掌握知识应该是首要的教育目标 [M]// 瞿葆奎. 教育学文集：智育. 北京：人民教育出版社：43-51.

巴拉诺夫，沃莉科娃，斯拉斯捷宁，等，1979. 教育学 [M]. 李子卓，赵炜，韩玉梅，等译校. 北京：人民教育出版社.

班华，1992. 中学教育学 [M]. 北京：人民教育出版社.

鲍里斯，季亭士，1989. 资本主义美国的学校教育：教育改革与经济生活的矛盾 [M]. 李锦旭，译. 台北：桂冠图书股份有限公司.

北京大学哲学系外国哲学史教研室，1975. 十六—十八世纪西欧各国哲学 [M]. 北京：商务印书馆.

北京大学哲学系外国哲学史教研室，1981. 西方哲学原著选读：上卷 [M]. 北京：商务印书馆.

倍根，1935. 新工具 [M]. 关琪桐，译. 上海：商务印书馆.

倍根，1938. 崇学论 [M]. 关琪桐，译. 上海：商务印书馆.

比彻姆，1989. 课程理论 [M]. 黄明皖，译. 北京：人民教育出版社.

比恩，特普弗，等，1993. 面向未来的课程计划 [M]// 瞿葆奎. 教育学文集：国际教育展望. 北京：人民教育出版社：458-469.

布劳迪，1993. 什么知识最有价值？[M]// 瞿葆奎 . 教育学文集：智育 . 北京：人民教育出版社：197-206.

布列克里局，杭特，1987. 教育社会学理论 [M]. 李锦旭，译 . 台北：桂冠图书股份有限公司 .

布鲁纳，1989. 布鲁纳教育论著选 [M]. 邵瑞珍，张渭城，等译 . 北京：人民教育出版社 .

曹孚，1979. 外国教育史 [M].2 版 . 北京：人民教育出版社 .

陈伯璋，1985. 潜在课程研究 [M]. 台北：五南图书出版公司 .

陈桂生，1993. 教育原理 [M]. 上海：华东师范大学出版社 .

陈桂生，1994. "课程"辨 [J]. 课程·教材·教法 (11):1-5.

陈伟，马良，1994. 批判理论的批判：评马尔库塞的哲学与美学 [M]. 上海：上海社会科学院出版社 .

陈侠，1983. 论教育规律及其他 [M]. 长沙：湖南教育出版社 .

陈侠，1989. 课程论 [M]. 北京：人民教育出版社 .

陈友松，1982. 当代西方教育哲学 [M]. 北京：教育科学出版社 .

陈玉琨，1988. 试论潜课程的性质、功能与组织 [J]. 上海高教研究 (4):14-17.

陈玉琨，1996. 教育评价 [M]. 北京：人民教育出版社 .

大河内一男，海后宗臣，等，1984. 教育学的理论问题 [M]. 曲程，迟凤年，译 . 北京：教育科学出版社 .

丁证霖，赵中建，乔晓冬，等，1991. 当代西方教学模式 [M]. 太原：山西教育出版社 .

董远骞，1993. 教学火花集：十二年来创造的教例 400 则 [M]. 北京：人民教育出版社 .

Downey M, Kelly A V, 1989. 教育的理论与实践：引论 [M]. 王箭，刘晖，张新平，译 . 南昌：江西教育出版社 .

杜威，1981. 杜威教育论著选 [M]. 赵祥麟，王承绪，编译 . 上海：华东师范大学出版社 .

杜威，1990. 民主主义与教育 [M]. 王承绪，译 . 北京：人民教育出版社 .

杜威，1994. 学校与社会·明日之学校 [M]. 赵祥麟，任钟印，吴志宏，译. 北京：人民教育出版社.

范斯科特哈斯，等，1993. 社会与教育的未来 [M]// 瞿葆奎. 教育学文集：国际教育展望. 北京：人民教育出版社：68-98.

高觉敷，1982. 西方近代心理学史 [M]. 北京：人民教育出版社.

国家教育优异委员会，1990. 国家在危急中：教育改革势在必行 [M]// 瞿葆奎. 教育学文集：美国教育改革：586-617.

赫斯特，1993. 博雅教育与知识的性质 [M]// 瞿葆奎. 教育学文集：智育. 北京：人民教育出版社：82-110.

洪谦，1964. 西方现代资产阶级哲学论著选辑 [M]. 北京：商务印书馆.

华东师范大学教育系，杭州大学教育系，1980. 现代西方资产阶级教育思想流派论著选 [M]. 北京：人民教育出版社.

华东师范大学教育系，杭州大学教育系，1985. 西方古代教育论著选 [M]. 北京：人民教育出版社.

华中师范学院教育系，河南师范大学教育系，甘肃师范大学教育系，等，1980. 教育学 [M]. 北京：人民教育出版社.

怀尔斯，邦迪，1993. 美国未来课程设计的选择方案 [M]// 瞿葆奎. 教育学文集：国际教育展望. 北京：人民教育出版社：430-457.

黄炳煌，1991. 课程理论之基础 [M]. 台北：文景出版社.

黄政杰，1987. 课程评鉴 [M]. 台北：师大书苑有限公司.

霍克海默，1989. 批判理论 [M]. 李小兵，等译. 重庆：重庆出版社.

吉鲁，1995. 后结构主义者的论争及其对于教育学的几种影响：转向理论 [J]. 谭晓玉，郑金洲，译. 华东师范大学学报（教育科学版）(1):39-51.

吉普森，1988. 批判理论与教育 [M]. 吴根明，译. 台北：师大书苑有限公司.

江山野，1991. 简明国际教育百科全书：课程 [M]. 北京：教育科学出版社.

教育大辞典编纂委员会，1992. 教育大辞典：第 6 卷 [M]. 上海：上海教育出版社.

金哲，等，1994. 新学科辞海 [M]. 成都：四川人民出版社.

靳玉乐，1993. 潜在课程简论 [J]. 课程·教材·教法 (6):48-51.

卡尔梅柯娃，1984. 沙塔洛夫新教学法中的几个原则 [J]. 汪彭庚，译. 外国教育动态 (5):57-60.

凯洛夫，1957. 教育学 [M]. 陈侠，朱智贤，邵鹤亭，等译. 北京：人民教育出版社.

柯尔伯格，杜里尔，1989. 道德发展与道德教育 [M]// 瞿葆奎. 教育学文集：德育. 北京：人民教育出版社 : 437-522.

库姆斯，1990. 世界教育危机：八十年代的观点 [M]. 赵宝恒，李环，等译. 北京：人民教育出版社.

拉查，1993. 教育与未来：一种预见 [M]// 瞿葆奎. 教育学文集：国际教育展望. 北京：人民教育出版社 : 99-119.

拉塞克，维迪努，1996. 从现在到 2000 年教育内容发展的全球展望 [M]. 马胜利，高毅，丛莉，等译. 北京：教育科学出版社.

拉斯卡，1993. 今天的教育改革与明天的挑战 [M]// 瞿葆奎. 教育学文集：国际教育展望. 北京：人民教育出版社 : 289-298.

劳顿，等，1985. 课程研究的理论与实践 [M]. 张渭城，环惜吾，黄明皖，等译. 北京：人民教育出版社.

勒图尔诺，1993. 2000 年的教育 [M]// 瞿葆奎. 教育学文集：国际教育展望. 北京：人民教育出版社 : 386-396.

李玢，1991. 分析教育哲学的兴起和面临的困境 [J]. 华东师范大学学报（教育科学版）(4): 43-50.

李玢，1994. 英国的文化价值观念与教育 [J]. 华东师范大学学报（教育科学版）(3): 43-52.

李臣，1995. 活动课程研究 [D]. 重庆：西南师范大学.

联合国教科文组织，1992. 世界教育报告：1991[M]. 北京：人民教育出版社.

联合国教科文组织国际教育发展委员会，1979. 学会生存：教育世界的今天和明天 [M]. 上海师范大学外国教育研究室，译. 上海：上海译文出版社.

列奇，1994. 多元文化课程 [M]. 黄政杰，等译. 台北：师大书苑有限公司.

刘英杰，1981. 中学课程设置的几个问题 [J]. 课程·教材·教法 (3): 1-6.

卢梭，1978. 爱弥儿：论教育：上卷 [M]. 李平沤，译. 北京：商务印书馆.

鲁洁，1990. 教育社会学 [M]. 北京：人民教育出版社.

罗青，1989. 什么是后现代主义 [M]. 台北：五四书店.

罗素，1963. 西方哲学史：上卷 [M]. 何兆武，李约瑟，译. 北京：商务印书馆.

罗素，1990. 教育论 [M]. 靳建国，译. 北京：东方出版社.

洛克，1993. 理解能力指导散论 [M]. 吴棠，译. 北京：人民教育出版社.

马骥雄，1991. 外国教育史略 [M]. 北京：人民教育出版社.

马立，1994. 关于调整中小学教学计划若干问题 [J]. 课程·教材·教法 (10): 6-9.

麦克尼尔，1990. 课程导论 [M]. 施良方，唐晓杰，罗明东，译. 沈阳：辽宁教育出版社.

梅逊，1984. 西方当代教育理论 [M]. 陆有铨，译. 北京：文化教育出版社.

南京师范大学《教育学》编写组，1984. 教育学 [M]. 北京：人民教育出版社.

欧力同，张伟，1990. 法兰克福学派研究 [M]. 重庆：重庆出版社.

瞿葆奎，丁证霖，1988. "设计教学法"在中国 [M]// 瞿葆奎. 教育学文集：教学：上册. 北京：人民教育出版社：334-363.

全增嘏，1983. 西方哲学史：上册 [M]. 上海：上海人民出版社.

上海师范大学《教育学》编写组，1979. 教育学 [M]. 北京：人民教育出版社.

上海中小学课程教材改革委员会办公室，1990. 上海中小学课程教材改革专辑：1[M]. 上海：上海教育出版社.

施良方，1991. 未来的挑战与国际教育的未来 [J]. 华东师范大学学报（教育科学版）(4): 87-95.

施良方，1992. 泰勒的《课程与教学的基本原理》：兼述美国课程理论的兴起与发展 [J]. 华东师范大学学报（教育科学版）(4): 1-24.

施良方，1994a. 西方课程探究范式探析 [J]. 华东师范大学学报（教育科学版）(3): 27-33.

施良方，1994b. 学习论：学习心理学的理论与原理 [M]. 北京：人民教育出版社.

施良方，1996. 中学教育学 [M]. 福州：福建教育出版社.

石倬英，1986. 试论知识范畴的二重性 [J]. 哲学研究 (11): 28-32.

斯宾塞，1962. 教育论：智育、德育和体育 [M]. 胡毅，译. 北京：人民教育出版社.

斯塔弗尔比姆，1989. 方案评价的 CIPP 模式 [M]// 瞿葆奎. 教育学文集：教育评价. 北京：人民教育出版社：297-324.

索尔蒂斯，1993. 评《知识与课程》[M]// 瞿葆奎. 教育学文集：智育. 北京：人民教育出版社：111-114.

索尔索，1990. 认知心理学 [M]. 黄希庭，李文权，张庆林，译. 北京：教育科学出版社.

塔巴，1989. 制定教育目的之方法论 [M]// 瞿葆奎. 教育学文集：教育目的. 北京：人民教育出版社：611-637.

泰勒，1994. 课程与教学的基本原理 [M]. 施良方，译. 北京：人民教育出版社.

唐晓杰，1988. 西方"隐蔽课程"研究的探析 [J]. 华东师范大学学报（教育科学版）(2): 43-55.

田龙翔，1988. 转化教学法 [M]. 重庆：重庆出版社.

王策三，1985. 教学论稿 [M]. 北京：人民教育出版社.

韦克斯勒，1995. 教育的社会分析 [M]. 施良方，译. 吴棠，校. 台北：桂冠图书股份有限公司.

吴杰，1986. 教学论：教学理论的历史发展 [M]. 长春：吉林教育出版社.

夏征农，1987. 辞海：教育学·心理学分册 [M]. 上海：上海辞书出版社.

徐玉珍，1995. 课程审议：教师参与学校课程决策的一个参考性框架 [D]. 上海：华东师范大学.

杨亮功，1970. 云五社会科学大辞典：第八册：教育学 [M]. 台北：台湾商务印书馆.

叶立群，1987. 中小学课程改革探讨 [M]// 肖敬若，武永兴，江山野. 普通教育改革. 北京：人民教育出版社：12-30.

伊利奇，1994. 非学校化社会 [M]. 吴康宁，译. 台北：桂冠图书股份有限公司.

俞吾金，陈学明，1990. 国外马克思主义哲学流派 [M]. 上海：复旦大学出版社.

张焕庭，1979. 西方资产阶级教育论著选 [M].2 版 . 北京：人民教育出版社 .

张人杰，1989. 国外教育社会学基本文选 [M]. 上海：华东师范大学出版社 .

章士嵘，1983. 西方认识论史 [M]. 长春：吉林人民出版社 .

赵修义，邵瑞欣，1990. 教育与现代西方思潮 [M]. 北京：中国科学技术出版社 .

郑金洲，1989. 隐蔽课程：一些理论上的思考 [J]. 外国教育动态 (1): 46-50.

中国大百科全书总编辑委员会《教育》编辑委员会，中国大百科全书出版社编辑部，1985. 中国大百科全书：教育 [M]. 北京：中国大百科全书出版社 .

中国教育学会，1991. 中国农村教育的崛起 [M]. 北京：人民教育出版社 .

Anyon J, 1982. Adequate social science, curriculum investigations, and theory[J]. Theory into practice, 21(1): 34-37.

Apple M W, 1979. Ideology and curriculum[M]. London: Routledge.

Arora R, Duncan C, Arora R K,1986. Multicultural education: towards good practice[M]. London: Routledge & Kegan Paul.

Auakov R M, 1978. The future of education and the education of the future[Z]. Paris: International Institute for Educational Planning seminar.

Ausubel D P, Novak J D, Hanesian H, 1978. Educational psychology: a cognitive view[M]. 2nd ed. New York: Holt, Rinehart, & Winston.

Ayer A J, 1936. Language, truth and logic[M]. London: V. Gollancz.

Banks J A, Banks C A M, 1989. Multicultural education: issues and perspectives[M]. Boston: Allyn and Bacon.

Barone T, 1982. Insinuated theory from curricula-in-use[J]. Theory into practice, 21(1): 38-43.

Barrow R, 1975. Moral philosophy for education[M]. London: George Allen & Unwin.

Beauchamp G A, 1981. Curriculum theory[M]. Illinois: F. E. Peacock Publishers.

Bennis W, 1966. Changing organizations[M]. New York: McGraw-Hill Education.

Berman P, McLaughlin M W, 1975. Federal programs supporting education change: the findings in review [M]. Santa Monica, California: Rand.

Bobbitt F, 1918. The curriculum[M]. MA: Houghton Mifflin.

Brezinka W, 1991. Philosophy of educational knowledge: an introduction to the foundations of science of education, philosophy of education and practical pedagogics[M]. Berlin: Springer.

Charters W W, 1929. Curriculum construction[M]. New York: Macmillan.

Cooper D E, 1986. Education, value and mind: essays for P. S. Peters[M]. Boston: Routledge Kegan & Paul.

Cronbach L J, 1963. Course improvement through evaluation[J]. Teachers college record(64): 672-683.

Dewey J, 1897. Ethical principles underlying education[M]. Chicago: the University of Chicago Press.

Eisner E W, 1979. The educational imagination: on the design and evaluation of school programs[M]. New York: Macmillan.

Elliot J, 1983. A curriculum for the study of human affairs: the contribution of Lawrence Stenhouse[J]. Journal of curriculum study, 15(2): 105-123.

Fox S, 1985. The vitality of theory in Schwab conception of the practical[J]. Curriculum inquiry, 15(1): 63-89.

Freire P, 1972. Pedagogy of the oppressed[M]. Harmondsworth, Middlesex: Penguin Books.

Fullan M, Pomfret A, 1977. Research on curriculum and instruction implementation [J]. Review of educational research, 47(3): 335-397.

Giroux H, 1981a. Hegemony,resistance, and the paradox of educational reform [J]. Interchange, 12(2-3): 3-26.

Giroux H, 1981b. Ideology, culture and the process of schooling[M].Philadelphia: Temple University Press.

Giroux H, 1983. Theories of reproduction and resistance in the new sociology of education: a critical analysis[J]. Harvard education review, 5(3): 257-293.

Giroux H, 1988. Teachers as intellectuals: toward a critical pedagogy of learning[M]. South Hadley, MA: Bergin and Garvey Publishers.

Giroux H, 1991. Democracy and the discourse of culture difference: towards a politics of border pedagogy[J]. British journal of sociology of education, 12(4): 501-519.

Giroux H, Aronowitz S, 1991. Postmodern education: politics, culture and social criticism[M]. Minneapolis: University of Minnesota Press.

Giroux H A, Pinar W F, 1981. Curriculum and instruction: alternative in education[M]. Berkeley, California: McCutchan Publishing Corporation.

Golby M, 1980. Curriculum research and development in action, book review[J]. Journal of curriculum studies, 12(4): 312.

Goodlad J, 1983. A study of schooling: some findings and hypotheses[J].Phi Delta Kappan, 64(7): 465-470.

Gordon D, 1983. Rules and effectiveness of the hidden curriculum[J]. Journal of philosophy of education, 17(2): 207-218.

Gordon I J, 1968. Criteria for theories of instruction[M]. Washington: Association for Supervision and Curriculum Development.

Gress J R, Purpel D E, 1978. Curriculum: an introduction to the field[M]. Berkeley: McCutchan Publishing Corporation.

Gross N, Giacquinta J B, Bernstein M, 1971. Implementing organizational innovations[M]. New York: Harper & Row.

Hargreaves A, 1982. Resistance and relative autonomy theories: problems of distortion and incoherence in recent Marxist analyses of education[J]. British journal of sociology of education, 3(2): 107-126.

Hirst P H, Peters R S, 1970. The logic of education[M]. Boston: Routledge & Kegan Paul.

Husén T, Opper S, 1983. Multicultural and multilingual education in immigrant countries[M]. New York: Pergamon Press.

Husen T, Postlethwaite T N, 1985. The international encyclopedia of education: research and studies[M]. Oxford: Pergamon Press.

Joyce B, Weil M, 1986. Model of teaching[M]. 3rd ed. Englewood, New Jersey: Prentice-

Hall, Inc.

Kliebard H M, 1970. Curriculum theory: give me a "for instance" [J]. Curriculum inquiry, 6(4): 257-269.

Kliebard H M, 1972. Metaphorical roots of curriculum design[J]. Teachers college record, 73(3): 403-404.

Kliebard H M, 1986. The struggle for the American curriculum, 1893—1958 [M]. Boston: Routledge & Kegan Paul.

Lewis A J, 1983. Education for the 21st century[J]. Education leadership, 41(1): 9-10.

Lewis C I, 1946. Analysis of knowledge and valuation[Z]. La Salle: The Paul Carus Lectures.

Lewy A, 1991. The international encyclopedia of curriculum: advances in education[M]. Oxford: Pergamon.

Liben, 1987. Development and learning: conflict or congruence?[M]. Hillsdale, NJ: Lawrence Erlbaum Associates.

Mager R F, 1962. Preparing instructional objective[M]. Belmont, CA: Fearon.

McCutcheon G, 1982. What in the world is curriculum theory, the theory into practice[J]. Theory into practice, 21(1): 18-22 .

Mitzel H E, 1982. Encyclopedia of educational research[M]. 5th ed. New York: The Free Press.

Mouly G J, 1982. Psychology for effective teaching[M]. Boston: Allyn and Bacon.

Neale D C, Bailey W J, Ross B C, 1981. Strategies for school improvement: cooperative planning and organization development[M]. Thousand Oaks, CA: Allyn and Bacon.

Oliver A I, 1977. Curriculum improvement: a guide to problems, principles, and process [M]. New York: Harper & Row.

Ornstein A C, Hunkings F P, 1988. Curriculum: foundations, principles, and issues[M]. Englewood Cliffs: Prentice Hall.

Page G T, Thomas J B, 1977. International dictionary of education[M].London: Kogan Page.

Pereira P, 1984. Deliberation and the arts of perception[J]. Journal of curriculum studies, 16(4): 347-366.

Peters R S, 1966. Ethics and education[M]. London: Allen & Unwin.

Peters R S, 1967. In defence of bingo: a rejoinder[J]. British journal of educational studies, 15 (2): 188-194.

Phenix P, 1964. Realm of meaning: a philosophy of the curriculum for general education[M]. New York: McGraw Hill.

Phillips D C, 1971. The distinguishing features of forms of knowledge[J].Educational philosophy and theory, 3(2): 27-35.

Pinar W F, 1975. Curriculum theorizing: the reconceptualists[M]. Berkeley: McCutchan Publishing Corporation.

Pinar W F, 1988. Autobiography and the architecture of self[J]. Journal of curriculum theory, 8(1): 7-35.

Portelli J P, 1993. Exposing the hidden curriculum[J]. Journal of curriculum studies, 25(4): 343-358.

Reid W A, 1978. Thinking about the curriculum: the nature and treatment of curriculum problems[M]. London: Routledge & Kegan Paul.

Rudduck J, Hopkins D, 1985. Research as a basis for teaching: readings from the work of Lawrence Stenhouse[M]. London Portsmouth, NH: Heinemann Educational Books.

Saylor J G, Alexander W M, Lewis A J, 1981. Curriculum planning: for better teaching and learning[M]. 4th ed. New York: Holt, Rinehart and Winston.

Schubert W, 1986. Curriculum: perspective, paradigm and possibility[M]. New York: Macmillan.

Schwab J J, 1970. The practical: a language for curriculum[J]. School review, 78(1): 1-23.

Schwab J J, 1971. The practical: arts of eclectic[J]. School review(79) : 493-542.

Sharp R, 1980. Knowledge, ideology and the politics of schooling: towards a Maxist analysis of education[M]. London: Routledge & Kegan Paul.

Smith D L, Lovat T J, 1990. Curriculum: action on reflection[M]. Wentworth Falls, NSW:

Social Science Press.

Stake R E, 1967. The countenance of educational evaluation[J]. Teachers college record(68): 523-540.

Stenhouse L, 1975. An introduction to curriculum research and development [M]. London: Heinemann.

Taba H, 1962. Curriculum development: theory and practice[M]. New York: Harcourt, Brace & World.

Tanner D, Tanner L, 1975. Curriculum development: theory and practice[M]. New York: Macmillan.

Tanner D, Tanner L N, 1988. The emergence of paradigm in the curriculum field[J]. Interchange, 19(2): 50-58.

Taylor P H, 1970. How teachers plan their courses: studies in curriculum planning[M]. Berkshire: National Foundation for Educational Research.

Taylor P H, Richards C M, 1985. An introduction to curriculum studies[M].Berkshire: Nfer Nelson.

Thorndike E L, 1924. Mental discipline in high school studies[J]. Journal of education psychology, 15(2): 83-98.

Toffler A, 1970. Future shock[M]. New York, NY: Random House.

Unruh G G, Unruh A, 1984. Curriculum development: problems, processes, and progress[M]. Berkeley: McCutchan Publishing Corporation.

Vallance E, 1982. The practice uses of curriculum theory[J]. Theory into practice, 21(1): 4-10.

Walker D F, 1982. Curriculum theory is many things to many people[J].Theory into practice, 21(1): 62-65.

Watt A J, 1974. Forms of knowledge and norms of rationality[J]. Educational philosophy and theory, 6(1): 1-11.

White J, 1973. Towards a compulsory curriculum[M]. Boston, MA: Routledge & Kegan Paul.

Willis P, 1977. Learning to labour: how working class kids get working class jobs[M]. Lexington: Lexington Books.

Woods P, 1983. Sociology and the school[M]. New York: Routledge & Kegan Paul.

Wynne J P, 1963. Theories of education: an introduction to the foundation of education[M]. New York: Harper & Row.

Zais R S, 1976. Curriculum: principles and foundations[M]. New York: Ty Crowell Co.

索　引

后　记

　　这本《课程理论——课程的基础、原理与问题》是我主持的全国教育科学"八五"规划重点课题"教学论的深化发展研究——学习·课程·教学理论研究"的一个子项目。全国教育科学规划领导小组办公室为我们课题组提供了不少指导和帮助，并为我们创造了良好的科研条件。我的老师瞿葆奎教授、陈桂生教授、张人杰教授、叶澜教授自始至终对这个课题给予热情的指点和帮助。他们的为人和治学态度给我的启迪，不是用几句话所能概括的。

　　虽说《课程理论——课程的基础、原理与问题》由我主笔，但它是集体的产物。本书提纲形成之初，曾召开过好几次学术研讨会，许多与会者发表了很好的见解。在撰写过程中，郑金洲博士参与修改了第三、十、十一、十三章的初稿，并撰写了第十二章第一、二、五节，没有他的帮助，这本书一时还很难与读者见面；徐玉珍博士撰写了第九章；黄向阳博士撰写了第十二章第四节；郭良菁硕士起草了第八章；陈振华硕士参与起草了第六章。

　　承蒙教育科学出版社李玢副总编的关心，本书得以顺利出版。在此之际，我还要感谢为本书出版付出极大热忱的人民教育出版社编审胡寅生同志、福建教育出版社黄旭同志。出版界同志的热忱帮助，让我们很难忘怀。

施良方

1996 年 2 月于华东师范大学

出版人　李　东
责任编辑　方檀香
版式设计　孙欢欢
责任校对　贾静芳
责任印制　叶小峰

图书在版编目（CIP）数据

课程理论：课程的基础、原理与问题 / 施良方著
. —2 版 . — 北京：教育科学出版社，2020.10（2025.1 重印）
（中国教育思想文库）
ISBN 978-7-5191-2347-5

Ⅰ . ① 课… Ⅱ . ① 施… Ⅲ . ① 课程—教学研究 Ⅳ .
① G423

中国版本图书馆 CIP 数据核字（2020）第 193334 号

中国教育思想文库

课程理论——课程的基础、原理与问题
KECHENG LILUN —— KECHENG DE JICHU、YUANLI YU WENTI

出 版 发 行	教育科学出版社				
社　　　址	北京·朝阳区安慧北里安园甲 9 号	邮　　编	100101		
总编室电话	010-64981290	编辑部电话	010-64981252		
出版部电话	010-64989487	市场部电话	010-64989009		
传　　　真	010-64891796	网　　址	http：//www.esph.com.cn		
经　　　销	各地新华书店				
制　　　作	北京浪波湾图文设计有限公司				
印　　　刷	保定市中画美凯印刷有限公司	版　　次	1996 年 8 月第 1 版 2020 年 10 月第 2 版		
开　　　本	720 毫米 ×1020 毫米　1/16				
印　　　张	20.75	印　　次	2025 年 1 月第 6 次印刷		
字　　　数	274 千	定　　价	52.00 元